學術筆記叢刊

九九銷夏録

〔清〕俞樾 著
崔高維 點校

中華書局

圖書在版編目(CIP)數據

九九銷夏録/(清)俞樾著;崔高維點校. —北京:中華書局,1995.6(2013.2重印)
(學術筆記叢刊)
ISBN 978-7-101-01245-3

Ⅰ.九…　Ⅱ.①俞…②崔…　Ⅲ.筆記-中國-清代-選集　Ⅳ.Z429.52

中國版本圖書館CIP數據核字(2006)第032230號

責任編輯：徐敏霞

學術筆記叢刊
九九銷夏録
〔清〕俞　樾　著
崔高維　點校
*
中 華 書 局 出 版 發 行
(北京市豐臺區太平橋西里38號　100073)
http://www.zhbc.com.cn
E-mail:zhbc@zhbc.com.cn
北京瑞古冠中印刷廠印刷
*
850×1168毫米 1/32 · 11印張 · 2插頁 · 240千字
1995年6月第1版　2013年2月北京第3次印刷
印數:6001-7500册　定價:35.00元

ISBN 978-7-101-01245-3

點校説明

九九銷夏録等四種，是俞樾課徒之餘，所寫的讀書札記。

俞樾（一八二一——一九〇六），初名森，字立甫，後更名樾，字蔭甫，號曲園，學者稱他爲曲園先生，浙江德清人。道光三十年（一八五〇）進士，先後做過庶吉士、編修、河南學政，在學政任内，以故革職，晚年復原官。革職後，僑居蘇州，潛心著述，主講杭州紫陽、上海求志各書院，而以主講杭州詁經精舍最久，長達三十餘年。清末學者黄以周、朱一新、戴望等都是他的學生，日本文士也有遠涉重洋執業其門下的。

俞樾一生，酷嗜經史，以著述爲命。當時曾國藩曾經詼諧地説：「李少荃拚命做官，俞蔭甫拚命著書。」（春在堂隨筆）俞樾平生著述四百多卷，彙刻爲春在堂全書。其中對後世影響巨大、有功經籍的，是他仿效王念孫、王引之父子所著經義述聞而寫的群經平議，仿效王氏讀書雜志而寫的諸子平議以及古書疑義舉例。

俞樾治學，服膺王氏父子，他認爲「治經之道，大要在正句讀，審字義，通古文假借，三者之中，通假借爲尤要」。（清史稿本傳）他寫諸子平議，正是鑑於「諸子書文詞奥衍，且多古文假借字，注家不能盡通，而儒者又屏置弗道，傳寫苟且，莫或訂正，顛倒錯亂，讀者難之」。（諸子平議・序目）繼諸子平議、群經平議之後，俞樾還對四部中的許多古籍進行了平議。他在序孫仲容札迻一書時説到：「余喜讀古書，每讀一書，必有校正，所著諸子平議十五種，而散見於曲園、俞樓兩雜纂者，又不下四十種。」（諸子平議補録・序）九九銷夏録等四種，正是這「又不下四十種」之内的，可做爲諸子平議補録的補録來讀。這四種學術筆記，着眼點也都在正音讀、通訓詁、考制度、明古義上。俞氏的見解雖不免有穿鑿之處，有的議論也難免失當，但他學識淵博，治學嚴謹，又精於小學，考證多有根據，有些還是發前人所未發，可資借鑑之處是不少的。九九銷夏録和達齋叢説着重在對易經、詩經、四書的考校疏義上，也兼涉一些雜事，如琴棋書畫、文房四寶、漢瓦京磚、文人軼事等等。湖樓筆談則側重於史書、詩文、小學的考辨。至於讀書餘録，則專門考證疏解内經、鬼谷子、新語、説苑和漢碑。這些考證疏解文字，不但有助於我們讀懂這些難讀的古籍，對於我們搞好古籍整理工作也大有裨益。

這次點校，對引文查核了有關古書，一些地方出了標明異文的校記，放在該頁之末。至於一些排印上的明顯錯譌，則徑行改正。對一些異體字等，除十分必要者外，一律不改。限於水平，點校中難免疏漏，請讀者指正。

崔　高　維

一九八九年三月

總目

九九銷夏録序目

壬辰夏日，余在吴下，杜門不出，惟以書籍自娱。漁獵所得，則録之；意有所觸，亦録之。雖白鳥營營，勿顧也。秋初編纂，遂成一十四卷。不足言著書，聊以遣日而已，故題曰九九銷夏録。曰「九九」者，以夏至後亦有九九之俗語也。八九老人曲園居士書。

第三卷

第四卷

第五卷

第六卷

第八卷

第九卷

第十一卷

第十二卷

第十三卷

第十四卷

九九銷夏録卷一

論易分上下經

周易分上經下經，古説以陰陽爲説，雖託之孔子，非確論也。朱子謂：「簡帙重大，故分爲上下二篇。」明蔡清著易經蒙引則云：「六十四卦，何以不三十二卦爲上經，三十二卦爲下經，而乃上經三十卦，下經三十四卦乎？」是朱子但謂以簡帙分者，於義未密。元蕭漢中著讀易考原，以乾、坤、坎、離居四正，爲上經之主卦。兑、艮、巽、震居四隅，爲下經之主卦。發明上經三十卦，下經三十四卦，多寡分合之不可易，其説甚辨。然其所云四正、四隅，則據邵子先天卦位，未足與言古義也。明張納陛著易學飲河，以咸恒二卦移附坎離二卦之末，殊爲妄作。國朝應撝謙著周易集解，謂上經三十卦，下經三十四卦，多寡不均，乃創爲上下經各三十六卦往來之圖，一往一來共成七十二卦，更支離不可詰矣。後書荀爽傳「上經首乾坤，下經首咸恒。」吴仁傑刊誤云：「王昭素謂序卦離者，麗也。諸本此下更有『麗必有所感，故受之以咸。咸者感也』凡十四字。晁以道古易取此三句增入正文。後之説易者，因謂上下經可不分。」明朱謀㙔周易象通合上下經而一之，其説本此。然「離者麗也」，與「有天地然後有萬物」云云實不相蒙。王、晁之説，徒滋異端而已。國朝吴隆元著易宫一書，以不反對之卦爲錯，反對之卦爲綜。錯者一卦自爲一宫，綜者兩卦合爲一宫。上經三十卦，不反對者六，合之爲十八宫。下篇三十四卦，不反對者二，合之亦十八宫。總二篇分配之數，適符邵子三十六宫之義，故以名書。此説也雖拘於邵子三十六宫之説，然其數密合。考錯綜之説，本於來知德而實發於麻衣易之卦位圖。麻衣易雖戴師道所僞造，此圖則非戴所能僞也。書録解題謂：「麻衣道者授希夷先生。」然則此圖與先天圖同出道家，而先天圖不過爐火之術，卦位圖乃易上下篇之所由分也。後人信先天圖，不信此圖，傎矣。理不可信，則象陰象陽之説託之孔子者可以不取；理有可信，則此卦位圖雖流入道家，恐轉是孔門舊説也。

易學多褋

周易一經，廣大悉備。諸家推闡，各憑臆見。非如説禮之必有依據，不能鑿空者，故其説愈多而亦愈褋。如以天文説易：「履霜堅冰」，「日中見斗」，經固有之也。而其極也，則有如林光世之水村易鏡，六十四卦各以星配之者矣。以地理説易，如「自我西郊」「享于岐山」，經固有之也。而其極也，則有如陳圖之周易起元，以名山大川分配六十四卦者矣。以人事説易，如「高宗伐鬼方」，「帝乙歸妹」，經固有之也。而其極也，則有如林允昌之易史象解，每一卦爲一解，各以史事配之者矣。歐陽疑繫辭非孔子作，已不免立論太輕。乃如鄧夢文之八卦餘生，則於繫辭傳句句駁詰，其見似高出孔子上矣。郭京周易舉正本不甚可據，乃如楊時喬之周易古今文全書，則竄改經文。如「旁行而不流」下，加「正行而不泥」一句，竟不知其何所本矣。河圖洛書相傳，陳邵之圖本屬易外别傳，乃如朱謀㙔之周易象通，則别有所謂河圖者四。言三代以下，世藏秘府，至宋徽宗始考古而搜出之。則僞圖書之外，又有此僞圖書，大可駭異矣。連山歸藏，漢志已不著録。後世僞出之書本不足信，乃如唐樞以連山爲文王圖，歸藏爲伏羲圖，更爲無稽。又如朱天麟易鼎三然，溯周易之旨，則曰「庖然」；發歸藏之義，則曰「漱然」；闡連山之蘊，則曰「鉍然」。其説尤怪誕而不可詰矣。夫言易者不外乎象與數與理，然如徐體乾之周易不我解，以乾、坤六龍爲龍星，以坤爲牛爲犧牛星。此言象而泥者也。如梅鷟之古易考原，謂大衍之數，當九十有九，以五十數爲體，以四十九數爲用。此言數而鑿者也。如劉定之之易經圖釋，其釋大象，以大學三綱領、八條目爲綱，而以經文相類者分配其下，此言理而膚者也。烏呼，不有本朝諸大儒出，安能掃易學之榛蕪而上溯田何以來之古義乎？

元儒説易有極正者

自朱子作周易本義，從陳邵之説，而伏羲先天，文王後天，至今牢不可破。乃元儒説易，則已有辨正之者。元錢義方周易圖説，雖亦循用陳摶以來舊圖，然謂孟喜本易稽緯圖〔一〕推離、坎、震、兑各主一方爲有圖之始，是古易固無圖也。又謂陳摶始本易有太極、兩儀、四象、八卦爲橫圓大小四圖，是圖創於陳摶，非伏羲畫卦時有之也。其説正矣。陳應潤作周易爻變義藴，謂先天諸圖乃參同鑪火之説，非易本旨。「帝出乎震」一節，爲八卦正位。「天地定位」一節，爲八卦相錯之用。文王演易必不顛倒伏

〔一〕四庫全書總目經部易類四作易緯稽覽圖。

義之文，則并舉陳邵之説掃而空之，其説更正。我朝自吾邑胡氏著易圖明辨後，易學榛蕪固已浄盡，然推原廓清之始，此兩家不爲無功。學者於錢氏之説不可不知，陳氏之書尤不可不讀也。

爻畫

宋吴仁傑作費氏古易，六爻各有爻畫。既有初九、初六之文，又有奇畫、偶畫之爻。朱子所以譏其重複也。明華兆登作周易古本，則用爻畫而盡删初九、初六之文，世皆以爲怪。愚謂繫辭傳引經文云「初六，藉用白茅，无咎」，則孔門所傳之本自有初九、初六之文，費氏古易不容無之。既有此文，不必又有此畫。吴氏所作，誠不免疊牀架屋之譏。至孔子以前，則有無此文，固無可考。左傳引易從無及初九、初六者。宣七年〔一〕傳「豐之離」，不曰豐上六。宣十年〔二〕傳「師之臨」，不曰師初六。昭二十九年傳徧引乾爻曰：「在乾之姤曰」，「其同人」、「其大有」、「其夬」、「其坤曰」，「坤之剥」。使當日已有初九、初六之文，豈不徑捷，何必迂回其辭，而以卦變言乎？故愚謂初九、初六之文，皆孔子所加，古易所無。兆登既作周易古本，則删初九、初六之文而用卦畫，雖出其無稽之臆見，然韓宣子在魯所覩易象，或本如此，未可知也。

國朝李文炤著周易本義拾遺，於爻辭之首，冠以本卦六畫。而以所值之爻陽作○，陰作乂，以別

〔一〕「宣七年」應爲「宣六年」，見十三經注疏。
〔二〕「宣十年」應爲「宣十二年」，見十三經注疏。

之。是則卜肆摇錢之伎倆矣。

畫卦者必自下而上，故有初爻，有上爻。楊子大玄經亦有初一、上九之文，準易也。爻畫尚可妄加，爻位不可擅易。國朝張沐著周易疏略，改爲先上後下，則兑卦當云初六、下九，巽卦當云初九、下六矣。何其傎歟。

先天後天異説

自陳邵之説興，而易有先天之卦，有後天之卦，爲近時言易之儒所不道。然先天卦位本「天地定位」一節，後天卦位本「帝出乎震」一節，各有據依。且「帝出乎震」一節，乃自古相傳八卦之定位，未有能易之者也。明黄端伯著易疏五卷，先天圖震巽互易，後天圖乾艮互易。震巽互易，尚不背乎雷風相薄之義。若乾艮互易，則説卦傳明言：「乾，西北之卦。」「艮，東北之卦。」豈可妄爲移易乎。

明朱朝瑛著讀易略記，所言先天後天，又不主邵子之説。以一索再索之序爲先天，對卦化氣爲後天，其説尚似有理。明賀沚撰圖卦億言，以河圖爲先天，洛書爲後天，則以圖書分先後天，更無謂矣。

以人事説易

干寶説乾坤二卦，以殷周事爲證。此以人事説易之始。宋儒李光有讀易詳説，楊萬里有誠齋易傳，李杞有周易詳解，皆徵引史事以證明經義，其學蓋有所自來。然箕子以之，文王以之，孔子贊易，自有此例。又推而上之，如「高宗伐鬼方」，「帝乙歸妹」，文周之辭已開其端矣。以此爲易之一義則可，必事事比附，或失之鑿矣。往時馮竹儒觀察曾勸余著此一書，余謝未能也。

鄭氏説乾之用九曰：「爻皆體乾，羣龍之象。舜既受禪，禹與稷、契、咎繇之屬並在朝。」又説隨初九曰：「昔舜愼徽五典，五典克從。納于百揆，百揆時序，賓于四門，四門穆穆。」是其義也。然則以人事説易，鄭君亦有之。國朝申爾先〔一〕著易家援古〔二〕一書，援古事以證易理，謂程傳引古釋經六十餘條，朱子本義引古釋經者亦四十餘條，故取三百八十四爻，每爻隸以一事。是此書已有爲之者矣。國朝錢偲著周易緯史，謂屯六二如曹操待壽亭侯，需上六如劉備桃園結義。引演義以説經，此則可爲笑柄也。

周易義海義叢等書

唐李鼎祚合漢後三十五家之説而成周易集解，其意在刊輔嗣之野文，補康成之逸象，蓋以象數爲主者也。宋房審權集百家之説，上起鄭氏，下迄王安石，爲周易義海，其意在斥去禨學，專明人事，蓋以義理爲主者也。此兩書皆古今説易之淵藪。或謂義海不及集解，然孔子贊易，多言人事，少言象數，則不得愛古而薄今矣。李鼎祚之書至今具在，而房氏之書，則宋史藝文志已不著録，賴有李彥平衡削其繁複，成周易義海撮要十二卷，至今存焉。集解與撮要皆出李氏。兩李氏可謂於周易有功矣。明葉良

〔一〕「申爾先」，四庫全書總目經部易類存目四作「申爾宣」。
〔二〕「易家援古」，四庫全書總目經部易類存目四作「易象援古」。

佩又著周易義叢十六卷，採輯古今易說，自子夏傳迄元龍仁夫，凡一百七十七家，蓋亦繼義海而作者。

元李簡著學易記九卷，采輯子夏易傳以下，迄張特立、劉肅之說凡六十四家，一一各標其姓氏，其集數人之說爲一條者，則注曰「兼采某某」。是亦義海、義叢之流。明孫維明著易學統。此集惟采輯宋元以來諸說，古義無聞焉，謂之統，此妄矣。

宋王與之撰周禮訂義，采舊說自杜子春以下凡五十一家。衛湜撰禮記集說，采鄭康成以下凡一百四十四家。按，易學廣大，無所不包。禮學閎深，諸儒聚訟。此等書皆彙集舊說，使學者得擇善而從，固經義之淵藪也。

說易書名多不典

自宋以來，說易之書，浩如烟海。如明蘇濬之周易冥冥篇，耿橘之周易鐵笛子，一聞其名，即知非說經之正軌。若南宋徐氏失其名。之易傳燈，似取義於釋家，而其書實不涉禪機。明顧懋樊之桂林點易丹，似取義於道家，而其書實不談鑪鼎，不知何所取義而爲此名。即其命名之不典，知其經義之必疏矣。

以韻語說易

坊間所行朱子本義，首列卦歌，致爲陋劣，古本無是也。唐史徵周易口訣，乃宋倪天隱周易口義之類，取其便於解説，初非歌訣也。明方時化著周易頌二卷，每卷九十頌，中間有一卦一頌者，有兩卦一頌者。時化本以禪學説易，其所作頌語，蓋倣佛經之偈語耳。又有射易淡詠一書，亦明人所作，作者姓名無考。其書每卦之末各系以五言古詩一首，爲從來説經者所未有。國朝徐世沐著周易惜陰詩集，取周易中字義，分題賦詠，或爲四言贊，或爲五言七言詩，凡一千餘首。此則直可謂之詩集，而非經説矣。最奇者，國朝陳圖所著周易起元，於「見龍在田」傳下系以詩云：「慾海茫茫不計深，其中灼灼産黄金。」則竟似悟真篇中語矣。

引韓詩説易

顧亭林日知録引杜詩「雲帆轉遼海」爲海運之證，此所謂誦詩聞國政者也。明舒芬引韓詩「賢愚同一初」及「三十骨骼成」，乃一龍一豬以説乾初九「潛龍勿用」，謂用則變而之姤，此説非經義。且昌黎作詩時，亦初無此意，然殊有巧思。乾初九曰「潛龍」，姤初六曰「羸豕」。若乾初變而之姤，則潛龍變爲羸豕矣。是不用爲龍者，用之爲豕也。所謂一龍一豬，與兩爻之辭巧合。匡鼎説詩解頤，此亦易説之解人頤者。

説易穢褻

國朝劉琯著大易闡微録言：「人之生𧉮，人止一个，而所生之𧉮，个个有對。」又謂：「男女雖是二个，合來仍是一个。故男鰥女寡，俗稱半个人。」此等褻語，何可説經。

國朝郁文初著周易郁溪記，解「需于血，出自穴」云：「乾者，精氣之極，而血脈之生，通之中行，需是坤者，血脈之極，而精氣之生，通之中行，晉是已。出自穴者，謂人自有生以來，耳穴已通。而今則天地通，水自穴中出也。」按，此解「穴」字，竟從説文也。字之義不獨失之穿鑿，亦褻聖經矣。

説易纖巧

明董悦著易發，有黄鸝河洛徵一篇，謂黄鸝一聲，即河洛之全機大用。錢彰曾著易參，謂乾爲四月之卦，猶未分龍，雨未時行，故曰「潛龍」。明人説易纖巧至此。

明人言易多涉禪機

易之流於讖緯也，京房之徒爲之也。易之流於鑪鼎也，魏伯陽之徒爲之也。然此皆不過易之支流而無害易之大義。自魏王弼之易行，以老莊説易，則有近似亂真之患，然其失猶未甚也。至宋楊簡之慈湖易解，王宗傳之童溪易傳，始高談心性，遁而至於禪學。有明一代，喜言心學，此派盛行，如方時化有書六種，曰易引，曰易頌，曰學易述談，曰易指要繹，曰易疑，曰易通，皆以禪理説易。黄芹著易圖識漏，爲圖二十有八，而終之以心學圖。蘇濬解「潛龍勿用」爲心之寂然不動，解「大明終始」爲心之靈明不爽，見所著冥冥篇。鄭圭解「閑邪存誠」曰：「心者，人中龍也。其剛明不息，渾然乾也。著一物則不化，著一念則不神。」見所著易臆。皆禪理也。黄正憲易象管窺以西方聖人、北方聖人並言。董説易發飛龍訓篇引圓覺、道德二經爲證，謂堯、舜、周、孔、釋迦、老子皆以飛龍治萬世。蓋易學至此，而流失敗壞極矣。然王弼韓康伯不能逃作俑之誅。

國朝周漁著加年堂講易，其解「見羣龍无首」曰：「乾卦以龍喻性，見羣龍无首，言見性而實無所見。要之，性亦强名，見亦落見，故增此以掃六爻名象之迹。」此真禪學矣。明姚應仁撰大學中庸讀二卷，每引佛經爲解。如云「蜜多者，瑟也。金剛不壞者，僩也。枝枝葉葉光明者，赫喧也」。是則禪學無所不通，非止可以談易。

國朝邵嗣堯著四書初學易知録，解「於我如浮雲」云：「不特不義之富貴如浮雲，即義中之富貴亦如浮雲；不特富貴如浮雲，即我亦浮雲。」雖語涉禪門，而其語亦殊可喜。然必有不浮雲之我，而後可浮雲其我，邵氏未見及乎？

移易義説他經

太極圖出於宋儒，古無有也。入之周易，已覺無謂。宋胡士行撰尚書詳解，於洪範「初一曰五行」，補繪太極圖以釋「初」字，見五行生克之有本。則并以太極圖入尚書，更無謂矣。初者，對次而言，豈太極圖之謂乎？

明黄道周撰洪範明義，其解「八政」，以食配坤，以貨配巽，以祀配離，以司空配兑，以司徒配艮，以司寇配坎，以賓配震，以師配乾。牽合八卦，更附會無理。

明喬中和著圖書衍實，四書講義也。凡四書所言，皆以五行八卦配合之。以大學明德爲火，新民爲水，至善爲土，尤不可解。

國朝童能靈更以河圖配大學，以中數三五配大學三綱領，外八數配八條目。一二三四爲明明德之條目，六七八九爲新民之條目。其說更穿鑿不經。

九九銷夏録卷二

洪範分經傳

朱子作大學章句，分别經傳，此自有見。而後之尚古者，猶不甚以其説爲然。若洪範一篇，更何經傳之可分。而宋賀成大、元胡一中均以己意定其爲經、爲傳。胡書猶自云「定正賀書，則託之古本」。可謂嚮壁虚造矣。賀書以「五行：一曰水」至「五曰土」爲禹之經，「水曰潤下」至「稼穡作甘」爲箕子之傳。五事以「一曰貌」至「五曰思」爲經，「貌曰恭」至「睿作聖」爲傳。五紀以「一曰歲」至「五曰曆數」爲經，「王省惟歲」至「則以風雨」爲傳。三德以「一曰正直」至「三曰柔克」爲經，「平康正直」至「高明柔克」爲傳。庶徵以「曰雨」至「曰時」爲經，以「五者來備」至「恒風若」爲傳。使通篇皆如此，固亦可以自成其説。無如八政之八曰師，五福之五曰考終命，六極之六曰弱。此下更無一語，則不得不移易其近似之語，以爲之傳。而五皇極、七稽疑更無可以爲經者，則又不得不割裂而以意分之，所謂心勞而日拙者也。胡氏之書，支離更甚，至改「而康而色」爲「而康而寧」，以合其顛到凑泊之説。此乃無忌憚之尤者矣。

詩序諸家説

鄭康成以小序是子夏毛公合作。「關雎，后妃之德也」一句，子夏作。「風之始也」至「用之邦國焉」，毛公作。推之他序，無不同此。鄭君有定論矣。唐成伯璵著毛詩指説，定詩序首句子夏所作，其下爲毛萇所續。實即鄭君舊説，非伯璵創説也。後漢書儒林傳以爲衛宏受學謝曼卿作詩序，於是始有衛宏之説。隋書經籍志以爲子夏所創，毛公衛宏潤益之，則本鄭説而增入衛宏。及宋蘇轍作詩集傳，則疑爲衛宏之所集録，其説小異，然猶是漢以來之舊説。程子王安石以爲非聖人不能作，則并以詩序爲孔子作矣。朱子之學本於程子，其初説詩，亦主詩序。吕東萊家塾讀詩記引朱氏曰即朱子也，其説皆宗小序。而其後變而從歐陽修、鄭樵、王質諸家之説，不用小序，故其作讀詩紀序稱少時淺陋之説，伯恭父誤有取焉。蓋悔其少作也。然詩序自不可廢。朱子之前有范處義作詩補傳，朱子之後有林岊作毛詩講義，皆篤信古説，不廢詩序，異乎武夷山下啜殘羹者矣。

宋輔廣字漢卿，著詩童子問，謹守朱子之説，掊擊詩序。張端義貴耳集載陳善詩云：「見説平生輔漢卿，武夷山下啜殘羹。」蓋有諷意。

詩中人名

詩中人名，有於古無徵而後人以意説之，若有可信者。如召南采蘋篇有齊季女。何楷詩經世本古義以爲邑姜。其説云：「齊如字，太公之先所封國名。太公本齊後，故後仍封於齊。當文王時，太公以女邑姜妻武王，時太公年已老，則邑姜爲季女無疑。」并引左傳「濟澤之阿，行潦之蘋藻，季蘭尸之」爲證。濟澤固齊地也，則其説若可信矣。鄭風山有扶蘇篇子都子充。隱十一年左傳「鄭大夫公孫閼字子都」。或卽其人。明豐坊魯詩世學則云：「子都，公孫閼字。子充，瑕叔盈字。」考瑕叔盈與公孫閼並見隱十一年，是同時共事之人。詩以並言，頗亦有理。而名盈字子充，取充盈之義，合古人名字相應之例，則其説亦若可信矣。

陳風月出篇「舒窈糾兮」，「舒懮受兮」，「舒天紹兮」。世本古義以爲指夏徵舒。按，下株林章二言「夏南」，此章三言「舒」。不斥其母而言其子，詩人忠厚之意，頗可附會。北風燕燕篇，「仲氏任只」。國朝陸奎勳陸堂詩學以「任」爲其姓。按，詩序但言是莊姜送歸妾，並不言戴嬀。以爲戴嬀者，左氏説也。左氏晚出，不盡可據。例以「摯仲氏任」，似亦可從。至以鼓鐘篇爲刺穆王，而以淑人爲盛姬，微論與序不合，且曹風鳲鳩篇亦有「淑人君子」之文，又何指乎？此曲説矣。

説詩近理

摽梅之詩「迨其吉兮」，「迨其今兮」，出於女子之口，究似非宜。雖詩人託詞，亦嫌措詞之未合也。宋戴溪續吕氏讀詩記，以爲父母擇壻之詞。則生而願爲之有家，固父母之心也。溱洧之詩「維士與女，伊其相謔，贈之以勺藥」。苟以爲淫奔者之詞，殊傷風化。國朝冉覲祖詩經詳説以爲夫婦偕游之作，則亦名教中之樂地也。樂而不淫矣。凡此之類，雖非古訓，頗亦犂然有當於人心。

五倫風雅

余從前寓居石氏五柳園，其壁間有石刻王虛舟先生篆書詩經五章：一鹿鳴，二凱風，三常棣，四關雎，五伐木。題其前曰「五倫風雅」，篆法甚佳。亂後屋毁，此石亦不知所在矣。後觀明人阮鶚所撰樂則二卷，分五倫爲五門，取詩經數章以實之，乃知虛舟所書亦有本也。

鳥獸草木蟲魚

孔子言「多識於鳥獸草木之名」，不及蟲魚，乃屬詞之宜耳。吳陸璣作毛詩草木鳥獸蟲魚疏，補出蟲魚，於理允協，不得謂其溢於聖言之外也。明吳雨著鳥獸草木考二十卷，鳥考三卷，獸考三卷，蟲考二卷，鱗考一卷，草考四卷，穀考一卷，木考三卷，則於草木之中又分穀爲一種，而其名止題鳥獸草木，固無嫌乎不備也。惟又加天文考一卷，則不免有溢於聖言之外耳。國朝姚炳著詩識名解，竟以鳥獸草木分列四門，而不及蟲魚，此則泥乎聖言，轉失之固矣。

多識鳥獸草木之名，自是學詩之一事。然必如辨關雎之爲雕類，爲梟類。鴟鴞之爲小鳥，爲怪鳥。則於詩義有關，非泛言博物也。乃後世談經喜於務博，明毛晉著陸疏廣要，於「鶴鳴於九皐」下，徵引及焦山瘞鶴銘。然則「良馬五之」，必且及八駿圖矣。明鍾惺詩經圖史合考，於桃夭篇，引江淹桃頌及崑崙玉桃，王母桃，綏山桃諸故事。國朝陳大章詩傳名物集覽，於「鶉之奔奔」，引「南方鶉火」。於「雞棲于塒」，引漢官儀長鳴雞，徒費數典之功，何補説經之事。至「八鸞鏘鏘」，非説鸞鳥，「龍旂央央」，非説真龍，而明林兆珂毛詩多識編，國朝姚炳詩識名解，於此等處，亦詳徵博引，更爲泛濫。

鳥鳴嚶嚶作黄鸎解

詩伐木篇「伐木丁丁，鳥鳴嚶嚶。出自幽谷，遷于喬木」。嚶嚶，鳥聲，非鳥名也。下云「相彼鳥兮」，傳箋並不以爲黄鳥。是以唐人「試鶯出谷詩」，李綽尚書故實譏其事無所出。然愚謂，此亦漢人舊説也。張平子東京賦云：「雎鳩麗黄，關關嚶嚶」，此皆用毛詩語。關關字，詩屬雎鳩，則嚶嚶字，詩必屬麗黄矣。詩疏引陸璣疏云：「黄鳥，黄鸝留也。幽州人謂之黄鸎。」則黄鸝留自有鸎名。蓋即以其聲名之，張平子既以嚶嚶屬麗黄，安知漢世説鳥鳴嚶嚶者不以鳥爲黄鳥乎？以其聲嚶嚶名之曰嚶，因變其字作鸎。廣韻「鶯，鳥羽文也」。鸎黄、鸎鸎與鶯有别，唐人詩題謂其誤鸎爲鶯可也，謂鶯出谷事無出，恐唐時古籍猶在，試官必有所本，即以西京賦爲證，亦一確據也。未可輕詆之矣。梁昭明太子姑洗三月啟：「啼鸎出谷，爭傳求友之音；翔蒞飛林，競散佳人之曆。」按：錦帶書語句卑弱，不類齊梁文體。謂非昭明所作可也，若謂昭明不應用鸎出谷事，是未讀文選西京賦矣。

六官之屬各六十説

小宰掌官府之六屬，天、地、春、夏、秋、冬六官，其屬各六十。而今檢五官所屬，則皆有衍數，此俞庭椿諸人所以議割補冬官也。國朝毛奇齡著周官問，則以爲「其屬六十，乃據六卿本職之下所屬大夫士也。六卿各有長官，如後世所稱堂上官。除一卿二中大夫外，所屬有下大夫四人，上士八人，中士十六人，下士三十二人，合得六十人，畧無闕溢」。愚謂此説本明李黼所撰二禮集解，言「太宰卿一人，至旅下士三十二人，凡六十三人，而府史胥徒不與焉。除太宰與府史胥徒，其餘六十二人自宫正以下，凡中大夫，即此小宰中大夫也。凡下大夫，即此宰夫下大夫也。凡上、中、下士，即此上、中、下士也。非此六十二人之外，又有一項官也」。若如其説，則每一官合堂上官共六十三人，除堂上官則六十人。其餘無論分職多少，而皆卽此項人，可無疑五官之有衍數矣。用意甚巧而立説亦圓，但王朝之官，無不兼攝，未免官少而事煩。且如中士止十六人，而以天官言之，所屬中士有百人，則雖使此十六人者奔走從事，而亦不暇給矣。是其説之不可通者也。竊以其説變通之，太宰八法有官屬有官聯，六官之屬各六十。此官屬也，自下大夫至下士是也。若天官自宫正以下，地官自鄉老以下，則是官聯也，非官屬也。且如鄉老二鄉則公一人。鄉大夫，每鄉卿一人。本官在堂上者，位不過卿，豈得并公與卿而屬之。據此，則各官之分隸，五官者是聯而非屬明矣。又春官肆師之職，首曰「掌立國祀之禮，以佐大宗伯」。末曰「如宗伯之禮」。曰佐曰如，則非其所屬又明矣。明乎此，則知所謂其屬六十者，固一定之數而無衍數，其餘各職，聽其衍溢，而不害乎六十之數。彼欲割屬冬官者，未見及此矣。

冬官不亡諸家說

宋俞庭椿創爲冬官不亡之說，以爲五官之屬六十，不當有羨。其有羨者，皆冬官之屬誤入也。嗣是邱葵、吴澄皆宗其說，學者雖病其割裂經文，而其說終不能廢。乃明人柯尚遷著周禮全經釋原，則又宗庭椿而變其說。取遂人以下，分爲冬官。自遂人至旅下士，正六十人，以從六官各六十之數。按，遂人中大夫二人，遂師下大夫四人，上士八人，中士十有六人，旅下士三十有二人，共六十有二人，不得謂之正六十。且大司空與五官並列爲六，而所屬止遂人一職，何以爲冬官乎？六鄉六遂制本相倣。鄉師下大夫四人，上士八人，中士十有六人，旅下士三十有二人，與遂師以下其數相同，但少中大夫二人。蓋小司徒中大夫二人，卽當遂人之中大夫二人也。六遂之官可爲冬官，六鄉之官豈不可爲冬官乎？其所見不及庭椿遠甚，而唐順之之徒，皆深信之，何也？明郭正域〔一〕著周禮完解，則謂「陽分六官，以成歲序，陰省冬官，以法五行」。如其說，冬官可以不補。其說超超，更屬懸解矣。惟錢釩李文炤諸家於五官之外，蒐輯古之官名，以補冬官之缺。此則以綱羅放佚之心爲拾補闕遺之事，猶爲可取。

〔一〕四庫全書總目著録爲「郝敬」。

以春秋爲數學

明瞿九思著春秋以俟録，以十二公配十二月，二百四十年配二十四氣，其説已不經，而數則適合。至黄道周著春秋揆，其説謂：「揆者，晷也，日南則其晷陰，日北則其晷陽。宣公之三年，景中也。僖公之十七年，而景乃南。襄公之十年，而景乃北。」其説更不可曉。又謂「春秋二百四十有二年，其三之，八十有一，兩之，一百二十。自文王受命之年，以至仲尼之歿，參之而得七，兩之而得五。文王以四千三百二十年爲春秋，仲尼以三千六百年爲春秋，五文王之春秋，有五文王者出。六仲尼之春秋，有六仲尼者出。十一大聖人行其二統，而天地爲再開闢」。此真以春秋爲皇極經世書矣。

左傳異説

經與子判然爲二，不能合也。國朝李集鳳著春秋輯傳辨疑，事多主左，義多主胡，並尊之曰左子、胡子。左氏於數千年後忽有左子之稱，良可怪矣。

國朝張沐著春秋疏略，以經文爲魯史，以左傳爲孔子所作。孔子尊魯史爲經，而凡不可爲經者，附録經左，謂之「左傳」。左傳二字得此創解，匪夷所思。

國朝又有許伯政著春秋深一書，則以左傳中敘而不斷者爲孔子所作。其「段不弟，故不言弟」之類，又如「君子曰」，「仲尼曰」等，則以爲左氏所加。是亦以左傳爲孔子作，但仍不没左氏之名，稍勝張泗之説，要皆無稽之見。左傳行世二千餘年，萬不料至近日，乃有此紛紜之説。大約後人習見朱子綱目自爲經，自爲傳，疑孔子春秋亦復如是。此真所謂「妲己賜周公」，想當然也。明王恕著石渠意見，以左傳爲子貢等所作，亦爲武斷。

九九銷夏録卷三

四書名次

宋錢時有融堂四書管見十三卷。凡論語十卷，孝經一卷，大學一卷，中庸一卷。按：此所謂四書，有孝經，無孟子，與朱子所定四書不同。今人罕知之矣。

朱子所定四書，本以大學、論語、孟子、中庸爲次。明代科舉出題，以作者先後次之，遂移中庸於孟子之前。坊間刻本又以大學、中庸篇葉無多，合爲一册，遂又移中庸於論語之前，益非其舊矣。然明桑拱陽撰四書則，先大學、中庸，次論語、孟子，已如今坊刻之次。

大學中庸次第

禮記中庸第三十一，大學第四十二。則中庸原居大學之前。宋儒定四書，則以大學冠首，而大學反居中庸之前矣。明鄭鄤作峚陽草堂説書，則以中庸先大學，謂中庸以明德終，大學以明德始，大學實繼中庸而作也。此亦新説而非古義。

明譚貞默著三經見聖編云：「論語，子夏述也。中庸，子思繼論語而作也。大學卽中庸之後小半也。孟子繼中庸而作也。中庸『天命之謂性』三句接論語知命章，明是釋詁論語。讀『予懷明德』而大學之道『在明明德』，不膠自連。讀『國不以利爲利，以義爲利』而孟子『何必曰利，亦有仁義』，不呼自應。今所謂四書，實三書也。」按：此等議論，穿鑿無理，然其意亦甚巧矣。

論語孟子與四書並列

國朝黃虞稷著千頃堂書目，於有明一代之書，采録甚備。既以四書爲一類，而論語、孟子又各爲一類。其後朱竹垞經義考亦從其例。使古經之目不致泯滅，意甚善也。黃氏書又有制舉一門，所收皆明代舉業之文，頗爲識者嗤鄙。然二百年來以此取士，士皆致力於此，其卑鄙者固不足論，而高者發明經義，矩矱先民，是亦文章之一體，必屏而不録，亦失之泥矣。考明葉盛菉竹堂書目，集部中有舉業類一門，是黃氏亦有所受之也。

格物之説

大學不曰「欲致其知，先格其物」，而曰「致知在格物」，可知格物工夫自是小學之事，不在大學之中。愚嘗謂：內則云：「六年教之數與方名」，此即格物之事。雖格不止此，而此亦物之宜格者。格，正也。猶言正名百物也。別有說，存全書中。明儒湛若水有格物通一書，多至百卷，謂天下、國、家、身、心、意皆物也，故以格物統貫此六者。曰：誠意格，正心格，修身格，齊家格，治國格，平天下格。多設子目，裸引諸儒之言，又參以明之祖訓，其意欲與大學衍義並行。夫真西山作大學衍義，明邱氏又補之，何必爲此屋下之屋。且以天下、國、家、身、心、意爲物，則誠之、正之、修之、齊之、治之、平之卽格之也。但可云格意、格心、格身、格家、格國、格天下，何必言格物乎？雖引證詳明，議論切實，大旨已乖，終無當也。大學衍義後惟明夏良勝之中庸衍義可以相配，其書自性、道、教、達德、達道、九經、三重之屬皆援證古今，敷陳義理，實於道有裨。湛氏之書，不作亦可。

十目所視二句異說

宋黎立武著大學本旨一卷，仍用古本，不分經傳，而以爲皆曾子所作。其所稱曾子曰，則以爲是曾晳之言。按此亦異說也。

子思作中庸，引其祖之言，稱「仲尼曰」，不稱「孔子曰」。中庸一篇，無一「孔」字。哀公問政章依論語之例，當稱孔子對曰，而亦只稱子，不稱孔子。可知子孫稱述與門弟子有殊也。大學既爲曾子所作，而引曾晳之言，乃稱曾子，可知其非矣。

聞韶異解

論語「子在齊聞韶」。古義皆以爲感傷之辭。皇侃引郭象曰：「傷器存而道廢，得有聲而無時。」又引江熙曰：「和璧與瓦礫齊貫，卞子所以惆悵。虞韶與鄭衞比響，仲尼所以永歎。」並其義也。自邢疏盡刪此等語，而古義遂無知者矣。宋俞德鄰著佩韋齋輯聞，以「不知肉味」爲憂陳氏强而齊將亂。此義雖創，似亦從古義得來。皇疏引范寧曰：「韶乃舜盡善之樂，齊何得有之乎？曰樂在陳，陳敬仲竊以奔齊，故得僭之。」考邢疏亦有此説，則因聞韶而感陳氏之强，殊非無因。而「不圖爲樂」之「爲」本有作「嬀」者，見音義。下「斯」字則王注以「此齊」解之。然則「不圖嬀樂之至齊」，正見陳將代齊之朕兆。夫季札觀樂，尚能知列國之興衰，况聲入心，通之大聖人乎。佩韋此義，世多以爲附會不經。余讀古經而有會焉，竊謂亦可備一解，初非阿我同宗也。

行夏之時異解

「行夏之時」，自來皆以夏正建寅爲説。從漢至今，皆以寅月爲歲首，用孔子之言也。宋黄仲元撰四如講稾，則據禮運「孔子得夏時於杞」。謂「行夏之時」，即謂此也。不取建寅之説，是亦可備一義。

先進後進異解

國朝李光地有張子正蒙注解二卷，釋論語先進後進爲急行緩行。愚謂此蘇氏之説也。東坡集有學士院試孔子從先進論，曰：「孔子之世，其諸侯卿大夫視先王之禮樂，猶方圓冰炭之不相入，進而先之以禮樂，其不合必矣。是人也，以道言之則聖人，以世言之則野人也。若夫君子之急於有功者，則不然。其未合也，先之以世俗之所好，而其既合也，則繼以先王之禮樂。然其進不正，未有能繼以正者也。故孔子不從。」按蘇氏此說，未知何所本，乃張子正蒙中亦有此意，疑亦唐以前舊說有然矣。

論移置序文之失

尚書序曰：「書序，序所以爲作者之意，昭然義見，宜相附近，故引之各冠其篇首。」此變亂古經之始，魏晉間人之妄作也。自是以往，唐李鼎祚周易集解，則以序卦傳散綴六十四卦之首矣。明李黼作周禮集解〔一〕，則以序官分列各官之首矣。王應電周禮傳并割裂序官之文，使凡同職相統者，皆以類從矣。徒亂古書之例，而無裨於本經之義，皆爲妄作。若宋王昭禹周禮詳解，則以周禮序官爲無用，而竟削之，不知挈要提綱在此序也。亦可云無識矣。

論分經分傳之失

古者經自經，傳自傳，各自成書。孔子贊易，即其體例也。三家傳春秋，毛公傳詩，無不如此。毛傳連合經文，不知何人合并。鄭康成作箋，則即在經傳之下矣。然西漢經師，實無此例。世傳河上公老子注，注文即在經文之下，是以知其僞也。馬融作周禮注，欲省學者兩讀，具載本文，此以注附經之始。自此以往，學者因陋就簡，欲省兩讀，而羲、文之易，孔子之春秋，皆以傳文羼入之，無復經傳之分

〔一〕四庫全書總目著録爲「二禮集解」。

矣。至朱子儀禮經傳通解，并以十三篇之記，割裂其語，分屬經文各條之下矣。

以後世文法讀經

唐成伯璵毛詩指說凡四篇，其四曰文體。凡詩中句法、字法、章法皆評論之，似非詁經之體。有明一代，風尚纖佻，盛行此派。嘉靖間，戴君恩著讀風臆評，取國風諸篇加以評語，於文章妙處用密圈密點，則真以後世文法讀之矣。然止有國風，不及雅、頌。萬時華著詩經偶箋，其序曰：「謝太傅嘗問諸從，『毛詩何句最佳』，遏以『楊柳依依』對。公所賞乃在『訏謨定命，遠猷辰告』。」譚友夏亦言：「讀詩不能使國風與雅、頌同趣，終是讀書者之病。」是所見較戴爲高矣。然究是讀經魔道。明淩濛初著言詩翼一書，采徐光啟、陸化熙、魏浣初、沈守正、鍾惺、唐汝諤六家之評，以句法、字法、章法論三百篇，加以圈點。明季說詩陋習，略見於此。

明林兆珂有考工述注二卷，於記文皆旁加圈點，綴以評語。郭正域有批點考工記一卷，體例相同。孫鑛評經史以下四十二種，今所存者詩四卷，書六卷，禮記六卷，各有圈點評語。鍾惺周文歸二十卷，删節三禮、三傳、家語、國語、逸周書、楚辭，以時文法評點之。國朝王澍，大學、中庸皆有圈點本。蔣家駒尚書義疏於經文亦有圈點，皆明以來陋習。世所傳蘇洵批孟子，謝枋得批檀弓，二書實皆僞書，古人無是也。

明萬曆中刊刻左傳節文十五卷，每篇分標敘事、議論、詞令諸目，又標神品、能品、真品、妙品諸名，題宋歐陽修編。歐公何至有此，其僞託可知。蘇批孟子，謝批檀弓，皆此類也。明姚舜牧書經疑問，於舜典「有能奮庸熙帝之載」，評曰：「載字下得最妙。」茅瑞徵虞書箋，於「柔遠能邇」下評曰：「柔字下得最妙。」此皆以後世文法評經者。國朝朱軾校補吴澄禮記纂言，於曲禮「左青龍」一節云：「此節一首絶好古詩。急繕其怒，摹寫入神」云云，亦非説經之體也。

説經沿時文陋習

日知録謂：「試録文字，首行頂格，書第一場；次行下一格，書四書；次行又下一格，書題目。至試文不能再下，仍頂格寫。此題目所以下二格也。後來苟且，竟從題目寫起，概下二格，聖經反下，自作反高，於理爲不通。刻古書者亦化而同之。如題曰『周鄭交質』，下二格；題曰『伯夷列傳』下二格。化古書以肖時文面貌，可爲絶倒。」愚謂，刻古書肖時文，猶未爲大失也。明沈爾嘉著易鏡〔一〕一書，每卦列經文於前，列講義於後，講義高經文一格，則以寫時文格式治經矣。自有時文，天下遂成時文世吤。即以説易之書而論，明姜震陽著易傳闡庸，其前標曰：「十名家批評。」陳琛著易經淺説，用坊本四書講章之例，有順講，有析講，此非皆以時文之法行之乎？陳際泰爲時文大家，其所撰易經説意，竟有用時文文法作兩比者。國朝閻百詩四書釋地，尚時時援引時文。趙燦英詩經集成，每篇總講之後，以近科鄉會

〔一〕四庫全書總目著録爲「讀易鏡」。

試墨卷爲説，皆沿前明陋習。乾嘉以來，乃一掃矣。

國朝方棨如著周易通義、尚書通義、毛詩通義，悉取四書成語以證經義，是亦時文家之見。方與陳大士固皆時文之聖者也。

國朝孫濩〔一〕著檀弓論文二卷，謂檀弓有益舉業。凡制義中大小題格局法律無一不備。如其説，非惟不足以讀檀弓，并其時文亦恐未必佳。既謂之時文矣，乃以檀弓之法行之乎？

經中附歌訣

坊間所刻朱子周易本義，卷首有卦歌，不知何人所增益。幼時讀禹貢，有九州總歌、導山導水歌，九州田法歌，乃先祖南莊府君手録於禹貢卷後者。初不知誰作，後讀明俞鯤禹貢元珠，乃知皆鯤所爲也。鯤字之鵬，嘉興人，是亦吾宗之有著述傳後者，故表出之。

國朝顧棟高春秋大事表，亦有七言歌括，雖非著述之體，亦記誦之學也。

誤引經文

趙匡光作説文長箋，引孟子「虎兕出於柙」，日知録譏其未讀論語。然文苑英華所載杜牧請追尊號表以「高宗伐鬼方」爲出尚書，豈其未讀周易歟？一時筆誤，恐未足深譏。

〔一〕四庫全書總目著録爲「孫濩孫撰，濩孫字遂人」。

周禮鬯人鄭注引檀弓曰：「臨諸侯，畛於鬼神，曰有天王某甫。」實曲禮文也。射人注引樂記曰：「明乎其節之志，不失其事，則功成而德行立。」實射義文也。孔疏皆爲訂正。鄭君精於三禮，豈不讀禮記乎？

周秦以下説經人數經解卷數

明朱睦㮮本章俊卿山堂考索而著授經圖，首敘授經世次，諸儒列傳，次諸儒著述，名目卷數。周漢而下至金元，作者凡一千一百三十二人，明代三十九人，經解凡一千七百九十八部，二萬一千七十一卷。至國朝康熙中，黄虞稷、龔翔麟又增益古今作者二百五十五人，經解七百四十一部，六千二百一十八卷。是時朱竹垞經義考未出。歷代説經，大畧具見於此。

國朝余蕭客著古今解鉤沈，備載唐以前解經之人，凡二百二十五人。又有無書名可考者二十人，則共二百四十五人，解經四百六十部。又有無作者姓名者二十一部，則共四百八十一部。然如戴聖有石渠禮論，而諸書所引或作禮義，或作禮議，或作禮議奏。董仲舒有公羊治獄，而諸書所引或作春秋決事，或作春秋決獄，或作春秋斷獄。則一書而異名者，往往有之。其部數殊未易覈，至卷數，則無考者更多矣。

二氏經書

佛書大般若經、金剛經、維摩詰經、楞伽經、圓覺經、楞嚴經號爲禪家六籍，是釋氏亦有六經也。唐天寶元年封莊子爲南華真人，列子爲沖虛真人，文子爲通玄真人，庚桑子爲洞靈真人。其四子所著書，並隨號稱爲真經。李肇國史補并言以四子列學官。是道家亦有四子書也。六經猶彼襲我，四子書則我襲彼矣。

國朝山陰沈冰壺抗言在昔集中，以老子配論語，莊子配易，管子配書，離騷配詩，荀子配禮，史記配春秋，爲沈氏六經。雖姑妄言之，乃其所配亦頗有意。

九九銷夏録卷四

編輯聖賢遺書

宋薛據有孔子集語，本朝孫星衍又增益之，分十七卷。然遺讖寓言，未免榛楛勿翦。考明潘士達有論語外篇，鍾韶有論語逸篇，國朝曹楝有逸語。陳陳相因，皆集語之類。

宋嘉熙間，平江守王爚輯言子三卷。蓋以子游吴人，故爲此書，存其祠中。内篇第一，外篇第二，皆子游言行附録，第三則祠廟事蹟也。

明時又有顔子一書，歷代皆未著録。宋張栻博采諸書所載顔子之語爲希顔録。元李純仁、李鼐又補益之。明初有徐達祖，以純仁所編集未當，因更定爲一書。其後又有高陽者，不知何時人，卽徐氏之書而增删之，題曰顔子鼎編，猶云新編，其名亦殊不典。

元王廣謀編聖賢語論二卷，亦宋薛據所輯孔子集語之類，而其卷端題曰「新刊標題明解聖賢語論」，豈當時場屋中，有以諸書所載聖賢遺論命題者邪？果行此制，則此等書當日出不窮矣。

曾子子思子

宋人著述之最陋，而傳至於今不廢者，莫如汪晫所纂之曾子子思子考。晁公武郡齋讀書志有曾子二卷，子思子七卷。雖真僞不可知，然此二書在宋時自有傳本也。晫皆未之見，而自爲纂輯曾子十二篇。仲尼閒居篇第一，則卽孝經也。孝經者，曾子問而孔子答之，皆孔子之言，非曾子之言。可謂之孔子，不可謂之曾子。自來子書豈有述人之言，而自命爲子者乎？明明德篇第二，則卽大學也。大學一書，自宋以前，未有言出於曾子者。後人以其中有「曾子曰」，遂謂出於曾子。不知有「曾子曰」，正可知其不出曾子。其名篇，因避大學之名，題曰明明德，殊未該備。此外割截曾子問篇，强立名目，更可笑矣。子思子分九篇。天命第一，鳶魚第二，誠明第三，割截中庸，彌不可解。國朝阮元據大戴記曾子立事等十篇，定爲曾子，爲之注釋。此千古不易之論，高出宋儒萬萬，惟子思子除中庸外，無可輯。孔叢子不足信，或謂大學亦子思作，然無考也。

以大學爲曾子所作者，在朱子以前，惟過源浩齋語録有此說。過源字道源，號浩齋。嘉祐間，召爲國子監直講，不赴，卒於崇寧丙戌。然史不載其人，卽李燾長編亦不載。不特是書真僞難知，卽其人之有無，亦未可必也。

明代有曾子六十二代孫名承業者，輯曾子全書三卷：主言一篇爲卷一；修身，事父母，制言上、中、下，疾病，天圓七篇爲卷二；本孝、立孝、大孝三篇爲卷三。按大戴所載曾子十篇，立事，本孝，立孝，大孝，事父母，制言上、中、下，疾病，天圓。此乃移易其第，未詳所據。又主言篇乃大戴記第三十九篇，今爲大戴記第一篇，首言孔子閒居，曾子侍，與孝經同。若主言宜收，則孝經亦宜收。若孝經不宜收，則主言亦不宜收。尤其進退之失據者也。是不及國朝阮氏之書遠甚。

僞造諸子名目

徐鍇說文通論云：「孔子擊磬於衛，擁縲子聞之曰：『有心哉，擊磬乎？』」稱荷蕢爲擁縲子，殆楚金臆造此名也。明代有諸子彙函一書，舊題歸有光撰，未知信否。其諸子名目，甚爲詭異。屈原謂之玉虛子，宋玉謂之鹿谿子，魯仲連謂之三柱子，淳于髡謂之波弄子，陸賈謂之雲陽子，賈誼謂之金門子，董仲舒謂之桂巖子，東方朔謂之吉雲子，劉向謂之青藜子，崔寔謂之嵯岈子，桓譚謂之荆山子，王充謂之委宛子，黄憲謂之慎陽子，仲長統謂之釁山子，王符謂之回中子，桓寬謂之貞山子，曹植謂之鏡機子，束皙謂之白雲子，嵇康謂之靈源子，劉勰謂之雲門子，陸機謂之于山子，劉晝謂之石匏子，李夑謂之協律子，羅隱謂之靈擘子，石介謂之長春子，皆不知所本。按，曹子建七發云：「元微子隱居大荒之庭，鏡機子聞而將往説焉。」則元微子乃子建自寓，而鏡機子則客嘲賓戲之流也。不以曹植爲元微子，而以爲鏡機子，殊瞢然於賓主之辨。至東方朔之吉雲子，劉向之青藜子，尚有可附會，餘者百思而莫得其解矣。余小蓬萊謠有一首云：「仙家名號日紛紜，人世勳階總不聞。客到自稱草衣子，不知元是奉成君。」諸子名目，姑以是觀之。

又有再廣曆子一書，題湯賓尹撰。六韜謂之尚父子，詩外傳謂之韓詩子，潛夫論謂之王符子，忠經謂之馬融子，劉晝新論謂之孔昭子，論衡謂之王充子，出師表謂之孔明子，陸贄奏議謂之陸宣子，駱賓王集謂之賓王子。雖覺不通，差免杜撰。明胡尚洪子史碎語刺取郭象莊子注自爲一子，謂之郭子。然則鄭康成箋詩注禮，可稱鄭子，顔師古注漢書，可稱顔子矣。

忠經

漢魏叢書有忠經一卷，題曰漢扶風馬融撰。然第一章引書「惟精惟一」兩句，第六章引書「一人元良」兩句，第十四章引書「旌别淑忒」一句，第十五章引書「木從繩則正」兩句，第十六章引書「作善降之百祥」四句，皆枚氏僞古文也，必非出於馬融可知矣。隋、唐志皆不著録，崇文總目始列其名。玉海於孝經後附漢忠經引書目云：「馬融撰，鄭玄注」，則宋時固有此書，且以爲馬融撰矣。而玉海又附注云：「兩朝志海鵬忠經。」則是書又海鵬所撰也。古今圖書集成氏族典四百二十海姓部列傳有唐海鵬，引奇姓通云：「海鵬唐人，撰草經一卷。」是唐時實有海鵬，且有著述傳後，則忠經爲其所作無疑，不知後人何以歸之馬融。融之爲人於忠字殊爲有愧，不足爲此書重。似宜改題海鵬，以存其實也。明林允昌撰弟經一卷，仿孝經爲之，亦分十八章，章末皆引詩一二句，如孝經之體。至王文禄之廉矩，亦分十八章。蓋欲於孝經、忠經之外，别爲廉經，但不敢竟名爲經耳。

日格子

明邵寶撰學史十三卷，以十二卷象十二月，餘其一以象閏。每卷或三十條，或二十九條，以象月之有大小盡。此最可笑。又取程子「今日格一物，明日格一物」，名之曰日格子。然則一年必格三百六十物邪？何其泥也。

趙岐注孟子，作孟子敍一篇。言篇所以七者，法天以七紀；章所以二百六十有九者，三時之日數；三萬四千六百八十五字者，行五常之道，施七政之紀，故法五七之數。其說穿鑿無理。蓋古人記聞之學，借此以備遺忘，防奪失耳，非謂孟子著書真有此意也。若易以乾坤之策三百六十當期之日，則固明天道之書，不可爲常法。

明張居正、呂調陽同上帝鑑圖說，取堯舜以來善可爲法者八十一事，惡可爲戒者三十六事，其進書疏云：「善爲陽、爲吉，故數用九九；惡爲陰、爲凶，故數用六六。」亦拘墟之見。

千秋金鑑録

唐書張九齡傳「千秋節，王公並獻寶鑑。九齡上事鑑，號千秋金鑑録，以伸諷諭」。按：此事至今猶爲美談，而其書則固無傳也。明嘉靖間忽有千秋金鑑録一書，爲公裔孫希祖所傳，曲江令淩作聖刊刻以行於世。書中言安禄山爲野豬之精，史思明爲鶌鳥之精，楊貴妃爲白鸚之精，其語怪誕不經。序文云：「此録一千年後方許流布。」希祖殆自命爲一千年後流布此書之人也。然則卽其所僞爲可知矣。無知妄作，以誣其祖，此書可燒，其人可誅。當時信之，足見明時儒者之陋。

世說諸書

昔劉向有世說一書，而今不傳。宋臨川王劉義慶裒集後漢至東晉軼事，分三十八門，名世說新書，其曰「新書」者，以劉更生舊有此書也。說詳黄伯思東觀餘論。不知何代何人易其名曰世說新語，相沿至今，不可改矣。宋王讜又有唐語林八卷，倣世說之體，分五十二門，名雖有異，其實則一。世說之名，本漢劉向；語林之名，本晉裴啟也。明何良俊因有何氏語林之作，以世說新語爲藍本，而襍採宋齊以後續之，併劉氏原書，得二千七百餘事。此三書至今尚存，則自漢季至唐遺聞瑣事，畧備矣。通考所載又有孔平仲續世說，載五代至宋事，則五代至宋亦曾有人爲之編纂，惜其書今不可見耳。明李紹文撰明世說新語，國朝吴肅公撰明語林，是有明一代有世說又有語林也。國朝王倬又撰今世說，則本朝亦有世說也。乃國朝章撫功又撰漢世說，上及卯金一代，雖未足爲劉向補亡，要可爲劉義慶導源矣。諸書門目小有異同，體例實歸一致。使有人補輯孔平仲之書，使五代至宋得有完書，又纂遼、金、元事以續之，則自漢至今犂然大備，彙爲一編，豈非小說家一巨觀哉。

刺孟諸書

王充論衡有刺孟篇。余謂充之刺孟，實尊孟也。孟子一書，在當時止列於諸子中。王充於問孔篇後，作刺孟篇，是充之意固以孟子爲孔子之後一人矣。故愚謂漢人知尊孟子者，王充也；唐人知尊孟子者，皮日休也。皮日休請以孟子爲學科，見北夢瑣言，是顯尊孟子。王充問孔、刺孟之作，是隱尊孟子。充自紀篇自言其論說「始若詭於衆，極聽其終，衆乃是之」。然則非可泥其言矣。

司馬温公有疑孟之作，而李覯之徒紛紛繼作。至南宋初，晁説之尚著論非孟子，爲高宗所斥，見癸辛襍識。余謂此皆爲王安石所激也。王安石喜孟子，自爲之解，其子雱亦有注釋，見晁公武讀書志。温公之説，殆有意與荆公相左乎？元白珽湛淵靜語載倪思之言，謂王安石援孟子「不召之臣」之義，欲神宗師之，故温公著疑孟，明孟子之未可信。斯言必有所受矣。王荆公詆春秋爲「斷爛朝報」，而蘇子由即作春秋集解以矯之。自後著書説春秋者如林，皆荆公激成之也。之二事，正可互明矣。

蘭易諸書

宋隱士鹿亭翁著蘭易一卷，以復、臨、泰、大壯、夬、乾、姤、遯、否、觀、剥、坤十二月卦爲蘭消長之機。每卦各綴以辭，其文如象；下又各繫以辭，其文如象傳。述栽植保護之法。而又有蘭易十二翼一卷，題蕈溪子作，亦不知爲何許人，述蘭花宜忌十二條，蓋皆游戲筆墨，仿周易爲蘭譜也。蕈溪子因之作蘭史，首倣漢書古今人表爲蘭表，但有上上至下上七等，而無下中、下下二品，以蘭無卑品也。次爲蘭本紀，凡三種。次爲蘭世家，凡十一種。次爲蘭列傳，凡二十種。次爲蘭外紀，凡九種。次爲蘭外傳，凡五種。各以貴賤爲差，則不擬經而擬史矣。雖云游戲，亦頗有雅致。孫奕示兒編載有酒孝經，亦必其流亞矣。若明張應文仿論語爲粥經，有云：「小子何莫喫夫粥？粥可以補，可以宣，可以腥，可以素。暑之代茶，寒之代酒，通行於富貴貧賤之人。」又云：「子謂伯魚曰：『汝喫朝粥夜粥矣乎？人而不喫朝粥夜粥，其猶抱空腹而立也與？』」如此之類，大堪噴飯。

國朝李仕學著琴引四卷，倣史記之例，首以古帝王始制琴及善琴者爲十二本紀，孔子與焉。又表古今人物及七絃、十三徽與手勢、指法等爲十表。又撰禮書、樂書、天官書、定制書、擇材書、操縵書、正音書爲八書。其三十世家，則以能琴世其家者。其七十列傳，則古今善琴之人也。此書當可與蘭史並傳。

明人范守己著御龍子，其第六種曰參兩通極，則於太玄、潛虛之後，又爲一書，以擬易也。別爲八卦之名曰：元、息、進、隆、中、消、殺、沮，因而乘之爲八九七十二卦，以當七十二候。變象曰繹，變象辭曰尃，變爻象曰繇，末爲索辭八篇，以擬繫辭。是真無益費精神者，不如作蘭易矣。

明楊循吉著菊花百詠，以菊花種類，各案其名爲七言絶句，分十一類。天文類，自滿天星以下三首；地理類，自岳州紅以下三首；人物類，自狀元紅以下二十一首；宮室類，金樓子一首；珍寶類，自銀絞絲以下七首；時令類，自海棠春以下六首；花木類，自白牡丹以下三十二首；身體類，自金寶相以下三首；鳥獸類，自金鳳仙以下十三首；衣服類，自黄疊羅以下十四首；器用類，自蘸金香以下十八首。詠一花而天地人物盡入環中，是亦可與蘭史相配。

宋僧志磐撰佛祖統紀，以諸佛諸祖爲本紀八卷，以諸祖旁出爲世家二卷，以諸師作列傳十三卷，又作表二卷，志三十卷。全仿史例，是佛亦有史。珥筆空門，何如拾遺九畹乎？

几上語枕上語

宋施清臣著几上語、枕上語各一卷，皆以二氏之旨發揮儒理。雖非正軌，清言娓娓，亦有可聽。書名甚新穎，然余一就枕卽收視返聽，自行所爲枕上三字訣，欲於枕上著書，固不能矣。

宋岳珂著桯史一書，世多不詳其命名之義。余按，說文：「桯，牀前几也。」則桯史之名，猶施清臣之几上語矣。唐李德裕先有桯史，見說郛所載柳珵常侍言指。今其書不傳。未知岳氏襲其舊名，抑與之闇合。然其取義於牀前几，則李岳兩家殆無異義也。

明胡纘宗有擬漢樂府八卷，亦名與上集，以皆成於與上也。

事偶韵語

自唐李瀚始創蒙求之體，以後文士每效爲之，然皆四言韵語也。明有錢唐淩緯著事偶韵語，則取歷代君臣言行，以類相偶，爲五言絶句百章，此蒙求之變體也。坊間有類林新詠一書，殆出於此。

政績書

元至正中，永豐令辜中受代去官，縣之父老願以中之善政刻諸石，於是永豐教諭陶凱爲作辜君政績書一卷。按：此亦德政碑之類。余曾作龍游縣知縣高君實政記，竊援斯例。按：萬姓統譜，辜中字德中，至正間永豐尹，專尚德化，不施刑罰，民愛之如父母，立生祠刻石記之，當即陶凱此書也。

善誘文

宋陳録撰善誘文一卷，其言皆以勸善爲主，自稱丹穴老人。其弟鍊作序，署嘉定辛巳，則宋寧宗時人也。此近世刻善書者之濫觴。末有一跋，署木石居士虞舜徒，此殆寓名，取雞鳴而起，孳孳爲善之義，不必實有其人也。

銀鹿春秋

明嘉定陸嘉穎編輯古來義僕事蹟爲一書，名曰銀鹿春秋。銀鹿者，顔魯公之奴，事魯公，至禍患不避去，故取以名其書，亦新奇可喜。

少陵詩「浪游投刺無銀鹿」。放翁詩「拾樵煎茗有青蝯」。注云：「王元之童名青蝯」，與銀鹿正堪作對。國史補云：「顔魯公在蔡州，再從姪峴家僮銀鹿始終隨之。」是銀鹿先亦非魯公奴也。

九九銷夏録卷五

古書有篇名無章名

古書但有篇名，如書之堯典、舜典，詩之關雎、葛覃，皆篇名也。禮記樂記一篇分十一篇，亦是篇名。惟孝經有開宗明義章、天子章、諸侯章等名，則是每章各有章名，他經所無。故學者疑孝經爲僞書，不爲無見。老子河上注本有章名，而王弼注本無之，河上本亦僞書也。周易繫辭傳本不分章，而説者强爲之分上傳，或爲十一章，或爲十二章，或爲十三章，下傳或爲九章，或爲十二章。宋儒於大學、中庸即從此例。然雖分章，而章名固不立也。明洪畝初著易學管見，於繫辭、説卦每章之首皆標首句爲章名，已屬無謂。國朝鄭廣唐著讀易蒐，於繫辭傳創立天尊章、設位章諸名，則更涉妄作矣。明黄道周著表記、坊記、緇衣、儒行四篇集傳，分表記爲三十六章，坊記爲三十章，緇衣爲二十三章，儒行爲一十七章。各爲之名，此亦自我作古，不可爲訓。惟施之儒行篇尚可。世傳金剛經分三十二分，各有名目，爲梁昭明太子所分。此最爲無理。殆俗僧所爲，而託之昭明也。凡古書分章，大率類此。

編排卷數

古人著書但分卷數而已。昭明文選序云：「都爲三十卷。」乃又以十干編次，今第一卷有「賦甲」二字，注云：「舊題甲乙，所以紀卷先後。今卷既改，故甲乙並除，存其首題，以明舊式。」是「甲乙」等字已爲李善刊除也。夫卷分三十，而甲乙之數止於一十，疑昭明原本甲乙之類皆三也。李注分爲六十卷，則甲乙之類宜皆六矣。以其繁重，故就刊除，而其目録則賦甲至賦癸皆全，詩甲至詩庚而止。自騷以下無甲乙之次，又不知其何意矣。

宋洪邁夷堅志甲至癸二百卷，支甲至支癸一百卷，三甲至三癸一百卷，四甲、四乙各十卷。以十干編次之書，殆無多於此矣。今四庫著録者止支甲至支戊五十卷。吾湖陸氏又得甲乙丙丁四集而刻之，葢卷帙既繁，流傳日久，遂至散佚不全，甚可惜也。明胡震亨撰唐音統籤，亦以十干爲次，乃其刊刻行世者，止戊籤、癸籤而已。當時原有全書，此日竟無足本，猶幸以十干分編，令人得知其卷帙之浩繁也。

元遺山中州集既以十干爲十集，而壬集中又別立名目。狀元一門列鄭子明等八人，異人一門列王中立等四人，隱德一門列薛繼先等四人。癸集中知己一門列辛愿等三人，南冠一門列司馬朴等五人，未免失之煩瑣。狀元亦爲一門，非出遺山，人必譏其俗矣。

明鄭太和編麟溪集。太和，浦江人，卽所謂「浦江義門」也。是集哀輯宋以來諸家題贈詩賦及碑誌序記之類，爲表揚義門而作者。前十卷以十干紀，後十二卷以十二支紀。此亦干支分集之一大書也。

鄭氏所居名麟溪，故以麟溪名。今人但知浦江鄭氏，罕知麟溪鄭氏，宜表出之。

唐趙璘因話録以五聲爲次。一卷宫部爲君，記帝王。二卷、三卷商部爲臣，記公卿百僚。四卷角部爲人，凡不仕者咸隸之。五卷徵部爲事，多記典故，而附以諧戲。六卷羽部爲物，而凡見聞褋事亦並載焉。此則於義各有所取。若明彭大翼之山堂肆考，亦分宫、商、角、徵、羽五集，則無所取義矣。

明鄧球著閒適劇談五卷，每卷爲一集。前四卷題元集、亨集、利集、貞集。後一卷曰起元集，取貞下起元之義。此論理論數之書，又當别論。

明代有張莊穆文集〔一〕，爲吾鄉烏程張永明字鍾誠者所著。分爲六集，以禮、樂、射、御、書、數爲次，是則陋甚。

夫釋道兩家之書，卷帙浩繁，故以千字文編號，取便檢閱。吾儒著述，何取於此，謝枋得文章軌範以「王侯將相有種乎」七字編爲七册，殊欠大方。鮑氏知不足齋刻張丑清河書畫舫，以鶯、鴦、啄、花、紅、溜、燕、尾、點、波、緑、皺十二字編次，更涉纖巧。著述家不必沿襲此風也。

子注

史通補注篇曰：「除煩則意有所怯，畢載則言有所妨，遂乃定彼榛楛，列爲子注。若蕭大圜淮海亂

〔一〕四庫全書總目著録爲「張莊僖文集」。

離志，羊衒之洛陽伽藍記是也。」按劉氏説，則古書自爲注者始此。二書謂之子注，今著書家皆循用之，而子注之名則知者尠矣。

日知録云：「漢書地理、藝文二志，小字皆孟堅本文。其師古曰，應劭曰，服虔曰之類，乃顔氏注也。」然則子注之由來久矣，不始於蕭羊兩家。至謝靈運山居賦自爲之注，則詩賦家體例也。明黄溥簡籍遺聞，乃謂夾注書字本杜荀鶴詩，所見殊陋矣。

廣川書跋云：「樊紹述絳守居園池記，文既怪險，人患難知。紹述亦自釋於後，自昔不知。崇寧三年，余至絳州，乃剔刮劘洗，於其後刻：回漣，亭名；香，亭名；薪，亭名；槐，亭名；望月，亭名；柏，亭名；鸇，白鸇，亭名；鷺，白鷺，亭名；白濱，亭名。雖，薛姓，絳人。文安，裴姓，聞喜人，與雅同應漢王諒。友軌，梁姓，爲正平令。蒼塘，亭名；風，亭名；鼇，亭名。」按，回漣之爲亭名，薪之爲亭名，記文敍述甚明。至「提鸇挈鷺」句，非覼其自釋，不知爲白鸇、白鷺兩亭也。

注中注

姚宏補注戰國策，每於注中又作夾注。如周策「司寇布爲周最」，謂周君篇注文中夾注「錢劉」下有「劍」字。秦策衞鞅亡魏入秦篇，注文中夾注「曾下有還而字」，此類是也。然止是校勘文字耳。宋范成大吴郡志每於夾注之下又用夾注，雖見詳贍，要非著書之體。

全謝山稱其先世所聞水經一書注中有注，本以雙行夾寫，今皆作大字，是以混淆莫辨。於是趙一清誠夫用其說，辨別其注中之注，以大字小字分寫之，成水經注釋四十卷，刊誤十二卷。然此可爲讀水經注之善本。若竟以爲古水經注之真本，恐亦未必然也。

造語不通

明周宏綸著何之子一卷，有云：「太虛奚無無以無無無無無無則無無無無則虛虛虛則實實實則極極極則易易易則始。」此數語使人不能讀。國朝熊賜履著閑道録三卷，有云：「無方無方之方，無體無體之體，無外無外之外，無內無內之內，無終無終之終，無始無始之始。」此數語使人不能解。何之子語，愚竊定其句讀曰：「太虛奚無無，句以無無無，句無無無則無無。句無無則虛，句虛虛則實，句實實則極。句極極則易，句易易則始。句」然則義亦並不深，口頭禪耳。

楊鐵崖所著東維子集，於句讀疑似之處，必旁注一「句」字。如何之子語，非自注「句」字，不明矣。

講學摹古

日知録稱：「今講學先生從語録入門者，多不善於修詞。王元美之劄記，范介儒之膚語，上規子雲，下法文中。雖所得有淺深，然可謂知言矣。」愚謂，前乎此者，有楊萬里之庸言，乃規摹揚雄法言而作。此宋儒中之戛戛獨造者也。范介儒膚語卽倣其體。

明儒吕柟本出李夢陽之門，文字務爲古奥。其所撰二程子鈔釋十五卷，每條之下，標明大旨，而語多佶屈聱牙，亦於講學先生中别張一幟。

明邱濬輯朱子學的二卷，上卷自下學至韋齋爲十篇，猶上論之始學而終鄉黨也。下卷自上達至道統爲十篇，猶下論之始先進而終堯曰也。此則居然摹仿論語矣。然但師法其體，而非摹擬其詞。

明薛應旂撰薛子庸語十二卷，分二十四篇，各以首二字爲篇名，每章冠以「薛子曰」，是亦欲作論語者也。

僞古本

儒家有古文尚書，有古論語，有古孝經，皆後出之書，以古本而駕舉世通行之本之上。於是其風流入方外，終南山説經臺有篆書古老子，末有夷門天樂道人李道謙跋云：「魯之大儒高翿文舉，善古篆書，爲會真宫提點張志偉壽符書道德五千言，筆法精妙，古今罕有。至元庚寅承命祀香嶽瀆，駐於終南山萬壽宫，遂摹諸經臺，垂之永久。」詳見石墨鐫華，今尚有許劍道人刊本。此老子有古本也。明楊升庵稱南方掘地得石函，有古文參同契上中下三篇，敘一篇。徐景休箋注亦三篇，後序一篇。淳于叔通補遺三相類上下二篇，後序一篇。合爲十一篇，與舊傳止三篇者不合。餘姚蔣一彪爲作集解。此參同契有古本也。殆儒家諸古文有以啟發之乎？

遵義鄭珍云：「廣川書跋言古老子以『其』爲『亓』。則宋以前相傳自有古本。夏氏古文韻采其字最多」云云，説見其所著汗簡箋正。是宋以前自有古本老子，高文舉未見其書，以意綴輯，是不足言古本矣。

建安余氏刊本

至　書

宋岳珂九經三傳沿革例稱：「世所傳九經，本以興國于氏及建安余仁仲本爲最善。」林之奇尚書全解有其孫畊後序，稱「脱藁之初，書肆急於鋟梓，譌以傳譌。至淳祐辛丑，畊從陳元鳳得宇文氏所傳書說拾遺手藁一册，乃康誥至君陳之文。乙巳得建安余氏所刻完本，始知麻沙所刻自洛誥以下皆偽讀」。據此二書所言，知宋刻亦有精粗。建安余氏最爲善本。宋黄倫尚書精義十五卷，前有「余氏萬卷堂刊行」小序，當卽建安余氏也。余氏名仁仲，所居至爲萬卷堂，殆亦當時書賈之卓卓者。今人講求宋版書，未識尚知其人否？

按：林畊所稱麻沙乃地名，屬建陽縣。建陽鬻書人皆在麻沙一帶，故至今有麻沙版。國朝施可齋閩雜記云：「明宣德四年，衍聖公孔彥縉以請市福建麻沙版書籍，咨禮部。」是麻沙版，明代猶重之。然石林燕語稱印書福建最下，以柔木爲之，取其易成。然則麻沙之得名，殆以其多，不以其精也。

旁訓濫觴

明朱升撰尚書旁注六卷，大書經文，而以訓釋字義者細書於旁。此近來坊間所刻五經旁訓之濫觴也。梅文鼎序謂：「升有四書五經旁注。」則不止尚書一種。然宋金履祥著尚書表注，其書於每葉之上下左右，細字標識。則朱升之書，又從此出矣。

刻書用陰文及方匡爲識

唐書陸龜蒙傳：「得書雠比勤勤，朱黄不去手。」是古人校書必用朱筆黄筆以别於原書之字。宋方崧卿著韓文舉正，凡所改之字，皆用朱書，亦唐人舊例也。然古人刻印書籍，無今世所行之套版刻本。韓文舉正遇朱筆改正之字，皆刻陰文，此亦宋世刻書之舊法。如政和本草，凡神農本經用朱書者，皆作陰文，卽其證也。然刻陰文，必先雙鉤其字，頗不容易。於是徑省其事者，不作陰文，而以方匡識之。唐陸伯沖春秋微旨自序謂：「三傳舊説亦並存之，其義當否，則以朱墨爲别。」今所行本於應用朱書者，皆以方匡界畫其起訖。此書籍中刻陰文、刻方匡之所由始也。

明陳燿文天中記每條標數字爲目，以陰文刻之。明人刻事文類聚於詩字、賦字、表字、讚字諸標題皆作方匡。疑唐宋舊本，亦必刻陰文也。

方氏韓文舉正，體例極密。改正之字，用朱書。衍去之字，以圓圈圍之。增入之字，以方圈圍之。顛倒之字，以墨線曲折乙之。此用方圈與方匡界畫稍異。

每句空一字

法苑珠林呪術篇所載呪語，皆每句空一字。蓋西域梵文傳入中國，不便誦讀，故以此法便讀者也。沈約宋書樂志鐸舞曲聖人制禮樂篇，每句空一字書之，蓋以此篇有聲音無文義，恐人不得其讀耳。其時梵書盛行，殆即用其法也。國朝張爾岐著儀禮鄭注句讀，亦離析其句，使人易讀，則并以此讀經矣。

字大宜老

宋曾噩官廣東漕使，重刻郭知達所編九家集注杜詩。陳振孫書録解題稱噩刊版五羊漕司字大宜老。蓋謂其書字大，宜於老人閱看也。今世乃盛行密行細字書，大非老眼所宜矣。葉盛水東日記云：「邵復儒家有細字小本東坡大全集。」則宋世刻書，亦有以細字爲貴者，殆以便於攜帶歟？康熙中，宋犖巡撫江蘇，得施注蘇詩殘本，屬武進邵長蘅、高郵李必恒補成之，重爲刊版。乾隆中，又詔内府刊爲巾箱本。是細字小本，亦天禄石渠所不廢也。

山中藏書

太史公稱「藏之名山」。疑古人固有此事。穆天子傳稱「羣玉之山，爲先生策府」。吴越春秋稱「禹登宛委山，發金簡之書」。以至吴地記所載之包山石穴，荆州記所載之小酉山石穴。水經注所載之積書巖。馮贄記事珠所載之嵩山譔觴。皆非虚語。周禮初出，亦在山崖屋壁間也。集仙傳言，唐李筌於嵩山虎口巖石室得黄帝陰符經，題曰「大魏真君二年七月七日，道士寇謙之藏之名山」。自是方技之書，往往自言得之山中。如月波洞中記，相術也，稱老子記於太白山月波洞石壁上，而唐時任逍遥得之。太素脈法，醫家别派也，稱仙人石函在空同山中，唐時樵者得之。此則大半依託，不足信矣。世有神機相字法一書，不知何人所撰。稱有景齊者，受於山中異人，其書本東華洞中之文，上卷已授安石，下卷以授景齊。蓋卽後世測字之法也。景齊不知何許人，疑在北宋之末。其時荆公字説盛行，學者奉爲圭臬，故依附安石以自重其書也。

九九銷夏録卷六

宋徽宗高宗皆嘗著書

宋蔡絛北狩行録言：「徽宗在金，嘗得春秋，披覽不倦，凡理亂興廢之蹟，賢君忠臣之行，莫不採摭其華實，探涉其源流，鉤纂樞要而編節之，改歲篇而成書。」是徽宗嘗編節左傳成一書也。唐張固幽閒鼓吹，有明人顧元慶跋，引姚文公唐詩鼓吹序言：「宋高宗退居德壽宫，嘗纂唐宋遺事爲幽閒鼓吹。」是高宗亦著幽閒鼓吹一書也。此二君者，一則播遷之後，窮愁著書；一則退老之餘，娱情翰墨。雖其書均不傳，亦可見宋諸帝之均長於文藝矣。或謂幽閒鼓吹似非帝王語氣，然高宗嘗建聚遠樓，取坡詩「賴有高樓能聚遠，一齊收拾與閒人」。則高宗固以閒人自命，何不可以幽閒名書乎？

著書人名姓不真

史記蘇秦傳正義引樂臺注鬼谷子書云「蘇秦欲神祕其道，故假名鬼谷」。是以自作之書託之他人也。化書六卷，世傳宋齊丘撰，而陳景元跋則云：「譚峭景升在終南著化書，因游三茅，歷建康，見齊丘有道骨，因以授之曰：『是書之化，其化無窮，願子序之，流於後世。』於是杖報而去，齊丘遂奪爲己有而序之。」是以他人之書攘爲己作也。二事正相反。

張邦基墨莊漫録云：「近時傳一書曰龍城録，乃王性之爲之。又作雲仙散録，尤爲怪誕。又有李歜注杜詩，注東坡詩，皆出性之一手。」按：王性之名銍，著有默記及補侍兒小名録等書，則亦一著述家也。乃喜爲此等書，駕名他人，何歟？今龍城録猶行於世。梅花美人事詞賦家多用之。雲仙散録當即雲仙襍記，其中所載如戴逵雙柑斗酒事，亦引用至今。而龍城録則以爲柳宗元作，雲仙襍記則以爲馮贄作。王性之爲人作嫁，竟無知者，亦殊無謂矣。

宋魏泰著碧雲騢一書，託名梅舜俞，此人所共知者。王銍跋范仲尹墓誌又稱其喜僞作他人著書。如志怪集、括異志、倦游録，盡假名武人張師正。魏泰不得志於場屋，其言多輕肆誣詆，不自爲名，固其宜也。王性之既知魏泰之非，乃亦效其所爲，殊不可解。殆因臆造典故，不可爲訓乎？

王漁洋夫于亭襍録云：「家有疑耀一書，乃李贄所著，其門人張萱序刻。余嘗疑爲萱自纂而嫁名於贄。中有『校秘閣書』及『修玉牒』等語。萱嘗爲中書舍人，纂文淵閣書目，而贄未嘗一官禁近也。及觀論温公一條云：『余鄉海忠介』，益信不疑。」按：此亦以自著之書嫁名於人也。日知録云：「漢人好以自作之書託爲古人。張霸百二尚書，衞宏詩序是也。晉以下則有以他人之書竊爲己作者，郭象莊子注，何法盛晉中興書之類是也。」今張萱疑耀駕名李贄，則非亭林所及料矣。

書名相襲

文中子中說久行於世，而元敖剡亦著中說一書，書止三卷。羅氏路史久行於世，而明徐渭亦著路史一書，書止二卷，與原書體例迥殊。襲用其名，未知何意。李夢陽空同子其名亦甚著，而蘇伯衡亦有空同子，則無知者矣。顧炎武日知録，其名甚著。而汪坦亦有日知録，則無知者矣。皆明代之書也。

明人朱存理有鐵網珊瑚〔一〕，而都穆又有鐵網珊瑚。陳繼儒有珍珠船，而胡侍亦有真珠船。書名新穎，頗非陳因，乃先後相襲，何也？

宋羅大經撰鶴林玉露十六卷，至今人人知之。明錢壁有壺天玉露一書，則知者鮮矣。今其書尚存，廉鑑四卷，四庫全書著録，實卽壺天玉露之一種也。此書與羅大經之書同以「玉露」名，而體製迥別。

元金履祥有濂洛風雅六卷。國朝張伯行亦有濂洛風雅九卷，並以濂洛之詩爲風雅正軌。張氏之

〔一〕四庫全書總目著録爲「趙氏鐵網珊瑚」，考云「舊本題明朱存理撰。末有萬曆中常熟趙琦美跋。稱原從秦四麟家得書品、畫品各四卷，後從焦竑得一本，卷帙較多，用兩本互校，增爲書品十卷，畫品六卷。其先後次序，則琦美所隱定，而又以所見真蹟續於後。稱秦氏原本，無撰人姓名，別有跋，記作者姓名。後佚去，不復記，然非存理也。據此，則是書乃趙琦美得無名氏殘稿所編，其稿既不出於一家，且琦美又有所增補，題存理撰爲誤矣」。

書必繼金氏而作。乃序中絕不及金氏之書，是直未見其書而意與相同，名亦與之相襲也。

舊有漁樵對問一書，云是邵子所撰。晁公武讀書志又云是張子撰。其書設爲問答，發明事物之理，未知果出邵張二子之手否。又有漁樵閒話一書，云是東坡撰。公武讀書志則云「不知何人所爲」。大抵亦僞書。

又按：漁樵問對，有云康節之祖所爲，見晁公武讀書志。考程明道爲康節墓誌云：「祖諱德新，父諱古，皆隱德不仕。」則康節之祖德新也。乃劉安節給事集亦附載漁樵問對篇，其文皆同。豈此文又出於安節乎？

僞撰古人詩文

衙波傳載孔子見采桑娘，有「南枝窈窕北枝長」之句。東家襍記載孔子過臧文仲將壇，有「將軍戰馬今何在」之句，竟使吾夫子作唐人七言絕句。作僞者不特妄甚，抑亦陋甚。乃明人洪化昭作周易濁坐談，所引古事有周公作歌招夷齊及夷、齊答歌。不經之談，竟以說經，明人之陋極矣。元楊維楨史義拾遺中有子思薦苟變書，孫臏答龐涓文，梁惠王送衞鞅還秦文，毛遂上平原君書。如此之類，皆以文爲戲而已。

國朝吳定璋纂七十二峯足徵集，蒐輯歷代文人之生於太湖者，錄其所作，彙爲此編。內有吳季札之孫濮婁所作高山詩三章。濮婁之名不見記載，高山之詩亦自古未聞，不知何處得之，殆亦僞撰歟？

世傳漢晁錯與友人尺牘云：「日外入芳圃，知騎氣南游，抱恨而反，所謂南山千萬峯，盡是相思情也。吟編久客左右，偶欲檢點，敢請頒下。」西漢人有此筆墨，大奇。明屠赤水收入翰墨選注，更奇。

竊人著述

明張之象撰唐詩類苑，其稿爲錢唐卓明卿所得，掩爲己有。華亭王徵〔一〕爲辨正之，遂以二本並行。又有吳興王氏著藻林一書，亦爲明卿攘而有之，則至今竟爲卓氏藻林矣。談遷作棗林藝蕢，雖爲辨正而卒不能勝之，并王氏之名世無知者，可慨也。然郭象注莊，此風久矣。

明常熟人蔡徵藺〔二〕撰天啟宮詞一百首，其自注亦詳明，爲同縣陳悰者所攘，見靜志居詩話，至今刻以行世，竟題悰名。

明錢希言戲瑕云：「嘗於太原齋頭見雲間刻顧氏詩史，乃中翰正誼名也。余與王先生相顧驚歎。王先生曰：『此豈虎頭公所能哉！』後余過雲間，乃知華亭唐汝詢仲言目雙瞽，著是書，顧氏以三十金詭得之。」

國朝高士奇著春秋地名考畧十四卷，據閻若璩潛邱劄記云：「秀水徐勝敬可爲人作左傳地名，即此

〔一〕四庫全書總目著録爲「華亭王徵」。
〔二〕四庫全書總目著録爲「秦徵蘭」。

書也。」是高江村此書爲徐敬可代作。

太倉黄侃字孝直，有鹿樵紀聞序曰：「此書凡十二卷，其一曰鶉首火，其二曰澠池水，其三曰真寧恨，其四曰朱陽潰，其五曰黑水擒，其六曰穀房變，其七曰開縣敗，其八曰汴渠塹，其九曰通城擊，其十曰鹽亭誅，其十一曰九江哀，其十二曰虞淵沈。作者自稱舊史氏，每卷末有總論，有附記，其事核而詳，其文練而達，其於人材邪正之間、軍國安危之際，未嘗不三致意也。自夫已氏取付殺青，或割截篇章，或點竄字句，而作者之志荒矣。予憫夫贋鼎之盛行，而後世并真本而棄之也。於是乎書。」按：此似即謂吴梅村之綏寇紀畧。所謂夫已氏，不知何人。豈此書本名鹿樵紀聞，因曾爲他人所刊行，故易今名，以别於贋鼎歟？

國朝張時爲界軒集，有擬奏疏一通，請凡假名著書者，視殺人之罪加一等。殆亦有激之談邪？

百歲以上尚能著書

宋時有楓窗小牘一書，不知作者姓名。其人上及見徽宗崇寧，下及見寧宗嘉泰。計崇寧末年丙戌至嘉泰元年辛酉，九十六年矣。故舊題爲百歲老人所記，殆不虚也。惜姓名無考，但以書中袁良碑一條，知其姓袁耳。

明林春澤字德敷，正德甲戌進士，官至平番府知府，年百有四歲，有司爲建人瑞坊，其所著詩一卷，卽名人瑞翁集。此則姓名爵里明白可徵。年逾百歲，吟詠不輟，真人瑞矣。

明陸樹聲有耄餘褉識一卷，其年已八十二矣，故名耄餘。耄而好學，亦足爲難。然視衞武公作抑戒猶少十有三年也。又茅坤有耄年録七卷，茅亦享大年。

年少有集傳世

王漁洋分甘餘話深惜明詩人如陳后岡、薹中峯、常明卿之類，皆年未四十而死。然其人但不壽耳，若蔣甕爲徐有貞外孫，十一歲補郡學生，十七歲而卒，有東壁遺稾二卷。李兆先大學士，李東陽之子，二十七歲而卒，有李存伯存稾十三卷。秀而不實，尤爲可惜。然並有文集流傳，則彭殤亦不足較也。

古來以童子傳名後世者，莫少於東漢之胡根。蔡中郎集有童幼胡根碑云：「故陳留太守胡君子曰根，字仲原。年七歲夭逝。」以七齡童子得附中郎之文以傳，然碑文雖稱其聰明敏惠，好問早識，而實固無所表見也。中郎集又有袁滿來墓碑，稱「大尉公之孫，司徒公之子，逸才淑姿，實天所授」。然其年十五歲，視胡仲原年長以倍矣。

老塾師著書

宋永嘉李之彥著東谷所見一卷。東谷其自號也。自稱游湖海五十年，教公卿大夫之子孫屢矣，教學常白屋之類亦多，是其人乃五十餘年之老塾師。想其杖策所至，亦頗有名望，故公卿子弟多受其教，非三家村夫子比也。

明江寧姚湘有海月樓集，李維楨爲作序，稱爲金陵典客，蓋以質庫爲業者。質庫主人亦有詩集傳後，當與老塾師異曲同工矣。

褓技人成名

明時有童佩，書賈也，有童子鳴集六卷。方于魯，墨工也，有方建元詩集十三卷。近墨者黑，其斯之謂乎？

明曹安讕言長語載：「江西新喻人傅若金，少年家貧，以織席爲生，又改業爲針工。後有所激，乃讀書。」按：若金字汝礪，謁文安，改爲與礪。宋褧以異材薦佐使安南，除廣州文學教授，有詩文集行世。以一針工而成名，更奇。

因出使外國而著書

明張以寧字志道，見明史文苑傳，稱其以春秋致高弟，故所學尤專春秋，多所自得，撰胡傳辨疑最辨博，惟春王正月考未就，寓安南半歲，始卒業。按：以寧於洪武二年奉使出封安南，其寓安南卽是時也。古之君子，雖在殊俗異方，不忘所學。今之君子，則惟侈述聞見之奇，歸國以詑流俗之耳目而已。宋朱弁風月堂詩話二卷，自序題庚申閏月，是宋高宗紹興十年也。弁以建炎元年使金，羈留十七年乃還，則紹興十年正在金國之時也。西河築館之年，而仍有東閣吟詩之興，殆姑以銷憂破寂乎？宋余靖字安道，嘗奉命使遼，作契丹官儀一篇，此則今之君子所取法矣。

永樂大典創議於解縉

明解縉文毅集中有封事云：「陛下好觀韵府襍書，鈔輯蕪穢，略無文彩。若喜其便於檢閱，願集一二儒英，隨事類別，勒成一經」云云。後來成祖修永樂大典，似用其議。然解大紳之意，欲隨事類別，則是類書而非韵書。永樂大典分韵編纂，則仍是好觀韵府之本意也。

本朝古今圖書集成一書，博而有要，實駕永樂大典而上之，此則以事類編纂者。縉之所見及此，不可謂非高識矣。世徒以解大紳少時穎悟，傳其逸事，鄙誕不經，未足知此也。

明史王鏊傳稱，鏊上言欲仿前代制科，如博學鴻詞之類，以收異才。六年一舉，尤異者授以清要之職，有官者加秩。此事本朝竟行之，乃歎我朝修圖書集成，開博學鴻詞科，兩事超出前代，而在前代未始無人見及，但其時不能用耳。

實録

唐李習之集有皇祖實録一篇，乃其祖之行狀也。宋汪晫康範詩集附康範實録，皆其行狀銘誄也。實録之名，古人不以爲嫌。日知録有上下通稱一條，未及此事。唐許嵩記六代之事，稱建康實録，此於名稱尚爲無礙。至明楊學可紀明玉珍父子事，稱爲明氏實録，則疑於尊明氏爲正統矣。雖古有此稱，何必襲用。

語録

宋倪思有重明節館伴語録一卷，蓋紹熙二年七月，金遣完顔兖、路伯達來賀重明節，思爲館伴，紀一時問答之語而成是書，故曰重明節館伴語録。按：馬永卿嬾真子載蘇老泉與二子同讀富鄭公使北語録事，則知語録之名北宋已有之。蓋當時士大夫以奉使伴使爲兩國邦交大事，故有所語，必備録之，以上於朝廷，是以有語録之名。嗣後遂相沿爲記録之一體，儒家因之而有語録。宋藝文志所載程頤語録二卷，劉安世語録二卷，謝良佐語録一卷，張九成語録十四卷，尹惇語録四卷，朱熹語録四十三卷之類是也。釋家亦因之。宋藝文志所載僧慧忠語録一卷，龐藴語録一卷，僧神清語録一卷，僧重顯語録八卷，僧宗杲語録五卷，浄慧禪師語録一卷，松源和尚語録二卷之類是也。宋藝文志又有朱宋卿徐神翁語録一卷。則道家亦襲其名矣。學者不知，譏宋儒誤襲釋家之名，是未詳考也。

宋太祖開寳三年，南唐使臣張洎來，以賈黄中習於臺閣故事，録其所聞於賈者爲賈氏談録一卷，歸貽好事。是録人之言，非録己之言，然體亦相近，故知語録又出於談録矣。

褉論志例

宋周淙乾道臨安志第一卷，紀宫闕官署，題曰「行在所」。其二卷乃始爲郡志。元濳説友咸淳臨安志，十五卷以前爲行在所，記宫禁曹司之事；十六卷以下乃始爲郡志。此都城志書之體也。

宋羅濬寶慶四明志，前十一卷爲郡志，十二卷以下爲鄞、奉化、慈谿、定海、昌國、象山各縣志，不與郡志相混。蓋其時明州雖爲府，而無附郭之縣，實與六縣分地而治，故其體例如此。此則今直隸州志所宜法也。

元徐碩至元嘉禾志分江海、湖泖、浦漵、溪潭、陂塘、河港、涇溝、堰牐爲八類，地屬水鄉，事關水利，不厭其詳也。明汪舜民徽州府志，人物一門分之爲十四類，則誼襍無謂，大可省併矣。明張欽正德大同府志，附有車營戰車諸圖，地屬邊疆，事關戎務，不嫌其贅也。明康海武功縣志載蘇氏璇璣圖，則前人著述可勝載乎？康海此志最爲簡要，乃有此失，宜其孫吕賜爲刊除之矣。此詳略之宜講也。

萬曆襄陽府志，因孔子曾之楚，於古蹟外，別立聖蹟一門。然則宋、衞、陳、蔡孰非聖蹟所至，記輿地者，亦不可無此門乎？明王僎毘陵志以齊高、梁武皆於斯郡發祥，冠諸人物之首，然則漢家興於豐沛，唐室起自太原，修江南、山西地志，將胥漢唐諸帝而人之乎？此夸飾之意，不爲典要者也。

明毛鳳韶浦江志，略於人物，志中仿通鑑綱目，以名字爵謚爲褒貶。又託邑人之名，仿尹起莘之例，發明其書法。夫春秋，非聖人不能作，紫陽綱目已有異同之論，況志書乎。至石邦政豐潤縣志於歷代帝王，亦以行款高下，區其優劣，更爲妄作。此陋儒之習，急宜掃除者也。

明何喬遠閩書分二十二門，其末一門曰我私。蓋喬遠自志其宗族也。夫自序之例，仿自龍門，志亦史體，何嫌自敘。然羅列何氏諸人，幾同家乘，殊乖志例。汪來北地紀不分門目，採事蹟詩文之有涉慶陽者，自后稷以下八十一人，而自附其名於末，以來爲慶陽府知府也。末一卷皆來所自作之文，雖曰方志，竟成私集，此文士之見，亦當刊削者也。

志書門類

志書分門，最難詳簡得宜。宋朱長文吳郡圖經，此地志存於今之最古者也。其書分上中下三卷，共二十八門，未免太繁。既有城邑，而門名又自爲一門，既有宮觀，而寺院又自爲一門。若斯之類，大可併省。宋梁克家淳熙三山志，分九門，曰地理，曰公廨，曰版籍，曰財賦，曰兵防，曰秩官，曰人物，曰寺觀，曰土俗，又似失之太簡。山川竟無專門，止附見於寺觀中。夫有山川而後有寺觀，殊爲倒置矣。宋羅濬寶慶四明志，分敘郡，敘山，敘水，敘産，敘賦，敘兵，敘人，敘祠，敘遺九門。元馮復京等大德昌國州圖志分敘州，敘賦，敘山，敘水，敘物産，敘官，敘人，敘祠八門。兩書大畧相同。然四明無敘官，則官蹟無徵，昌國無敘兵，則軍制無考，是皆闕典也。元袁桷延祐四明志，分十二考，曰沿革，曰土風，曰職官，曰人物，曰山川，曰城邑，曰河渠，曰賦役，曰學校，曰祠祀，曰釋道，曰集古。明趙時春平涼府志分十七門，曰建革，曰山川，曰户口，曰田賦，曰物産，曰壇祠，曰藩封，曰官師，曰兵制，曰學校，曰人物，曰孝節，曰風俗，曰河渠，曰寇戎，曰寺觀，曰祥異。此二志差爲詳備，後之修志者雖有異同，範圍要不出此。至於名目，自有典型。乃或好爲新奇，如明何喬遠閩書，於人物志，分縉紳、弁韐、闔栎、韋布等門類，殊涉詭異，無當大方。又如何景明雍大紀，改沿革志曰考易，改藝文志曰志賁。如此之類，幾令人開卷茫然也。

明康海武功志七篇，曰地理，曰建置，曰祠祀，曰田賦，曰官師，曰人物，曰選舉。韓邦清〔一〕朝邑縣志亦七篇，曰總志，曰風俗，曰物産，曰田賦，曰名宦，曰人物，曰襍記。此二志爲後人推重，未免過於簡略。夫志者，識也。孔子稱「多見而識之」，豈止以簡爲貴乎？其後王學模〔二〕又作續朝邑志八卷，殆亦病其太簡而爲之續乎？惟所立門類簡而能該，洵爲可法。

明唐樞撰湖州府志，分土地、人民、政事三門，雖似振裘挈領，然以各子目按之，究不能悉當。胡纘宗撰嘉靖安慶府志，不分門類，但爲二記，二表，十二志，十二傳，泥正史之例，變志書之體。凡此之類，均非後人所宜效法也。胡松撰滁州志，惟天文、山川、物産各爲一篇，其餘皆以編年紀事，是亦廢門類不用者。國初沈謙著臨平志，即用此例。然一鎮小志，無可編排，按年紀載，尚無不可，郡縣之志，自有體裁，何事更張，未免好異。若明盛儀嘉靖惟揚志，以古今關涉揚州事蹟，仿綱目編年紀載，別爲歷代志。此則因事涉本郡，不可删除，而又無類可歸，難以分隸，創爲此體，或尚可取法乎。

志書用古地名

明王鏊撰姑蘇志，以示楊循吉。循吉但覩簽票即曰：「不通，不通，府志修於我朝，當稱蘇州府志。姑蘇，吳王臺名也。以此名志，可乎？」此語載陳眉公見聞録，人皆以楊説爲然。余謂非也。以古地名

〔一〕四庫全書總目著録爲「韓邦靖」。

〔二〕四庫全書總目著録爲「王學謨」。

名書，乃宋以來志書之通例。如淳熙三山志，嘉泰會稽志，嘉定赤城志，寶慶四明志，至元嘉禾志，延祐四明志，至大金陵志等類，指不勝屈。豈自宋以來無一人知體要者，獨楊循吉持此正論乎？蓋古來志書，皆私家著述。一人之力，閉户而成之，題以古名，但取雅馴，何拘時代。後來開設志局，儼同官書，則務從今制，不題古名，亦事理所宜也。常熟縣舊有琴川志，明時知縣楊子器重修，則更名曰常熟縣志。即此一端，亦可觀世變矣。

揚州府舊有寶祐惟揚志，其後又有惟揚新志。明嘉靖二十年，知府朱懷幹屬江都人盛儀撰嘉靖惟揚志，從寶祐舊志之名也。揚州稱惟揚，又非古地名，以禹貢「淮海惟揚州」截取「惟揚」二字爲名，似乎不辭。然劉希夷江南曲云：「潮平見楚甸，天際望惟揚。」則唐人已有此稱矣。今人皆書作維揚，惟、維字通。史記夏本紀固作「淮海維揚州」也。盛儀云：「作維揚者誤。」但讀禹貢不讀夏本紀耳。

地志載金石文字

元徐碩至元嘉禾志，碑碣一門多至十六卷〔一〕。自三國六朝以迄南宋，凡石刻之文，全載無遺。好古之士多喜其典核，然竊謂究非體也。使碑碣必備載其文，則各史藝文志所收經、史、子、集，亦必備載其文乎？且如關中爲金石淵藪，志地理者，必備録其文，不且汗牛充棟乎？明沈朝宣嘉靖仁和縣志，於碑刻之文，止載其目，不載其文，殊爲得體。後人乃病其太簡，何也？

〔一〕四庫全書總目著録爲「十一卷」。

志書賢姦並載

自太平寰宇記備載列朝人物，後來地志因之，然主於表章先哲，記載循良，故史家賢姦並列，而志則有美無惡，亦體例不同也。明嘉靖江西通志，布政使參政林庭棉，按察司副使周廣同撰，仿諸史姦臣酷吏傳，立姦宄一門，此則志家之創格。自後萬曆間修廣東志，亦沿其例，有罪放、貪酷兩門。明王啟撰赤城會通記，其載官吏，分有事實官，無事實官，有疵官，爲三等。其紀人物，有鄉獻，有鄉僇。斯記之作，更在其前，則庭棉等亦有所受之也。考康海武功縣志官師一門，亦善惡並著，以示法戒。然但渾曰官師，不分名目。後有作者，如欲寓勸懲微意，則以斯例爲善。

一鎮有志

鎮之名蓋古鎮將之遺。宋初廢鎮將而存巡檢，寨鎮之名因而不改。吾浙海鹽縣有澉水，水經所謂澉浦者是也。唐開元五年，張廷珪奏置鎮。宋紹定三年，監澉浦鎮稅羅叔韶使邑人常棠爲澉水志八卷。一鎮有志，自此始也。其書分十五門：曰地理，曰山，曰水，曰廨舍，曰坊巷，曰坊場，曰軍寨，曰亭堂，曰橋梁，曰學校，曰寺廟，曰古蹟，曰物產，曰碑記，曰詩詠。以一鎮之地，分門立類，與郡縣志同。而全書八卷，止四十有四葉。蓋以簡而見長者也。明人武功、朝邑兩志實出於此。然近時烏程汪曰楨作南潯鎮志，多至四十卷。嘗與余言：「省志備載一省之事，不可太繁。若府志，宜詳於省志。縣志，宜詳於府志。鎮志，宜更詳於縣志。務在博采廣收，不遺鉅細，以備將來修省志、府志者之取裁。」是說也，亦或一道乎？

明董穀又撰澉浦續志九卷。澉浦一鎮，自宋至明兩修志乘，亦他鎮所未有也。近自汪氏南潯志後，作鎮志者頗不乏人。如柳商賢之橫涇志，王同之唐西志。余皆爲序之。惟幼時見康蓮伯、子蘭兩昆弟作臨平鎮志，其書亦不下南潯志，而亂後竟無一字之存，是可惜也。

九九銷夏録卷七

刻詩文集之始

唐僧貫休禪月集末有其門人曇域後序云：「檢尋藁草及闇記憶者，約一千首，雕刻成部。」按：其時則蜀王衍乾德五年，論者謂書籍刊版雖始於唐，然皆傳布古書，非刊刻專集。若刊專集，自此集始。余謂不然。歐陽公記舊本韓文後云：「集本出於蜀，文字刻畫，頗精於今世俗本。」然則韓昌黎集在唐時已有刻本矣。惟刻印疑始於蜀，故蜀毋昭裔有刻印九經之請，而舊本韓文亦蜀刻也。禪月集之刻於蜀，蜀人用蜀例耳。

集名之多

古人之集，皆後人蒐輯而成，故曰集也。至張融玉海集，則自定集名矣。王筠一官一集，則集之中又分子目矣。然王筠集一百卷，今無傳本。所存詩文數十篇，其集名無考也。宋周必大之平園集，有曰省齋文藁者，曰平園續稿者，曰省齋別藁者，曰詞科舊藁者，曰掖垣類藁者，曰玉堂類稿者，曰政府應制藁者。而其餘表奏等依類編次，尚不在其內，可謂多矣。至楊萬里誠齋集，有曰江湖集者，曰荆溪集耆，曰西歸集者，曰南海集者，曰朝天集者，曰江西道院集者，曰朝天續集者，曰江東集者，曰退休集者，較平園更夥。然竊謂平園諸稾，名稾不名集，最爲得體。蓋初作止謂之稾，其後合而一之，乃謂之集耳。若誠齋，則江湖以下，無不名集。合而一之，是合衆集爲一集也。當題總集，不得專名集矣。博觀本朝諸名家，往往襲誠齋之例，不達平園之義。趙秋谷之因園集，曰并門集，曰閑齋集，曰還山集，曰觀海集，曰鼓枻集，曰涓流集，曰葑溪集，曰紅葉山樓集，曰浮家集，曰金鵝館集，曰回帆集，曰懷舊集，曰磺庵集。凡爲集者十有三，則所謂因園集者，何以别於此十三集乎？查初白之敬業堂集，曰慎旃集，曰遣歸集，曰西江集，曰蹁淮集，曰假館集，曰人海集，曰春帆集，曰獨吟集，曰竿木集，曰題壁集，曰橘社集，曰勸酬集，曰溢城集，曰雲霧窟集，曰客船集，曰並轡集，曰尢寄集，曰白蘋集，曰秋鳴集，曰敝裘集，曰酒人集，曰游梁集，曰皖上集，曰中江集，曰得樹樓集，曰近游集，曰賓雲集，曰炎天冰雪集，曰垂橐集，曰杖家集，曰過夏集，曰偷存集，曰繙經集，曰赴召集，曰隨輦集，曰直廬集，曰考牧集，曰甘雨集，曰西阡集，曰迎鑾集，曰還朝集，曰道院集，曰槐簃集，曰棗東集，曰長告集，曰待放集，曰計日集，曰齒會集，曰步陳集，曰吾過集，曰夏課集，曰望歲集，曰粵游集。凡爲集者五十有三，名目紛繁，一至於此。幸其名皆纖小，冠以敬業堂集，似尚足以統率之。然要是合衆集爲一集也，則亦昧於共名、别名之義而已。荀子正名篇曰：「物也者，大共名也；鳥獸也者，大别名也。」既以集爲共名，則凡别名者不得亦謂之集。平園似猶知此義矣。

明黄衷矩洲集，分吴中稾，南中稾，閩中稾，粵中稾，湖中稾，伐檀稾，草堂前稾，後稾，續稾。王用儀青蘿文集分北游稾，大隱稾，羅浮稾，靈洲稾，中洞稾，樾深稾，雙魚稾，深明稾，洛澄稾，越山稾，白雲稾，蘿山稾。皆合諸稾而成一集，尚存平園遺意。

父子同集

唐顧況華陽集後附其子顧非熊詩一卷。此子集附父集以傳者也。亦有父集附子集者。宋黄庭堅山谷集後附刻其父庶字亞夫之伐檀集。戴復古石屏集卷首載其父東皐子詩。論者謂戴集得體，黄集失之。然父子同集，要自美談。此外著述，如林泉高致集首題贈正議大夫郭熙撰。然熙所撰止山水訓、畫意、畫訣、畫題四篇，而畫格以下二篇，則其子思所附也。此子書附父書以傳者。明張丑真蹟日録後附清秘藏二卷，則其父應文所撰也。此父書附子書以傳者。野客叢書宋王楙撰，末附野老記聞，則其父所撰。然野老竟不傳其名字，東皐子詩後有復古跋語云：「先人諱敏字敏才，號東皐子。」此則石屏之善爲其親計矣。

元尹廷高玉井樵唱卷首載其父竹坡詩一聯。蓋用石屏之例。元洪希文續軒渠集，有附録一卷，即其父巖虎所作軒渠集也。軒渠集已散佚不全，故反附其子續軒渠集以行，蓋用伐檀之例。

宋劉涣之子恕，恕之子羲仲，合祖孫三代之詩爲一集。題曰三劉家集。明文洪之孫徵明，徵明之長子彭，次子嘉，彭之子肇祉，合高祖至玄孫五代之詩爲一集，題曰文氏五家詩。世擅著述，允爲美談。惜衡山之父竟無一篇傳者，遂使中間缺此一代，亦美中之不足也。

明人竹嶼山房雜部分五部：養生部，六卷；曰燕閒部，二卷；曰樹畜部，四卷，則華亭宋詡字久夫者所撰也。曰種植部，十卷；曰尊生部，十卷，則其子公望字天民者所撰也。公望之子懋澄合而編之。是一書而成於祖孫父子三代之手，可謂世濟其美矣。

父子書集同名

古人有父子同一集名者。如宋時吕本中與子祖謙同名東萊集。洪巖虎與子希文同名軒渠集。國朝李蕃與子李鍾璧、鍾襄同名雪鴻堂集。雖足見著述相承之美，然傳之後世，幾於無别矣。

少作入集

高斯得恥堂存稿有南軒永州諸詩，跋云：「劉禹錫編柳子厚集，斷自永州以後，少作不録一篇。南軒先生永州所題三亭、陸山諸詩，時方二十餘歲，興寄已落落穆穆如此。然求之集中，則咸無焉。豈編次者以柳集之法裁之乎？」是古人編集不登少作。然今所行柳集已非禹錫所編之舊本。據宋紹興中文安禮撰柳子厚年譜，貞元元年乙丑，有爲崔中丞賀平李懷光表，是年止十三歲。貞元五年己巳，有爲文武百官請復尊號表，是年止十七歲。則子厚少作已有傳於後矣。洪興祖韓子年譜云：「貞元四年戊辰，是年公薦薛公達於張建封。時年二十一，始有文章見集中，而附録其下云。公集有上河陽李大夫詩，疑李芃也。李芃爲河陽節度使在德宗初年，公時方十四五。

則公文章見集中未應以薦公達爲首也。其說不知何人所附，或疑卽出方崧卿。然則昌黎亦存少作。

李太白集有大獵賦序，言以孟冬十月，大獵於秦，不言何年。據史則先天元年，開元元年、八年，並有其事。太白生年或云聖歷二年己亥，或云長安元年辛丑。則作此賦總在十三歲以後，二十三歲以前。又有明堂賦。按：開元四年，改明堂爲乾元殿，而此賦仍題明堂，必在開元四年丙辰之前。則此賦亦十五六歲所作。太白贈張相鎬詩云：「十五觀奇書，作賦淩相如。」殆謂此兩賦也。青蓮少作集有可證。若杜子美則無可考。趙子櫟杜工部年譜於開元七年己未云：「甫作詩起七歲。」則更早矣。然不知當集中何篇也。直齋陳氏白文公年譜云：「貞元二年丙寅，公年十五，有江南送北客寄徐州兄弟詩，自此始有文見於集。」則香山編詩自十五歲始。

一文入兩集

唐李德裕會昌一品集，鄭亞作序，而其文亦見李商隱集，稱代亞作，文有異同。蓋亞有所改定也。宋王銍四六話云：「先子爲滕元發作陳情表，手簡尚在，今誤印在東坡集本文內。」是此表爲王銍父名素者所作，今入坡集者，坡有所改定也。王漁洋蠶尾集有候補中書吳燦墓志，而同時張篤慶崑崙山房集中亦載之，云代王作。然以兩集參校，原文甚長，王刪削其十之三矣。

集中附載他人詩居前

集中附載他人唱和之詩，始於謝朓集中附載王融詩。至唐人而杜集中附嚴武詩，李集中附崔宗之詩，相沿成例。今人集中亦往往有之，然皆附於己詩之後，且多低一格書之，以爲別。宋李之儀姑溪詞有和陳瓘、賀鑄、黄庭堅之詞，則列原作於前而己詞居後，雖似失主賓之辨，然頗得君子卑己尊人之意。

壽文入集

明陶安有陶學士集，集中載祝壽文二篇，此壽文入集之始。其後歸太僕特踵而加多耳。羅玘圭峯集首列壽文，亦在歸太僕之前。

南宋時有宋名臣獻壽集十二卷，皆南宋祝壽之文，不著編纂人姓名，而流傳至今。四庫全書總集存目著録焉。是壽文南宋已盛行矣。

明章敞質庵文集，末附祝壽詩一卷，是又壽詩之入集者。

外集

宋釋道燦有柳塘外集。明僧宗泐有全室外集。葢以釋典爲内，故以所作詩文爲外。我朝陸稼書三魚堂集以奏議等歸入外集，則尊道學而薄事功，非本末一貫之旨矣。

墨蹟刻本異同

許丁卯集「湘潭雲盡暮山出」，米襄陽書。史載許渾手寫，烏絲欄，「暮山」實作「暮煙」。世人遂以集本爲誤。余謂此亦難言也。以詩意而論雲盡山出，軒豁呈露，自成勝致。若雲盡而煙出，則仍是此光景而已。以詩言詩，山勝於雲，未必墨蹟是而刻本非。歐陽公集古録真蹟與集本往往不同，即其例矣。

宋周密雲煙過眼録，記東坡手書詞有「郟湛初溢」四字，殊不可解。集本則作「漣漪初溢」。余不敢因有公之真蹟而以「郟湛初溢」爲然也。

雲麓漫鈔謂東坡賀新涼詞版本「乳燕飛華屋」，真跡作「乳燕棲華屋」。水調歌詞版本「但願人長久」，真跡作「但得人長久」。按：此二詞「飛」之與「棲」未知孰勝。至「願」之與「得」，則轉似版本爲優也。

又按：今詞有乳燕飛一調，即賀新涼也。以坡詞「乳燕飛華屋」而改。宋黄機竹齋詩餘有乳燕飛詞，坡詞自是「飛」字。

韓魏公作張乖崖神道碑，稱其始與邑人傅霖友善，登第後，與傅詩有「巢由莫相笑，心不爲輕肥」。及讀寇忠愍公集，則云：「爲語巢由莫相笑，此心終不爲輕肥。」七字詩，非五字詩也。疑公初作實是五言，後入集中改爲七言耳。又世傳寇公「獨恨太平無一事，江南閒殺老尚書」。蕭林之請改「恨」字爲「幸」字，公以爲一字師，此事世多知之。及讀集中，則云：「方信承平無一事，淮陽閒殺老尚書。」非「恨」字，非「幸」字，且非「江南」。然則集中之詩與初稿不同，竟有相去千里者矣。

王直方詩話稱，秦少游贈參寥詩末句曰：「平康在何處，十里帶垂楊。」爲孫覺所呵。後編淮海集，改云：「經旬滯酒伴，猶未獻長楊。」詞意乃迥别。

東坡詩「不向如皋閒射雉，人閒何以得卿卿」。人皆譏東坡誤以「如皋」爲地名。南宋時吳聿作觀林詩話云：「親見其手寫會獵詩，『不向』乃作『向不』。」此則頗有出入，如果作「向不」，則坡公不誤也。

選古人詩文各有體例

文章自有體例，雖選古人詩文，亦各從其體例。昭明文選凡姬孔之書，老、莊、荀、孟之論，皆所不取。以文選一書，但以能文爲主，不以立意爲宗也。徐孝穆玉臺新詠，皆綺羅脂粉之詞。元次山篋中集，皆淳古淡泊之作。雖集諸家之詩，而仍成爲一家之言，故其書可傳。善乎，蜀韋縠之選才調集也。序稱「觀李杜集，元白詩」，而集中杜老之詩竟無一首。蓋杜爲唐代大家，縠非不重之，而杜詩高古，與此集讖麗迥不相同，則固不得重其名而亂吾例也。自宋以後，無知此意者矣。

國朝王漁洋選唐賢三昧集，太白、少陵不登一字。此固其所見之偏，但以神韻爲宗，於詩家塗轍殊有未備。然要可謂其中有我也。

編次帝王之文

帝王之文，似不應與人臣一例編次。乃漢書藝文志儒家有高祖傳十三篇，注云：「高祖與大臣述古語及詔策也。」孝文傳十一篇，注云：「文帝所稱及詔策。」則此二傳即爲高文二帝所著之書。帝王有文集，實始於此。班氏編次，兩傳不相連屬，中間隔以陸賈二十三篇，劉敬三篇，則帝王之文，仍與諸臣一例，以時編次也。其下詩賦家有上所自造賦二篇。上謂武帝也，而列之吾邱壽王蔡甲之後，亦此例矣。班氏之意，蓋以志中所録神農黄帝之書，俱在前代帝王，不爲區别，則本朝帝王亦無庸區别矣。徐陵玉臺新詠以梁武帝及太子、諸王所作列吴均等之後，亦班氏舊例。國朝康熙中，欽定宋、金、元、明詩三百十二卷，每朝皆以帝製居首，此則千古之凖繩矣。

同時人詩文入選

梁昭明太子文選以何遜猶在，不録其詩。後來選詩者，率遵此例。然唐令狐楚撰元和御覽詩，於同時之人如張籍楊巨源皆與焉。當日進之朝廷，不以爲嫌，則文選之例，或亦不必泥歟？明李攀龍著古今詩删三十四卷，始於古逸，次以漢、魏、南北朝，次以唐，唐以後繼以明，多録同時之人之作，而不及宋元。蓋自李夢陽倡不讀唐以後書之説，前後七子遵之，此選猶此志也。余嘗謂本朝人説經，亦有此見。凡所稱引至唐而止，任采同時人之説，而不取宋元之説。然則前代論詩，昭代説經，將毋同乎？書此爲同學諸君一笑。

明湯紹祖續文選，選自唐及明詩文以續昭明之書。然所録止唐人明人，而五代、宋、遼、金、元無一字焉。亦此意也。

選詩及其家集

元好問中州集，選金源一代之詩，其父與兄之詩皆與。此雖表揚之私情，而亦文章之公論也。明代吾湖邱大祐吉纂吳興絶唱集，亦録其父之詩，惟直書其父之名，爲閻潛邱所譏，則不及中州集之得體矣。又將己所作之詩亦入集中，此則未免自炫之譏。若明俞憲選盛明百家詩，其二子淵、沂之詩各爲一卷，則殊非所宜也。

以自作詩文入選

後漢王逸撰楚辭章句，自離騷經第一至九思第十七，皆爲之注。而九思實卽王逸所作。自作之，自注之，卽附列於古人之後，此惟漢人可爲之，在後世，則必爲人指摘矣。徐陵玉臺新詠甄録自漢至梁之詩，而陵所作亦與焉。然愚疑陵詩非陵自録，乃其子孫爲之。蓋欲使其祖父之詩，附古人以傳耳。觀餘人皆書名，而徐陵獨稱徐孝穆，字而不名，則爲其子孫增入無疑矣。

唐芮挺章撰國秀集三卷，選唐人詩，而挺章所作之詩亦有二篇與焉，其誤倣玉臺之例歟？

宋黄昇花庵詞選二十卷，始唐李白，終於宋方回，而已所自作詞四十首亦附録焉。今其所著散花庵詞已多散佚，賴此而存。

八先生集

唐宋八大家之選，始於茅鹿門。然明初有朱右字伯賢，其爲文惟以唐宋爲宗，嘗選韓、柳、歐陽、曾、王、三蘇之文爲八先生集，則即八大家之濫觴也。

宋時吕東萊有古文關鍵二卷，取韓愈、柳宗元、歐陽修、曾鞏、蘇洵、蘇軾、張耒之文，凡六十餘篇。此亦八大家之濫觴。茅鹿門但去張耒而進王安石、又增二蘇爲三蘇耳。東萊不取荆公，乃當時清議。其舍蘇潁濱而取張文潛，亦似有見。

國朝儲欣有唐宋十大家全集録五十一卷，於八家之外增入李翱孫樵爲十。

詩與人不類

皮日休桃花賦序稱：「宋廣平鐵心石腸，而所作梅花賦，輕便富艷，得徐、庾體。」此言至今流傳以爲口實。漁隱叢話謂寇萊公詩含思悽婉，不類其爲人。今觀合璧事類所載公春恨一首，春晝一首，思致纏綿，更出梅花賦上矣。王漁陽居易録言，趙清獻集中暖風一首，芳草一首，杜鵑一首，寒食一首，觀水一首，此數詩掩卷讀之，豈復知鐵面者之所爲。然則以閑情一賦爲白璧微瑕，固哉高叟矣！

文中妖怪

楊億以文名宋初，而石介作怪説一篇詆之。楊維楨以文名明初，而王彝作文妖一篇詆之。兩事正相類。然二楊之文雖不免肉勝於骨，亦何至爲妖爲怪乎？排詆太甚矣。

爲權要作詩文

宋周紫芝太倉稊米集有秦檜生日樂府及詩，其題止曰「時宰」。陸游渭南文集有致韓侂冑啓，其題止曰「丞相」。竊謂此等文字，本可不作，作之亦可不存，既存之而又諱之，傳至後世，欲蓋彌章也。林希逸文章經術，卓有可傳，而鬳齋集中上賈似道啓，至以趙普、文彦博比之。劉克莊爲真西山門下高第，而後村集中，賀賈相啓、賀賈太師復相啓，不一而足。甚至如王柏之高自期許，雖聖人所定之詩書，不難昌言排擊，任意竄亂。而魯齋集中有壽秋壑詩，極頌其援鄂之功。斯言之玷，豈止西第頌、南園記已乎！而皆直書不諱，其并無是非之心邪？抑或以曹鄴詠李斯所言：「難將一人手，掩得天下目。」不如竟存其實之爲愈乎？

明湛若水亦以理學名，而爲嚴嵩作鈐山堂記，極口頌揚，視放翁南國之記更有甚矣。薛惠與湛若水俱爲嚴嵩同年，而自嵩柄國，即絶不往來，平時與嵩贈答詩文，盡行焚棄。今所傳考功集無一字及嵩，可謂皭然不滓者也。邊貢在當日亦一勝流，而華泉集十四卷乃以送嚴介溪之作冠首，豈以是爲榮耶？是則真無是非之心矣。

沈德潛敝帚軒賸語言張江陵父七十，王世貞、汪道昆俱有韓詞。世貞刻集中。六七年，居正敗，遂削去。道昆垂殁，自刻全集，全載此文，不删一字，尚存雅道。然則炙手之日，病其趨炎；羅雀之時，又嘉其念舊。是又别成一説也。

明熊逵編清江二家詩，一孫偉，一敖英也。書成於嘉靖丁巳，嚴嵩敗矣。而偉集開端卽送嵩北上詩也。其亦此意歟？

四六文用長排

駢體之文，謂之四六，則以四字六字相閒成文正格也。困學紀聞所録諸聯，如周南仲草追貶秦檜制云：「兵於五材，誰能去之，首弛邊疆之禁；臣無二心，天之制也，忍忘君父之讎。」貪用成句，而不顧其冗長，自是宋人習氣。又載王㷍辭督府辟書云：「昔温太真絶衿違母，以奉廣武之檄，心雖忠而人議其失性；徐元直指心戀母，以辭豫州之命，情雖窘而人予其順天。」以議論行之，更宋派之陋者。此派一行，而明人王世貞所作四六，竟有以十餘句爲一聯者，其亦未顧四六之名而思其義乎？

宋謝伋四六談塵云：「四六施於制誥表奏文檄，本以便宣讀，多以四字六字爲句。宣和閒，多用全文長句爲對，前輩無此格。」又云：「四六之工，在於翦裁。若全句對全句，何以見工。」此正論也。

將字必字

柳子厚永州新堂記云：「將爲穹谷、嵁巖、淵池於郊邑之中，則必輦山石溝澗壑，淩絶嶮阻，疲極人力，乃可以有爲也。」其文勢峭拔可喜。近來律賦中襲而用之，動輒用「今將」云云，「則必」云云，遂成濫調。永樂大典有賦學剖蒙一卷。如將字類，必字類，皆爲一門。則知此調由來久矣。

悠謬之辭

古人之辭，如屈平適樂國，介推還受禄，故爲悠謬，往往有之。孔北海稱武王滅殷，以妲己賜周公，所謂想當然語也。國初唐大陶撰衡書三卷，其核儒篇有云：「朱子進正心誠意之説，金人聞風而遁，遂恢復中原，并削平西夏。」葢大陶目覩明季諸儒徒張講學之幟，而於時事一無裨益，故以詼諧之舌，抒憤懣之意。雖十九寓言，亦覺談言微中也。

明來集之倘湖樵書引名賢録：「宋章樵遇李全之亂，率諸生盛服坐堂上講誦。寇至，斂刃而去。」又引宋濂集「宋鄭霖講中庸一篇，寇退，不敢攻城。」如信其説，則孝經真可却敵矣。漢時張角作亂，向詡請遣將於河上北向讀孝經，賊自當消滅。此事古今以爲笑談，乃明人虞長孺作孝經集靈，專輯孝經靈異之事，而此事亦與焉。殆真癡人説夢矣。

九九銷夏録卷八

詩家祖宗

宋吴沆論詩大旨，見於後人所輯環溪詩話者，以杜甫爲一祖，李白、韓愈爲二宗，此真不祧之俎豆也。元方回瀛奎律髓專以江西一派爲主，創一祖三宗之説。一祖亦杜甫也，三宗則黄庭堅、陳師道、陳與義也。祖庭不别，宗派有殊矣。然溯源少陵，初非楚越，斤斤門户之見，可不必也。李、韓大宗，黄、陳小宗耳。

唐詩初盛中晚之分

嚴羽滄浪詩話曰：「論詩如論禪，漢、魏、晉與盛唐之詩，則第一義也。大曆以還之詩，則小乘禪也，已落第二義矣。晚唐之詩，則聲聞辟支果也。」夫既有盛唐、晚唐之名，則大曆以還之詩，即中唐矣。唐詩分盛唐、中唐、晚唐實始於此。有唐一代，享國既久，詩人又多，分而爲三，未始無見。乃滄浪又有云：「盛唐人詩，亦有一二濫觴晚唐者，晚唐人詩，亦有一二可入盛唐者。」又曰：「大曆之詩，高者尚未失盛唐，下者漸入晚唐矣。」然則盛唐、中唐、晚唐，亦止以大判而論，不能劃然區分。且如春秋一經，分爲三世，而顔、鄭與何氏所分之世不同。經義且然，況詩中界限乎。至後世推求愈密，又於盛唐之上增出初唐名目，則自元楊士宏所選唐音始。其書分始音、正音、遺響。而始音惟王、楊、盧、駱四家，正音則初唐、盛唐爲一類，中唐、晚唐爲一類，遺響亦備列諸家，而方外及女子附焉。是初、盛、中、晚分而不分矣。殆亦以其中固有不可分者乎？始音止王、楊、盧、駱四家，其理亦不可解。蓋楊伯謙所謂始音、正音、遺響者，論詩體不論時代也。至明高棅唐詩品彙分正始、正宗、大家、名家、羽翼、接武、正變、餘響、旁流九格，以初唐爲正始，盛唐爲正宗，爲大家，爲名家，爲羽翼，中唐爲接武，晚唐爲正變，爲餘響，方外異人等詩爲旁流。則踵楊氏之説而衍之，初、盛、中、晚區以別矣。然品類愈歧，體例愈舛，實爲治絲而棼之。竊謂論唐詩者，但可依滄浪之論，區爲三世，亦可見風會之盛衰。後世紛紜之説，皆可廢也。

詩禪

宋史彌寧友林乙稿有詩禪一首云：「詩家活法類禪機，悟處工夫誰得知。尋著這些關棙子，國風雅頌不難追。」余謂此口頭禪也。關棙子在何處？必尋着關棙子，死法而非活法矣。白石道人姜夔自序其書稱，「嘗三薰三沐，師黄太史。居數年，一語噤不敢吐。始大悟，學卽病，不若無所學者之爲得」。此語方是禪理。如來言：「我於然鐙佛前實無有少法可得。」又云：「實無有法得阿耨多羅、三藐、三菩提」，卽此旨也。

白石又云：「作詩求與古人合，不如求與古人異。求與古人異，不如不求與古人合而不能不合，不求與古人異而不能不異。」此亦佛家無我無人之旨。董香光跋張樗寮所書金剛經云：「以靈和還右軍，以奇縱還大令，以妍麗還虞、褚，以剛方還顔、柳，而自有靈和，自有奇縱，自有妍麗，自有剛方。」余深喜其言。所謂一切法皆是佛法，亦所謂一切法卽非一切法。詩法、書法、佛法，一以貫之。

明淩濛初編東坡禪喜集十四卷，陶元柱編山谷禪喜集二卷，皆就蘇、黄集中取其談禪之作，彙爲一編。然深於禪理者，無往非禪。淩、陶兩家所編，猶未免泥於語言文字間也。

詩主神韵不切事理

王漁洋有觀海詩曰：「春浪護魚龍，警濤與漢通。石華秋散雪，海扇夜承風。」或譏之曰：「不知此游爲春爲秋。」余謂詩之專主神韵者，往往不切事理。如太白「青山横北郭」一首，卽云「白水繞東城」，客必舟行矣。又云「揮手自兹去，蕭蕭班馬鳴」。竟不知此客爲乘船爲乘馬也。又如「牛渚西江夜」一首，末聯云「明朝掛帆去，楓葉落紛紛」。夫策騎山行，則楓葉紛紛落於馬首，固其所也，若挂帆行大江之中，何楓葉之有。豈非專主神韵，不講事理之失乎？

松濤詩

詩貴不脱、不黏。太黏固不可，太脱亦似非宜。侯官張超然有詩云：「月明何處雨，風定數聲鐘。」當時傳爲佳句。然非見其題目，則不知爲何詩，以太脱故也。其題蓋松濤詩云。

秋盡江南草木凋

杜牧之詩「青山隱隱水迢迢，秋盡江南草木凋。二十四橋明月夜，玉人何處教吹簫」。此詩膾炙人口，不知何人改「木」字爲「未」字，論者轉以「未」字爲勝。余謂，此不知詩者也。以一句論，則「秋盡江南草未凋」似有意味。若以全首論，則改「未」字不通矣。此詩作意全在「草木凋」三字。蓋「青山隱隱水迢迢」，言其地之勝也。「秋盡江南草木凋」，言雖有勝地，而惜乎非其時也。故繼之曰：「二十四橋明月夜，玉人何處教吹簫。」無限感慨。若改作「未凋」，則勝地自故，何處不可吹簫乎？詩意全失矣。此乃感歎之詞，非贊美之語。讀之令人有生不逢時之感。

時於粽裏得楊梅

宋張邦基墨莊漫録云：「東坡元祐三年端午帖子有云：『不獨盤中見盧橘，時於粽裏得楊梅。』每疑粽裏楊梅之句。玉臺新詠徐君蒨共内人夜坐守歲詩『酒中喜桃子，粽裏覓楊梅』。今人未見以楊梅爲粽。徐公乃守歲詩，歲暮安得有此果。豈昔人以乾實爲之耶？東坡以角黍爲午日之饌，故借言之耳。」以上並墨莊漫録說。余謂，東坡先生用此典故，實是錯誤。徐君蒨所謂「粽裏覓楊梅」，此非「粽」字，乃「粽」字也。說文米部「糂，以米和羹也。籀文作糣，古文作糝」。段氏注曰：「別字作粽」，廣韵、集韵諸書皆有「粽」字，云「蜜漬瓜食也」。通鑑盧循遺劉裕益智粽。宋廢帝殺江夏王義恭，以蜜漬目睛，謂之「鬼目粽」。廣韵二仙：「枸櫞樹皮可作粽。」南方草木狀「建安八年，交州刺史張津以益智子粽餉魏武帝」。俗多改「粽」字。胡三省注通鑑曰：「角黍也。」蓋誤認爲迭韵之粽字。以段氏此説證之，則徐詩之「粽」亦是「粽」之誤字。「粽」本蜜漬瓜食，故楊梅亦可爲之，而除夕亦得食之也。與端午角黍判然二物。東坡不識有「粽」字，而誤作「粽」字，故於端午用之耳。

夕陽山外山

戴石屏得「夕陽山外山」之句，以「塵世夢中夢」對之，而不愜意。後行鄞中，春雨方霽，行潦縱橫，得「春水渡旁渡」句，上下方稱。見瞿佑歸田詩話。余謂「塵世」句意境不倫，誠不如「春水」句之佳。然渡者，濟渡之謂也。行潦縱橫，豈足言渡。渡字亦未穩妥。余嘗行村落間，見青草一望無際，而人跡所經，則皆成蹊，歧中有歧，至不可辨，因成一句云：「芳草路旁路」，或可對「夕陽山外山」乎？

又嘗於昱嶺山行，見人家屋旁一樹，大可數抱，而樹已中空，羣兒聚戲其中，儼然一屋，因又成一句云：「老樹屋邊屋」，然非身至其境，不信此言。

雲淡風輕近午天

近時兒童所誦千家詩，開卷第一篇卽程子「雲淡風輕」一首，以故婦豎皆能誦之。國朝張時爲界軒集中有論此詩云：「程子此詩，與陰陽四時相準，四句分配四時之氣，一句亦分配四時之氣。『雲淡』二字是春,『風輕』二字是夏,『近午』二字是秋,『天』字是冬。」夫謂四句配四時已不可曉,一句配四時更不可曉矣。程子作詩時,想亦萬不料及者也。

周子游廬山大林寺詩「水色含雲白,禽聲應谷清」。宋陳郁藏一話腴謂:「前句是明,後句是誠」,更附會可笑。

杯在手月當頭兩句

「萬事無如杯在手,一年幾見月當頭。」二語明弘光時爲王鐸所書,傳爲口實。然其語實佳,至今猶膾炙人口。而其爲何人詩句,往往熟而不能詳矣。此二語見明人朱存理野航詩稾附録之中。何良俊四友齋叢説謂當時盛傳此句。是野航本以此聯得名,故傳百餘年而猶爲王鐸所書也。

屏山詩意

白香山「大裘萬丈」之句,至今艷稱之,謂與少陵「萬間廣厦」同一懷抱。宋劉子翬屏山集有寄道服詩云:「此袍徧滿三千界,要與寒皃共解顔。」頗與香山詩意相似。乃因用「三千界」字,王漁洋池北偶談以禪語譏之,所見殊泥也。

宋胡仲弓葦航漫游稾有旱湖一詩,云:「但使孤山梅不死,其餘風物不關情。」雖云高雅,何漠然無吉凶同患之心也,不及屏山詩意遠矣。

又如楊公遠野趣有聲畫其詩集名。有春雪詩云：「向曉披衣更擁衾，更無一事惱胸襟。」題下注：「己卯正月初三作。」己卯乃宋末帝祥興二年，卽厓山宋亡之歲也。時事至此，何其言之高曠耶，可謂全無心肝矣。

四靈詩句

宋時永嘉有徐照字靈輝，徐璣字靈淵，翁卷字靈舒，趙師秀字靈秀，四人者謂之「永嘉四靈」，詩格相類。今所傳佳句，靈輝有「樓高望見船」之句，率直語耳，不知佳處安在。靈秀詩有「樓鐘晴更響，池水夜知深」。余謂上句頗佳，下句不稱。蓋鐘響由晴，水深初不由夜，意本不倫，故「更」字佳而「知」字無著矣。後改「更」字爲「聽」字，「知」字爲「覯」字，虛者填之使實。下句未必佳，上句佳處轉失。余戲易之曰：「池水雨加深」，雖未足爲佳句，或堪壓倒四靈乎？

明人題岳武穆集詩

宋孫覿鴻慶居士集有韓忠武墓志，極詆岳飛。又有万俟卨墓志，極表其殺飛一事。顚倒是非，爲趙與時賓退録所糾。然爲時尚近，公論猶未定也。若至明代，則是非久定矣。乃有提學僉事蔡袞題岳武穆集一詩云：「千古人來笑會之，會之卻恐笑今時。若教似我當鈞輔，未必相知岳少師。」則於岳武穆有不滿之辭。而人人痛罵之秦檜，轉引爲同心，不知其是何居心，豈其人固操邱濬之論者歟？

排律

古無排律之名，其名始於元楊士弘之選唐音，而明高棅唐詩品彙因之。然永樂間宋緒撰元詩體要，猶曰：「五言長律、七言長律」，是排律之名猶未遵用也。至嘉靖中，石存禮等海岱會集，則已有五言排律一卷矣。

集句

集句爲詩，始於晉傅咸七經詩。其後王荆公、孔毅父輩文人游戲，始創此體。其以集句成一集，則自宋李龏之翦綃集始，然皆寂寥短章，且多七言絶句，未足見其工也。至文文山集杜詩，裒然四卷，此則詩以人重，不徒賞奇字句問矣。考宋時有釋少嵩撰漁父詞集句二卷，元時有郭豫亨梅花字字香二卷，皆集前人成句而成。一則寫山水之清音，一則摹歲寒之高格，並爲藝林雅事。明沈行又有貫珠編貝集五卷，皆集唐、宋、元人詩句，視李龏翦綃似爲過之。至本朝黄之雋香屑集，掇拾陳言，摹擬艷體，多至十八卷，自有集句以來，歎觀止矣。趙雲松陔餘叢考有考集句一條，徒録古人以成句作對偶者，於諸家皆未之及，因爲補之。

明童琥有集古梅花詩四卷，五律、七律、七絶各一百首。所集之句，上及六代，下至明初。國朝上海張吴曼亦有集古梅花詩，和中峯禪師韵者一百首，和陳涉江韵者三十首，繼同里沈球作者又一百首。六十生日，其仲兄文卿取「十月先開嶺上梅」句集古爲壽，因續作之者又一百首。今人多知郭豫亨之梅花字字香，而罕知有此，然實異曲同工也。

明陳循有東行百詠集句九卷，乃英宗復辟之初，謫戍鐵嶺時所作，至千餘首之多。然皆絶句也。夫集句所以爲難，以屬對不易耳。若止是絶句，何難之有，雖多亦奚以爲。

集字

閬興嗣千字文，唐太宗聖教序，皆集字也。然所集字不拘一篇，其止就一篇中集字者，東坡集有集歸去來詩十首。至本朝華亭徐基字宗項者，最工此體，所著十峯集五卷，爲賦爲詩，爲文爲詞，各體皆備。而皆集前後赤壁賦中字。其中游小赤壁賦諸篇，皆洋洋數千言，而字則不出此四百餘字之外，亦空前絶後之作矣。

宋新喻孔文仲、武仲、平仲兄弟三人，有三孔集。文仲別出詩戲三卷，皆人名、藥名、回文、集句之類。然則此等詩均戲而已矣。

疊韵詩多至千餘首

康熙閒，趙吉士由户科給事中罷官，閒居京師之寄園。適金匱于漢翔贈詩四首，依韵和之。以後凡遇他題，皆疊此韵，積成千首，分爲二卷，名曰疊韵千律。又續得五百餘首，編爲一卷，曰千疊波餘。

自來疊韻之作，未有多於此者，亦不可無一不能有二矣。

諧音格

元侯克中艮齋詩集有諧音格詩一卷，七言三十一首，五言二十一首。如一東，則同、峒、桐、銅、童五字爲韻；二冬，則鏞、庸、容、墉、蓉五字爲韻。亦詩家未有之格也。

余戲用其體，成一詩云：「寂寞空山無與同，偶然訪道到崆峒。招來丹頂千年鶴，攜得朱絲三尺桐。呼吸流霞樽白石，摩挲明月鏡青銅。尋常餌朮餐芝輩，正可門前充僕僮。」

萬紅友回文

萬紅友詞律一書，至今詞家奉爲矩矱。乃紅友又有璇璣碎錦一書，皆回文詩圖也。上卷三十幅，下卷三十幅，各有巧思，然至今罕有知者。用心於無益之地，不如詞律之有功詞苑也。

國朝太湖人石龐撰回文雪賦、春賦各一首。回文之體施之於賦，此則未有之創格。

百　詠

乾隆間有楊蓉裳兄弟三人，賦金陵、姑蘇、錢塘懷古詩各二百韻，求教於袁簡齋。簡齋復書，諷以達而勿多。然山川能說，古人所貴，兩京三都，不厭敷陳。宋阮閱有郴江百詠，許尚有華亭百詠，曾極有金陵百詠，張堯同有嘉禾百詠，董嗣杲有西湖百詠，明僧大善有西溪百詠，國朝僧元璟有京師百詠，皆以百篇爲率，固不嫌誇多鬬靡也。

本朝錢唐沈嘉轍、吴焯、陳芝光、符曾、趙昱、厲鶚、趙信等七人，以錢唐爲南宋故都，撰南宋襍事詩，每人各一百首，皆自爲之注。一朝事實，一方典故，皆備於是編，非徒風雅之林，抑亦考鏡之具，豈得以其多而病諸。

楊允孚有灤京百詠，此則裒集在上都所作爲一集，且有一百八首，非止一百，曰百詠，舉成數而言，與郴江百詠又非一律。

宋謝逸賦蝶詩至三百首。張道洽賦梅花詩亦至三百餘首。宋李琪，元馮子振、釋明本，國朝李確，並有梅花百詠。明張淮有牡丹百詠。一花一蟲，連篇累牘，不免夸目尚奢矣。明虞淳熙、虞淳貞兄弟賦落花詩各一百五十首，刻入塤篪集，此雖才大如海，亦恐鼓衰力竭。

鯨背吟

鯨背吟集，元朱晞顔所撰。自序云：「至元辛卯，泛海至燕京，舟中成七言絶句三十餘首。」其末章云：「早知鯨背推敲險，悔不來時只跨牛。」因名鯨背吟。今之君子，不跨牛而騎鯨者多矣。人人於鯨背推敲，又不足爲奇。

四時詩詞

宋劉辰翁有須溪四景詩四卷，以古人四時寫景之句爲題，春景六十三題，詩七十二首，夏景三十二題，詩三十五首，秋景四十題，詩四十四首，冬景十六題，詩如題數。蓋以備科舉程試之用者，春景題多而冬景題少，殆以冬景蕭條，流傳名句較少乎？然詠梅詠雪，皆冬日之事，可供吟咏者，當亦夥夠也。若趙長卿惜香樂府，春景三卷，夏景一卷，冬景一卷，獨缺秋景，則不可解。趙號仙源居士，宋宗室子也。

大江西上

東坡念奴嬌詞首句云：「大江東去」，後人卽改名爲大江東去。戴復古石屏詞有此調，以「大江西上」發端，卽改名爲大江西上。詞人競爽代興，無所不可。然「大江東去」人人知之，「大江西上」知者罕矣。

以古詩爲題

困學紀聞云：「梁元帝賦得蘭澤多芳草詩，古詩爲題見於此。」按：沈隱侯集有江蘺生幽渚詩，以陸機塘上行句爲題，似更在梁元帝前也。

詩不成者罰

李謫仙云：「如詩不成，罰依金谷酒數。」余按：梁孝王忘憂之館，集諸游士，各使爲賦。韓安國作几賦不成，鄒陽代作。鄒陽、安國罰酒三升。是不能作及代人作者皆有罰，其例更在金谷之前矣。日知録言詩不必人人皆作，柏梁、金谷無人不作詩，遂多冗濫，是金谷之例可廢也。晉永和蘭亭修禊，會者四十一人，有詩者僅二十六人。宋元祐中有同文館唱和詩，據曹輔詩注知同舍十九人，而作詩者止十一人。君子不以己之所能傲人之不能，奚以罰爲。昭元年左傳趙孟、叔孫豹、曹大夫入于鄭，鄭伯兼享之。穆叔賦鵲巢，又賦采蘩。子皮賦野有死麕之卒章。趙孟賦常棣。獨曹大夫不賦一詩，但與穆叔子皮同興拜而已。詩不必皆賦，則亦不必皆作也。

九九銷夏録卷九

孔子生年

孔子生年，公穀兩傳所紀有一年之差。國朝李灼、黄晟兩人，同纂至聖編年世紀二十四卷，謂公、穀紀其懷娠之年，史記紀其誕生之年。此説無理，自來未聞以懷娠紀年者。愚謂紀年之法，古今不同。今人紀年之法，如生於甲年，卽以甲年爲一歲，生於乙年，卽以乙年爲一歲。古人紀年不然。如甲年某日生，至乙年某日，始爲一歲。乙年某日生，至丙年某日，始爲一歲。故絳縣老人已歷七十四年，而止謂之七十三年，以未滿四十日故也。公、穀用今法，則襄公二十一年孔子一歲。史記用古法，則襄公二十二年孔子一歲。異同之説，職此之由。孔子之年可以定矣。

孟子生卒，則山堂肆考明載之，謂生於周定王三十七年四月二日，卒於赧王二十六年正月十五日，年八十四。閻百詩作孟子生卒年月，不取此説，然閻氏於生卒年月仍無確據。

孔子編年

襄公三十一年左傳，鄭人游鄉校事，稱孔子聞是語也云云。杜注曰：「仲尼是年實是十歲，長而後聞之。」乃宋胡孜作孔子編年，即載其事於十歲之下，是未考杜注也。若依此例，則二十七年傳有仲尼使舉是禮也云云，是時孔子止六歲，亦將載之六歲下乎？胡氏書又以哀公問儒服，繫之六十八歲。哀公問大禮何如，繫之七十二歲。按：儒行篇正義謂：「孔子是時從衞還魯。」是年爲哀公十一年，胡氏依史記以孔子襄二十二年生，則是年六十八歲，正合其以問大禮。爲七十二歲，則未知所據。元程復心撰論語年譜，以釣而不綱爲三十一歲。以子以四教，子所雅言，子罕言，子不語諸章爲三十四歲。以八佾雍徹二章爲三十五歲。以君子食無求飽章爲四十三歲。道千乘之國章爲四十八歲。此則以意爲之，無理甚矣。不如胡氏書或尚有依據也。

楊雄無定論

楊雄一人，千古無定論。昌黎「大醇小疵」之言，亦非定論也。北宋之初，柳仲塗開以古文倡導後進，而推重楊雄，以爲聖人。故北宋一朝，翕然從之。趙叔靈湘南陽集中有楊子三辨一篇，力爲雄辨。孫明復集亦謂太玄之作，非以準易，乃以嫉莽。以司馬温公之學之識，而手注楊子之書，且作潛虛以擬太玄，其重之甚矣。及熙甯中，遂至配享，論者謂是王安石之私心。然荆公亦行其平日之心耳，非藉以行新法，非藉以排善類，何私之有。觀當時許翰襄陵集中有劄子一通，稱楊雄與孟子異世同功，請以配食孔子廟廷，位次孟子，可知當時士大夫之所見同也。及南宋之初，士大夫乃以惡安石之故，而并及楊雄。吾鄉沈必先與求，嘗奏王安石之罪，大者在於取楊雄、馮道，喪亂之際，無仗節死義之風，實安石倡之。而鄧肅栟櫚集亦斥楊雄爲叛臣。肅字志宏，與朱子父韋齋相友善。朱子綱目書楊雄爲莽大夫，或本韋齋之意，而又得之栟櫚歟？自莽大夫三字出，世謂楊雄之論定矣，實亦非定論也。管仲不死，孔子猶恕之。使孔子以春秋之筆而修綱目，於楊雄必無罪矣。是故北宋之推重楊雄，非也。如楊雄者，豈足以言聖人之道乎。南宋以來之罪楊雄，亦非也。窮老校書，何關家國大事，豈足當叛臣之名乎。東漢初名臣如伏湛、宋宏等，仕於王莽之朝者衆矣，何獨於雄責之深也。故楊雄一人，千古無定論也。竊謂楊雄不過一文士，與相如同稱則可耳，尊爲聖人，貶爲叛臣，皆未免視雄過重。惟蘇老泉謂雕蟲而變其音節，斯則楊雄之定評矣。

唐少帝紃

元僧覺岸著釋氏稽古畧，用編年之體。始於太昊庖犧氏，終於南宋德祐二年。其敍唐代於昭宣帝後，别有少帝濮王紃，爲朱全忠所立，年號天壽，旋復被鴆。此事於史無徵，乃方外流傳，竟有年號可稽，是亦異聞也。

韋蘇州姚武功

韋應物由京兆功曹官蘇州刺史，累官至太僕少卿兼御史中丞，爲諸道鹽鐵轉運、江淮留後。是其官非終於蘇州刺史也，而世稱之曰韋蘇州。姚合以進士第，調武功主簿，又爲富平萬年二縣尉，歷監察、殿中御史、户部員外郎，出爲荆杭二州刺史，後爲户、刑二部郎中，陝虢觀察使，終於秘書少監。是其官非終於武功主簿也，而世稱之曰姚武功。使改稱之曰韋留後、姚秘書，轉無知之者矣。是以孔融稱孔北海，融非終於北海太守也。陸機稱陸平原，機非終於平原内史也。人之以官稱，其亦有莫之爲而爲者乎？

文與可稱文湖州，然與可歷知陸州、洋州，改湖州，未上而卒。則雖有文湖州之名，未嘗一日爲湖州太守也。

姚合稱武功，蓋以其早作武功縣詩三十首爲世傳誦之故。然寇萊公初知巴東縣，自擇其詩爲巴東集，而舉世不聞呼之爲「寇巴東」。殆異日勳名甚盛，故「巴東」之名爲其所掩乎？漁洋詩云：「誰識朱顔兩年少，王揚州與宋黄州」，亦其類矣。

許慎終於太尉，南閣祭酒，而史但言其爲洨長。余疑許叔重當日但以洨長稱。史家於此等傳不甚措意，但據其平日所稱，不深考耳。

張台

慈恩題名，至今登第者以爲故實。考劉賓客嘉話録，以爲始於張莒。及讀宋張禮游城南記，又謂唐登科記進士中有大中十三年及第之張台，而無張莒。然余檢全唐詩有張莒，長山人，登大曆九年進士第，大中時官吏部員外郎，則疑始題名者實是張莒，嘉話録不誤。至大中十三年張台，或别有其人而非此也。

宋陳思寶刻叢編中有慈恩鴈塔唐人題名十卷，不知張莒之名猶在否，惜不得其書檢之。

王後駱前

唐初，王、楊、盧、駱以文章齊名。楊烱嘗謂「愧在盧前，恥居王後」。此語至今熟在人口。張鷟朝野僉載以此爲盧照鄰語，云：「喜居王後，恥在駱前。」則迥別矣，亦異説也。

李廷珪奚廷珪

元陶宗儀輟耕録云：「唐末墨工奚超與其子廷珪，自易水渡江，遷居歙州。南唐賜姓李氏。廷珪初名廷邽，故世有奚廷邽墨，又有李廷邽墨，或有作庭珪者，僞也。據此則奚、李一人也。宋李孝美著墨譜，以奚庭珪、李廷珪爲二人，且謂奚不如李遠甚，則奚、李又二人矣。」余按：王氏談録云：「廷珪墨，其品有數等，作下邽之邽者爲上，作圭潔之圭者次之，作珪璧之珪者又次之，其云奚廷圭者最下。蓋庭珪本燕人，奚其初姓，後徙江南，其初未奇，久而益佳，故李主寵其能，賜之姓也。」王氏談録乃王洙字原叔之緒言，而其子欽臣録之，其説至爲詳備，則「奚李」自爲一人。李伯揚墨譜謂「奚不如李」，極爲有見，但不知奚墨李墨同出一人，而有精粗，誤分爲二，此則考之不審耳。

元陸友墨史又據墨經謂：「易水奚鼐之子超，鼐之子起，歙州李超，超子廷珪。」亦分李、奚爲二，所據墨經不知何書也。

何薳墨記云：「墨工名多相蹈襲。南唐李廷珪子承晏，今有沈珪，珪子晏。又有關珪」云云，獨不及奚廷珪李廷珪兩名相襲。然則「奚李」一人，固無疑矣。

米元章別號

黃溍筆記言：「元章稱海岳外史，又稱襄陽漫士。」海岳襄陽之號，人所共知，亦人所共稱也。史浩兩鈔摘腴曰：「元章自號鹿門居士。」周必大平園集章友直畫蟲跋曰：「無礙居士卽米元章。」此二號，知者頗尠。

黃溍筆記又云：「元章自署姓名，『米』或爲『芊』、『芾』或爲『黻』。」按：「芾」之爲「黻」可也，若米姓，不知所自出。廣韻云：「胡姓。」譜牒家言出西域米國。豈得混於楚之芊氏乎？元章好奇，誣其祖矣。

杜唐稽

宋高宗翰墨志云：「先皇帝喜書，立學養士，惟得杜唐稽一人。」按：杜唐稽爲徽宗所得能書之士，而至今無一字流傳，且其名姓知者罕矣。宜表出之。

書史會要云：「杜從古字唐稽，官至禮部郎。宣和中與米友仁、徐競同爲書學博士。」然則其人自名從古，唐稽乃其字也。

蔡幼學胡宗周勉

宋陳傅良著春秋後傳十二卷，左氏章旨三十卷，於從學諸生中，擇能熟誦三傳者三人：曰蔡幼學，曰胡宗，曰周勉。游宦必以一人自隨，遇有所問，其應如響。見樓鑰所著序。此三人者，真可謂行秘書，惜其所讀書不自用而爲人用耳，然亦傳矣。

扶持振拂

齊書謝瀹傳：「瀹四兄：颺、朏、顥、嵸。世謂謝莊名兒，以風、月、景、山、水。」然風、月、景、山、水五字，語意不倫，未知當日有所本否。恐命名時，未必有此意也。宋高登東溪集有名子説曰：「痛念王室陵遲，思扶持而一振，左右匡拂，以守鴻業。此志未逮，命汝曰扶、曰持、曰振、曰拂，其勉效兩全之節。」此其用意更遠矣。高登字彥先，靖康之亂，以太學生與陳東伏闕上書，請誅蔡京、童貫等者，是固志節之士也。

劉定之號呆齋

四庫全書易類存目有易經圖釋十二卷，明劉定之撰。定之字主敬，號呆齋，永新人。正統丙辰進士，官至禮部侍郎兼翰林院學士，諡文安，事蹟具明史本傳。按：明史本傳作字主静，不言號呆齋。主敬、主靜未知孰是，以名字相應而言，似主靜是，主敬非也。別集類存目有呆齋集四十五卷，劉定之撰，則呆齋之號可補史缺。惟「呆」字自來字書所不載。康熙字典引篇海謂「古文保字」，然古文「保」字當作「呆」不作「呆」。又云：「莫厚切，古文某字。」此則得之。但讀莫厚切，則非某者，乃今所用之「梅」字也。今所用「梅」字，說文作「某」。又有籀文作「槑」。愚謂，許書原文當更有古文作呆者，而今失之。蓋小篆作「某」，古文作「呆」，從口與從甘一也。籀文繁重，故作「槑」耳。然明人未足知此，恐只是世俗所用癡呆之俗義。此與姚文敏名夔。之蓍蠹堆集同爲不典之名耳。

武英殿叢書悅心集載唐寅醒世詞云：「爾會使乖，別人也不呆。」則「呆」與「乖」對，明人固用之。

檢明史藝文志劉定之存稿二十一卷，續稿五卷，無呆齋之名，卷數亦不合。

熊太古

熊太古爲元代遺老，元亡不仕，足跡半天下。北涉灤河，西泛洞庭，東游浙右，南至交廣，襍記其所見聞爲冀越集記二卷，曰「冀越」者，以南北所至而言也。明季徐宏祖少負奇氣，襆被出游，南游吴越，北歷齊、魯、燕、冀，又由閩而粤，而蜀，而滇，出石門關，探星宿海。紀所經由，成游記十二卷。今所傳徐霞客游記是也。論游歷之廣狹，撰述之多寡，熊似皆不及徐。然熊爲熊朋來之孫，學有淵源，曾登進士第，官至江西行省郎中。國亡之後，棄官行遯，志節殊高。而徐霞客游記，世多有其書，熊太古冀越集記知者尠矣，是宜表而出之也。

姚三老

劉元卿應諧録云：「上元姚三老貲甲閭右，嘗買別業，有亭臺假山。狂生王大癡詢知姚謀此久，其主以無可奈何而賤售，因諷以宜刻石，垂戒子孫，異時無可奈何，不宜賤售。」姚三老未知何人。四庫全書總集存目有市隱園詩文，明姚淛及其子之裔所編，園在秦淮之東，有十八景。一時知名之士，爲之序記題詠，彙成此編。姚三老者，倘卽斯人歟？武英殿聚珍版叢書有悅心集，內載唐寅醒世詞有云：「極品隨朝，誰是倪宮保。百萬纏腰，誰是桃三老。」「桃三老」當卽「姚三老」，傳刻誤耳。余從前有詩云：「有錢大賈桃三老，無賴纖兒李幾郎。」蓋沿其誤，因貪好對，不爲改定。附此正之。倪宮保，余已考得其人，見春在堂隨筆。今又考得姚三老，故知讀書不厭多也。

寓名

元至元丙戌，浦江吳渭邀謝翺、方鳳等舉月泉吟社，以春日田園襍興爲題，徵詩四方，得詩二千七百三十五，入選者二百八十，其人皆用寓名，而別注本名於其下。如第一名羅公福，寓名爲連文鳳。然則今人作詩文不出本名，亦有所做矣。

元黃庚月屋漫稿有「越中詩社枕易題詩」，考官李應祈取爲第一。而張觀光屛巖小稿亦有「越中詩社枕易題詩」，李應祈取爲第一。兩人者皆非寓名也。同此一試，而有兩第一，殊不可解。余疑此試張觀光第一，而黃庚第二。月屋稿中誤「二」爲「一」耳。觀所載評語，李於張觀光詩云：「若紛紛盆盎中得古罍洗」，則知其獨出冠時，固應首選矣。

屏巖稾中又有梅魂七律一首，注云：「武林試中選。」秋色五言律詩一首，注云：「山陰詩社中選。」當時詩社中題，大率如此。枕易一題，稍新矣。

人與年代不符

丹鉛録載，東坡贈青神楊楝詞云：「允文事業從容了。要岷峨人物，後先相照，見説君王曾有問，如此人材多少。」引小説高宗問馬騏：「蜀中人材如允文者，有幾？」按：東坡北宋人，何能詠南宋事，此必非坡詞，升庵載之，何也？日知録有傳紀不考世代一條。然古事茫昧，聞見傳訛，猶不足責也。乃有如元陸友仁吴中舊事載鹿菀臺銘。記云：「永和七年，陸機建碑，王羲之書。」則是陸士衡至永和時尚在也。明宣德二年，巡按御史吴訥序仁和縣學聖賢圖贊云：「像爲李龍眠筆，紹興二十六年刻石。」則是李龍眠至紹興時尚在也，抑何不考之甚？

元時蒙古人以名爲姓

元薩都剌著雁門集，中有中秋玩月詩，自稱薩氏子。按：其集首有干文傳序云：「薩都剌者，譯言濟善也。」是本以三字爲名，乃自云薩氏，則即上一字爲姓矣。蓋元時蒙古人猶今滿洲人，不以姓行，而即以名之第一字稱之，故虞集作傅若金詩序稱進士薩天錫。是當時之人不啻以薩爲其姓矣。故天錫亦從俗而自稱薩氏子耳。余凡作刻石文字，遇滿洲諸公，必書某公某某。上某公即其名之第一字也。下某某則仍全書其名。如薩都刺則云：「薩公薩都刺。」若云薩公都刺，則爲二字名矣。

與白連稱

白樂天始與元稹齊名，稱元白；後與劉禹錫齊名，稱劉白。此人所習知也。元微之駱口驛詩「崔李題名王白詩」，則以白香山與王質夫合稱王白。宋史吳育傳「育晚年在西臺，與宋庠相唱酬，追裴白遺事，至數百篇」。則以裴晉公白香山合稱裴白。韓魏公詩云：「漢唐二傳推疏白」，則以疏廣與白香山合稱疏白，知者罕矣。他如韓昌黎酬盧雲夫詩：「高揖羣公謝名譽，遠追甫白感至誠。」不稱李杜而稱甫白，此亦罕見者也。

西都賦曰：「下有鄭白之沃」，謂鄭國、白公也。劉孝標廣絶交論曰：「富埒陶白」，謂陶朱、白圭也。抱朴子曰：「仲尼無攻伐之勳，未可謂之不及韓白」，謂韓信、白起也。宋書自序載始興王濬教曰：「吾遠慚楚元，門盈申白之賓」，謂申公、白公也。古人此類之稱甚多。宋張端義貴耳集極稱周文璞詩，謂灌口二郎歌、聽歐陽琴行金塗塔歌，不減賀、白。賀、白者，李賀、李白也。蓋宋人猶多見古籍，偶擬古人之稱耳。或者譏其杜撰，非也。

元時仇遠與白珽齊名，亦稱仇白。何與白連稱者之多也。至唐時又有畢白、曹羅之語，此則戲談，無與品目。又玉泉子載：白敏中欲以侯氏兒爲壻，其妻以侯白難之。侯白二姓連稱，不知何以不可，疑當時俗語所忌也。

人名疑

唐有段文昌，人所共知也。宋有段昌武字子武，廬陵人，名跡稍晦，然有毛經集解二十五卷，至今存焉，則亦有著述傳後者也。朱睦㮮授經圖誤作段武昌。則倒其名。焦竑國史經籍志作段文昌，則竟如唐人矣。

宋陳傅良或誤作陳傳良，明孫傳庭或誤作孫傅庭。傅、傳二字互誤，直可謂無獨必有偶矣。孫過庭書譜至今猶爲藝林所重，然其人名字竟無一定。竇蒙述書賦注曰：「孫過庭字虔禮，富陽人，右衛胄曹參軍。」張懷瓘書斷曰：「孫虔禮字過庭，陳留人，官至率府録事參軍。」二書之作相距不遠，而於過庭名字彼此參差，何邪？或謂唐人多以字行，故傳述有誤。如舊唐書稱房喬字玄齡。新唐書稱房玄齡字喬，即其例也。然爵里亦俱不同，則又何也？

宋有俞松字壽翁，又有俞廷椿亦字壽翁。二人同姓同字，時代亦相近。俞廷椿著周禮復古篇，俞松著蘭亭續考。是兩壽翁皆有著作傳後，亦吾家之美談也。

王漁洋身後賜名

王漁洋原名下一字與世宗憲皇帝廟諱相同，故傳刻其書者皆改爲「士正」。至乾隆三十九年十二月，奉上諭曰：「王士正之名，原因恭避廟諱而改，但所改『正』字與原名音太不相近，恐流傳日久，後世幾不復知爲何人，今改爲『士禎』，庶與其弟兄行派不致混淆。凡各館書籍，俱一體照改。」按：人臣身後特旨爲更正名字，可謂曠古未有之榮，而此事知者頗尠。李次青廉訪作先正事畧不及焉，是未知此事也。

宋蔡襄字君謨，乃宋仁宗所賜，見集中謝御筆賜字詩序。事在生前，更爲人臣榮遇矣。

九九銷夏録卷十

唐時杏壇是道家故事

白香山長慶集有春中與盧四周諒華陽觀同居詩云：「杏壇住僻雖宜病，芸閣官微不救貧。」又有尋王道士藥堂詩云：「行行覓路緣松嶠，步步尋花到杏壇。」是唐人於「杏壇」二字多用之道觀也。按：「杏壇」二字出莊子漁父篇，所謂孔子游乎緇帷之林，休坐乎杏壇之上，本屬寓言。東家襍記言：「本朝乾興間，增廣殿廷，移大殿於後講堂，舊基不欲拆毁，即以瓴甓爲壇，環植以杏，魯人因名之曰杏壇。」是唐以前孔氏無杏壇之名，然用之道觀，未詳其故，或别有出乎？

以蜀漢爲正統諸書

陳壽三國志以魏爲正統，未滿後人之意。宋有李杞改修三國志六十七卷，不知其書如何，大約改帝魏爲帝蜀也。今世有宋蕭常續後漢書四十卷，又有元郝經續後漢書九十卷，二書大略相同。當郝伯常著此書時，蕭書已出，但南北隔絶，故郝未見耳。輟耕録稱楊奂讀通鑑至漢魏正閏，大不平之，遂修漢書，駁正其事，而其書不傳。明謝陛又撰季漢書五十六卷，沈德符敝帚齋賸語云：「世人但知吳中吴尚儉已曾爲此書，不知宋蕭常、元郝經俱先有。此不特謝書可已，卽吴亦徒自苦也。」斯言也，使謝少連早知之，當可投筆而起矣。乃至國朝有王復禮者，著季漢五志十二卷，首昭烈本紀，次諸葛以下諸臣傳，是眞屋下屋也。

元趙居信著蜀漢本末三卷，此則又編年之書矣。蓋自綱目帝蜀，後世奉爲定論。此等著撰，乃相踵而來。而推廣其義者，又有若明陳霆之唐餘紀傳，以南唐爲正統，姚士舜之後梁春秋，以後梁蕭詧爲正統。夫王者大統，自有天命主之，豈儒者於千百年後所能以意爲之乎？卽紫陽帝蜀，竊亦不以爲然，有蜀漢非正統辨一篇存集中。

温公修通鑑時，英宗命擇館閣英才共修，公薦劉恕，卽以爲局僚。恕嘗以蜀比東晉，擬紹正統，與光力争，見其子羲仲所譔通鑑問疑。是當時非無人見及也。邵伯温聞見録稱通鑑以史記、前後漢屬劉邠，以唐及五代屬范祖禹，以三國至隋屬劉恕。則三國正其所主裁，乃發此論，而温公卒不之用，是必别有見矣。

明王洙著宋史質一百卷，以明繼宋，削元一代不録。宋益王之末卽承以明太祖高祖德祖元皇帝。元大德三年，以明太祖曾祖懿祖恒皇帝繼之。延祐四年，以太祖之祖熙祖裕皇帝繼之。後至元五年，以太祖之父仁祖淳皇帝繼之。帝王大統，任意翦裁，眞同兒戲矣。

後周

凡朝代之稱「後」者，皆有其前者在也。後趙别於前趙也，後燕别於前燕也，後涼别於前涼也，後秦别於前秦也，惟宇文氏之稱後周，則其時並無稱周者，直上溯文、武、成、康之周，而稱後矣。宇文氏自孝閔始，惟傳五主，歷年止二十五載，乃與卜世三十、卜年七百者並列而爲前後，奇矣。以此例之，則李唐之前有陶唐，趙宋之前有劉宋，唐亦當稱後唐。宋亦當稱後宋乎？

論唐人避諱亦不甚拘

白香山長慶集有贈杓直詩云：「早年以身代，直赴逍遥篇。近歲將心地，迴向南宗禪。外順世間法，内脱區中緣。」此六句詩只在一行之内，上云「身代」即「身世」也，以避諱，故不云「身世」而云「身代」。乃下云「世間法」，又不避，何邪？可知唐人避諱，於私家撰述，亦不甚拘，此等處直是隨其筆之所便耳。

太尉爲宋代武臣通稱

事文類聚載，陶穀學士買得党太尉家妓一事，至今詩家以爲口實。然党太尉之稱，實不可解。考唐制以太師、太傅、太保爲三師，太尉、司徒、司空爲三公。是太尉之官至重也。宋史党進傳但云「卒贈侍中」，不言贈太尉，安得有党太尉之稱。疑唐自中葉以後，武臣多贈太尉，遂相沿以爲武臣之通稱，故党進亦稱太尉耳。宋趙起撰种太尉傳一卷，爲种諤而作。种諤亦未嘗官太尉，是可見其爲通稱矣。

元國號改書原字

明劉彦昺集中書元朝國號皆作「原」字，蓋從明刻本傳寫故也。沈德符野獲編云：「國初貿易文契，如吴元年、洪武元年，俱以『原』字代『元』字，蓋民間恨蒙古，不欲書其國號也。」愚謂如劉彦昺集，或是恨之之故，若吴元年、洪武元年皆書「原年」，則豈因恨前代之故而轉削本朝之元乎？疑因避明祖名上一字，故然耳。

日知録曰：「元者，本也。後人以『原』字代之，不知何解。或以爲洪武中臣下有稱元任官者，嫌於元朝之官，故改此字。」然則以「原」代「元」之故，亭林亦不知之也。

明太祖祖訓

明洪武二年，命中書編次祖訓。至六年五月，書成，大書揭於西廡，使子孫朝夕觀覽。書分十有三目，其中有一條云：「如朝無正臣，内有姦惡，則親王訓兵待命，或領正兵討平。」然則靖難之師，固太祖所自召矣。蓋太祖鑒宋代之失，欲以封建輔郡縣，故頗重親藩，而不知一言輕發，卽成禍本也。宋藝祖立誓碑密示子孫，止有二事：一不殺上書言事人，二不殺柴氏子孫。忠厚之風，勝明祖矣。

明封爵亦五等

明史職官志曰：「公侯伯凡三等以封功臣，及外戚皆有流有世。」是明制封爵無子男也。然洪武朝，實有封子男者。明史功臣表卷一百五有盱眙縣子王清至宜遠縣子裴軫，封子者十二人。當塗縣男王愷至隋縣男羅世榮，封男者十人。皆明初死事之人。是初制亦備五等之封，但永樂以後絶無封者耳，不得竟謂之三等也。

四庫全書提要於萬曆應天府志云：「明會典及明史職官志，皆載明封爵惟公侯伯三等。志中封爵表詳載孫炎之追封男爵，足補史傳之缺。」然孫炎封丹陽縣男，固見明史功臣表，非缺也。

劉青田亦爲清議所譏

明劉定之序王禮麟原集云：「其文有奇氣，硉矹胸臆，以未裸將周京故也。有與子讓卽禮之字。同出元科目，佐幕府，其氣亦有掣碧海、弋蒼天之奇。及攀附龍鳳，自命留文成。然有所作，則噫喑鬱伊，捫舌騂顏，曩昔豪氣，澌滅無遺矣。」按：此數語隱斥青田。是青田出處，當日亦不滿於清議。

王艮從祀文廟

王艮，泰州人，學者稱心齋先生。明史儒林傳附王畿傳後。王畿卽所稱龍谿先生也。王陽明之學，以龍谿、心齋爲得其宗。然史稱艮本狂士，往往駕師說上之，持論高遠，出入二氏。日知録云：「王門高弟爲泰州、龍溪二人。泰州之學，一傳而爲顔山農，再傳而爲羅近溪、趙大洲。龍溪之學，一傳而爲何心隱，再傳而爲李卓吾、陶石簣。」泰州卽謂艮也。然則艮之所學可知矣。乃艮之後人有名元鼎者，著心齋類編二卷，紀艮於崇禎四年從祀文廟始末。上卷爲奏疏類，編録嘉靖間巡撫劉節、御史吴悌薦艮二疏，并諸廷臣請從祀三疏，請謚一疏。下卷爲别傳類，編録萬曆辛丑翰林館課以王艮傳命題，諸臣所擬傳十六篇。上卷之前，冠以崇禎三年諭旨一道。又載崇禎辛未會試策題問從祀而及艮。是心齋在明末曾登兩廡矣。而明史不載，是可補史之缺。今文廟俎豆不及焉，疑至本朝而徹出也。

周忠武死難事

周忠武死難事，言人人殊。國朝李鹿章纖齋集有周夫人傳，稱公追戰，陷重圍中，奮力格鬭，俘斬愈多。日暮，寇已退，馬中流矢，忽蹶。公拔佩刀自殺。此說與明史本傳異。余已載入壺東漫録矣。乃讀王石和文集，孟縣王瑚所著者，又謂：「賊攻城急，城將陷，賊募獻公者，公謂左右曰：『豈惜一死，以累衆，可獻我。』兵民環泣，遂以繩繫公下，有兩賊掖之去。見賊駡，賊倒懸而磔之。」其說又殊。兩人皆國初人，可知周忠武事傳說不一也。因又記此以存異聞。

明修實録必先採訪

明楊循吉有蘇州府纂修識略六卷，以正德元年修孝宗實録，禮部遣官至江南采訪事蹟，蘇州遂開局編纂，而請循吉總其事。因撮記大略，分目十五，而成此書。按此，知明代修實録，必先下各行省采訪事蹟，亦設局編纂，而以本地紳士主其事。楊循吉即吴縣人，故得總蘇局之事也。

祝允明有蘇才小纂六卷，記天順以後蘇州人物。第一曰簪纓，纂徐有貞以下十九人。第二曰邱壑，纂杜瓊以下五人。第三曰孝德，纂朱顥一人。第四曰女憲，纂王妙鳳以下三人。第五曰方術，纂張豫等二人。前有自序，稱：「弘治改元，詔中外諸司，撰集事蹟，上史館爲實録，簡允明等數弟子員司其事，因私纂此書。」按：此事又在正德之前，蓋因修憲宗實録而下江南采訪事蹟也。弘治改元之後再改元，即正德矣。是兩書適相接續也。

録黄稾本

明張紞有雲南機務鈔黄一卷。洪武初以雲南未平，命潁川侯傅友德等帥師征之。紞以左參政在行間。雲南平，擢布政使，留治其地。因檢閱録黄稾本，取前後制敕詔誥之文有關軍務者，彙爲是編，藏之文廟尊經閣。自十五年二月至二十一年七月，凡三十七篇。以從録黄稾本鈔出，故名曰鈔黄。按：此知明代制敕詔誥之下行省者，必以黄紙録存之，謂之「録黄」。今制惟欽奉上諭之宜宣布者，以黄紙謄寫而通行之，謂之「謄黄」，無録黄之制矣。

萬曆三十六年立春

明萬曆三十六年，歲在戊申，欽天監推十二月二十一日己卯子正立春。安肅邢雲路字士登者，立表推之，以爲當在二十日戊寅亥初，著書一卷，卽名之曰戊申立春考證。按：此乃明季廢大統曆，改造新曆之權輿也。夫以人之心思耳目推測天行，萬難密合。亦如算圓周圓徑者，屢變其率而終不能無小差也。聖人治曆明時，亦存其大略而已。故古者歸餘於閏。至春秋魯文公元年，太史推得是年當閏三月，乃於三月置閏，而君子譏之曰：「於是閏三月，非禮也。」蓋作聰明以亂當章，君子所不許也。日躔贏縮，誰能見之，安見二十日亥初之是而二十一日子正之非。且如其說，亦止争半箇時辰耳。歲功民事，全無關係，必恃一己推步之精，詆當代見行之法，遂使衆論紛紜，人持一說。而化外之人，得挾其所長而進，吾於此書不能無深感矣。

嘗論聖人聰明材力豈遜於後人，而曆法不如後世之精者，如是足也。使聖人推求至密，每歲以立春弟一日爲正月朔，以大寒末一日爲十二月晦，廢閏月而置閏日，豈不與天行密合，然而聖人不爲也。堯典曰「以閏月定四時」，蓋晦朔盈虚，聖人所無如何，姑置閏焉，使不至春爲冬，秋爲夏而已。小小出入，固不計也。當時之民，但見朝廷於是歲增置一月，則亦多曆一月而已。所謂「不識不知，順帝之則」也。然則如邢雲路者，不容於堯舜之世。

國朝孫承澤春明夢餘録論徐光啟改造曆法云：「舊法不過時刻之差，不害於事。新法將來亦必有差。」此論甚正，治曆者所當深思也。

奏議末附刻詔旨

臣工奏議之末，附刻當時所奉詔旨，唐宋以來未有此體。國朝郭琇華野疏稿五卷，自康熙二十七年至四十一年，凡四十四篇，篇末多載原奉諭旨。近來刻奏議者法之。然四庫全書提要特舉此而論之曰：「蓋琇所恭録，而其後人併敬刊之也。」則亦可見此格爲僅見矣。

知縣行取須御試

國朝江蘩奏議稿有康熙二十五年十月，由靈寶縣知縣擢御史時，御試策二道。是國初知縣行取亦須御試也。

前代遺老書年變例

世稱陶淵明入宋以後，止題甲子，不書年號。此考之未審。若唐韓偓書裴郡君祭文時，唐亡已八年，不書梁年號，止書甲戌歲，此當爲前代遺臣止書甲子不書年號之創例。若元初陳友仁周禮集説序題丙子後九歲，則不但不書元年號，并不題甲子，而追溯丙子宋亡之歲以紀年；是謂丙子以後無年號并無甲子也。其用意更深矣。

宋文文山集杜詩，自序題：「歲上章執徐，月祝犂單閼，日上章協洽。」是庚辰歲己卯月庚未日也。歲月日皆書歲陽歲名，并不書甲子。

宋牟巘字獻之，登進士第，官至大理寺少卿。宋亡不仕，閉户三十六年。嘗言：「世稱淵明入宋書甲子，然陶集本無書年號者，此不須深論。」故其所作陵陽集仍書至元年號，則又別有所見矣。

避諱不舉進士

李賀父名晉肅，不舉進士，昌黎爲作諱辨。然在當時，固不以爲然也。宋史劉熙古傳：「祖實進，嘗爲汝陰令。熙古避祖諱，不舉進士。後唐長興中以三傳舉。」是五代時，尚有避諱不舉進士者。昌黎之論，猶未厭人心也。然晉肅之「晉」止是嫌名，實進之進，實爲本字。未知昌黎論此又當如何耳。

浙江商籍

明葉永盛字子沐，涇縣人，萬曆中以御史巡視浙江鹽政。時有請增課税者，永盛力爭乃已。又疏請許商人占籍應試。今其所著葉玉成全集四卷，後附鄉會中式録一卷，詳載其事，並商人占籍後，歷科中式者，皆載其姓名。所載至本朝康熙某科，蓋後人所增入也。此卽吾浙商籍所自始。浙商多徽人，永盛亦徽人，其力爭加課，自爲公議。請許商人占籍，或亦維桑之私意乎？

六元七元文會

明成化六年，浙江解元同仕於朝者六人，共爲文會，是爲六元文會。其六人則范理、商輅、姚夔、盧楷、楊守陳、楊守址也。成化十五年，復爲七元會，則胡謐、沈繼先、楊文卿、黄珦、謝遷及守陳、守址也。成化二十二年，再爲後七元會，則李旻、王華、胡謐、沈繼先、謝遷及守陳、守址也。守陳、守址兄弟三會皆與，乃録其贈答倡和詩文爲浙元三會録。按此亦吾浙盛事，今日下諸公，罕知之矣。

明嘉靖間，有西湖八社詩，曰紫陽社，曰湖心社，曰玉岑社，曰飛來社，曰月巖社，曰南屏社，曰紫雲社，曰洞霄社。主之者閩祝時泰，徽州王寅，仁和高應冕、劉子伯、沈仕，錢唐方九敘、童漢臣。分春社、秋社二目，以所作詩編爲一集。在朝有七元之會，在鄉有八社之詩，皆明代浙中佳話。

儒會效法佛會

佛氏書稱佛説經之處有四，其會十有六：鷲峯山七會，給孤獨園七會，他化天宫一會，竹林園一會。余視明人聚徒講學，亦頗類此。唐樞所至必有咨言：曰金波園咨言，曰木鐘臺咨言，曰飛英寺咨言，曰天心書院咨言。羅汝芳所至必有會語：曰五華會語，曰雙玉會語。其後至白下，又作會語續録，首章云：「今日吾儕聚講大宗師，諸僚友諸俊彦不下千人，應期而集。」亦全是如來舍衛城中大比邱衆千二百人光景也。

唐時有花樹韋家宗會法，見伊川語録。又有高氏三宴詩，皆同人會集之作。一會爲一集。韋氏之會，見一族雍睦之美，高氏之會，見一時聲氣之盛，勝於明人之會多矣。

明嘉靖間有海岱會集十二卷，作者八人：「石存禮、藍田、馮裕、劉澄甫、陳經、黄卿、劉淵甫、楊應奎。或仕宦而適居林下，或已致仕，或未入仕，結詩社於北郭禪林，後編成此集。有長至日、五月五日、九月九日、上巳日、七月七日會集序五篇。其社約有云：「不許將會内詩詞傳播，違者有罰。」蓋不惟不如講學諸公以聲名標榜，且并不欲以詩得名。良辰偶屆，勝友相從，一觴一詠，異乎末流之喧雜也。

九九銷夏録卷十一

經義格式

自王安石以經義取士，而王安石所作經義格式，至今猶有存者，其題如「里仁爲美」，「五十以學易」之類。其文似論非論，而時文家所謂起承轉合諸法已備。南宋劉安上給諫文集，載有經義數篇，其題如「以肺石達窮民」，「以其餘爲羨」，皆經義。如「請問其目」，「陳善閉邪謂之敬」，皆四書義。其文亦與荆公相似，然體格渾成，未易尋其塗徑。元王充耘著書義矜式六卷，其格律有破題、接題、小講，謂之冒子。冒子後入官題，官題下有原題，有大講，有餘意，亦曰從講。又有原經，亦曰考經。有結尾。或稍稍變通，而冒題、原題、講題、結題則一定不易。此則今八比時文之大畧椎輪矣。元陳説道著書義斷法，冠以「科場備用」四字。其書摘録可以命題者，逐句詮解，並標舉作文之法。明陳雅言著書義卓躍，每段必以此題二字冠首，所論亦皆作文之法。凡此皆今坊刻四書題鏡等類之濫觴也。

南宋時閩人魏天應著論學繩尺十卷，皆選録當時場屋應試之論。甲集十二首，乙集至癸集俱十六首。每兩首立爲一格。共七十八格。謂之繩尺，殆應試之士皆以此爲程也。今世墨腔墨調有自來矣。

春秋合題

春秋許出合題，蓋亦元代舊制。元楊維楨有春秋合題著説三卷。其自序曰：「春秋正變無定例，故闕合無定題。筆削有微旨，故會通有微意。初學者不知通活法以求義，場屋中往往不得有司之意。今以當合題凡若干，各題著説，使推其正變無常，縱横各出，以禦場屋之變。」可知元時場屋中，春秋多出合題也。明代亦相沿用之。趙恒著春秋録疑，張杞著麟經統，皆於經文之可出題者，以一破題括其意，而皆有合題。鄒德普著春秋匡解，專論合題，可知當時風會如此。夫屬辭比事，春秋教也。宋沈棐春秋比事，元趙汸春秋屬辭，治春秋皆有取也。則以合題施之春秋，似無不可。然其獘也，合數事爲一題。茫無頭緒，不免各以意見窺測試官之旨，此顧亭林先生所以歎此一經爲射覆之經也。

余嘗見明鄭鄤有「子路宿於石門」，「子路從而後」兩章題文，則明代四書亦有合題矣。日知録卷十六云：「洪武三年開科，以大學『古之欲明明德於天下者』二節，孟子『道在邇而求諸遠』一節合爲一題，問所言平天下大旨同異。」此卽四書合題所由昉歟，國初舊制，春秋一單題、一雙題、一脱經題。雙題卽合題也。脱經題則未知何説，當更核。

春秋傳文亦可出題

宋禮部貢舉條式云：「崇寧貢舉，令春秋義題聽其於三傳解經處出。靖康元年改止用正經出題。

紹興五年禮部議春秋正經詞意簡約，比之五經爲略。問目所在，易於周徧。往往州郡問目重複甚多，程文鮮不相犯，仍聽於三傳解經處出題。」據此則場屋中春秋題可兼出傳文矣。然云於三傳解經處出題，則公羊傳必如「元年者何？君之始年也」。「春者何？歲之始也」。穀梁傳必如「公何以不言即位？成公志也」。左傳必如「段不弟，故不言弟」。「如二君，故曰克」之類方可出題，非其餘傳文概可出也。

賦題示出處

宋禮部貢舉條例載，出題必具出處。如周以宗强賦，以「周以同姓强固王室」爲韻。又書其後曰：「出史記敍管蔡世家曰：『周公主盟，太任十子，周以宗强，嘉仲改過』」云云。是賦題必示知出處，亦見宋待士之寬也。

條例又載，賦限三百六十字以上，其官韻八字一平一仄，□□□依次用，平仄不相間，即不依次用。此等條例亦今人所未知也。

百段錦

宋理宗時，福州人方頤孫爲太學，篤信齋長，著太學黼藻文章百段錦一卷，取唐宋人之文，摽其作法，分十七格，每格綴文數段，每段綴評於其下。蓋與永嘉八面鋒同爲科舉之學者也。

羣雅集

國朝李振裕字維饒，吉水人，康熙庚戌進士，官至兵部尚書，著有白石山房稿。其視學江南時，選録諸生詩賦襍文彙刊成十二卷，曰羣雅集。四庫全書總集存目著録焉。按：學使者刊刻士子文賦及詩，至今多有之，而此集獨傳，殆以不録時文故耳。

館草閣草

明嘉魚李沂字景魯，萬曆丙戌進士，有中祕草三卷。其自記稱，每月上旬、中旬，下旬試於翰苑者曰「館草」，每月朔、望試於東閣者曰「閣草」。其館師、閣師評語皆具録焉。是明制庶吉士有館課、有閣課，與今制異。然今庶吉士見閣臣猶用師生之禮，或猶前明之故事也。

説經不通小學

國朝劉斯組著撥易堂周易解。「撥易」二字殊無意義。託之夢幻，更爲不經。其説「撥」字，以爲有發揮三才之義，是以「撥」字爲從發從才也。不知「撥」字從「手」不從「才」，於小學疏矣。毛奇齡續詩傳鳥名謂「鸎」字「從二目一八」，乃艮八之象。不知「鸎」字上半從「賏」乃二貝，與「嬰」字上半同，非「二目一八」也。又以離爲目，爲火。「鸎」從二目，故變體作「鶯」，從二火。其説更誕。劉不足責，毛固大儒，乃亦至此乎？

文字不必盡依說文

唐唐元度九經字樣，前載開成二年八月牒云：「古今體異，隸變不同，如總據說文，卽古體驚俗。若依近代文字，或傳寫乖訛。今與校勘官同商較是非，取其適中，纂錄新加九經字樣一卷，請附五經文字樣之末。」按：篆隸變遷，體裁各別。適中之處，亦頗難取。然字體不能概依說文，則自唐代已然矣。顏元孫干祿字書云：「自改篆行隸，漸失其真。若總據說文，便下筆多礙。當去泰去甚，使輕重合宜。」此與元度之說皆通人之見也。必如明黄諫從古正文之作，一切以篆改隸，無乃泥古而不知所裁乎？

宋李從周著字通一卷，末附糾正俗書八十二字。如「衣裳」必作「衣常」，「添減」必作「沾減」，「規矩」必作「規巨」，「心膂」必作「心呂」，「祖裼」必作「但裼」，「負荷」必作「負何」，「巾帨」必作「巾帥」，「肘腋」必作「肘亦」，不免於好古而泥矣。

宋黄昇字叔暘有散花庵詞一卷，汲古閣本改其名爲黄炅，乃世傳宋本。詩人玉屑有昇所撰序，猶鉤摹當日手書，則作黄𣆶。蓋「升」字篆作「𠬪」，用篆體署名耳。毛氏不識，妄改爲「炅」，固是可笑。然叔暘必以篆體署名，致使人不識，亦無謂也。

宋張有著復古編，頗爲精審。樓鑰集有此書序，載其二事。一則篆楊時踵息庵記，以小篆無「庵」

字，竟作隸體書之。一則爲林攄母撰碑，書「魏」字作「巍」，終不肯去山字。按：此二事一通一介。愚謂「魏」字不可去山，「庵」字竟可去奄，蓋庵實卽广字，後人以广不成文，故又從奄聲作庵耳。然卽此二字亦見生今之世，説文之不能盡拘矣。

至於作篆書，則又宜以説文爲圭臬。宋時有徐競，工於作篆。宣和六年，高麗國請於朝，願得能書者至國中，於是以競爲國信使，使高麗。亦足徵書名之重矣。魏了翁鶴山集稱競篆於説文解字以外，自爲一家。雖其名「競」字，見於印文者亦與篆法不同。然則競之篆不本説文，蔑棄古法，不可爲訓。至今徐競之篆一字無傳，雖一時頗得虚名，固不足以欺後世矣。

字母異同

三十六字母傳入中原，通行已久矣。明焦竑筆乘引吴幼清云：「三十六字母，俗本傳訛。羣當易以芹，非當易以威，知徹牀孃四字宜廢」云云。是明人於字母不盡遵守也。考明時有併音連聲字學集要四卷，不知何人所作。萬曆中，會稽陶承學得之吴中，其書前列切字要法，於三十六字母中，以「勤」字易「羣」字，以「逸」字易「疑」字，以「歎」字易「透」字，而删去「牀、禪、知、徹、孃、邪、非、微、匣」九母，殆亦卽吴幼清之説邪。明代又有葉秉徹作韵表，删去「知、徹、澄、孃、敷、疑」六母。李登作書文音義便考，删去「知、徹、澄、孃、非」五母。皆於三十六字有所删除。至蘭廷秀作韵畧易通，并字母爲二十攝，曰：「東風破早梅，向暖一枝開。冰雪無人見，春從天上來。」更爲自我作古矣。其後張位著問奇集，考論形聲訓詁分十九門，其三曰早梅詩切字例，其四曰好雨詩切字例。則不止有此「東風破早梅」二十字也。明桑紹良撰青郊襍著，又以「國開王向德，天乃賚禎昌。仁壽增千歲，苞盤民勿忘」爲二十母，是又於「早梅」「好雨」之外別成新法矣。

明末又有馬自述〔一〕等音外內集各一卷，併三十六母爲「見、溪、泥、端、透、疑、邦、滂、明、精、清、心、照、穿、審、曉、影、非、微、來、日」二十一母。又以四聲爲未備，增爲五聲，曰平、上、去、入、全。以全聲爲一聲，列入聲後。如云：通、桶、痛、突、同，灘、坦、炭、忒、壇之類。余按：三十六字母本有異同之論，删併尚無不可。至平上去入，則自六朝以來相沿至今，從無異論。豈馬氏所能擅加，祇見其妄矣！

國朝樊騰鳳著五方元音二卷，并字母爲二十，曰「梆、匏、木、風、斗、土、鳥、雷、竹、蟲、石、日、翦、鵲、系、雲、金、橋、火、蛙」。又變易韵部爲十二部：一天、二人、三龍、四羊、五牛、六獒、七虎、八駝、九蛇、十馬、十一豺、十二地。如此之類，皆鄉壁虛造之書，不經莫甚。

明時西洋人金尼閣著西儒耳目資一書，其説謂元音有二十九，自鳴者五，曰丫、額、依、阿、午。同鳴者二十，曰則、測、者、撦、格、克、百、魄、德、忒、日、物、弗、額、勒、麥、搦、色、石、黑。無字者四。自鳴者爲萬音之始，無字者爲中國所不用。故惟以則、測至石、黑二十字爲字父。其列音分一丫、二額至四十九碗、五十遠，皆謂之字母。其輾轉切出之字，則曰子、曰孫、曰曾孫。按此説甚奇，是有字母又有字

〔一〕四庫全書總目著録爲「馬自援」。

父矣。今泰西之學行於中華，未知尚有能通其說者否。

唐韻次弟與今廣韻異

宋夏竦著古文四聲韻，其自序云「本唐切韻」。然覃、談二韻列於麻後陽前，蒸、登二韻列於添後咸前，與今本不同。考唐顏元孫干祿字書，其次弟亦復如此。然則今所傳廣韻次弟非唐韻之舊矣。蓋隋陸法言等所撰本爲切韻，唐孫愐重定改名唐韻。後嚴寶文、裴務齊、陳道固又各有添字。宋景德中，命陳彭年等重修，乃名廣韻，卽今所傳本也。然則廣韵非唐韻，唐韻非切韻，宜其次弟之不盡相同矣。夏竦四聲韻仙韻後增宣韻，齊韻後增栘韻，亦與今異。

國朝紀容舒以廣韻旣出，而唐韻遂無傳書，惟雍熙三年徐鉉等校定說文，在大中祥符重修廣韻之前，所用翻切一從唐韻。翻切之法，其下一字必同部，乃取說文所載唐韻翻切排比分析，各歸其類，成唐韻考五卷。自有此書，而唐韻大畧猶有可尋，卽陸氏之切韻亦或可得其梗概矣。

玉篇有三本，顧野王原本不可見。唐上元元年孫强增加本，所謂上元本也。宋大中祥符陳彭年等重修，所謂重修本也。明初二本俱在，永樂大典每字下引顧野王玉篇卽上元本，又引宋重修玉篇，卽大中祥符本也。今世所行張士俊刊本，朱竹垞稱爲上元本，實卽宋重修本耳。如世閒眞有上元本，則其所有翻切尚在天寶改定唐韻以前，眞可推尋切韻之舊矣。

以諧聲字分部

明田藝蘅著大明同文集五十卷，變改説文部分而以其諧聲之字爲部母。如東字爲部，即棟涷之類從之，工字爲部，則紅江之類從之。按：此即近時姚氏聲系，朱氏通訓定聲諸書所從出也。國朝劉凝著文字韵原，謂説文以形相次，韵原以聲相從。後又以其限於篇幅，層次排列，未免間斷，乃倣史記諸表之例，從各字偏旁序其世系，分其支派，爲韵原表。此書視姚氏説文聲系或不及其精審，然要是其先河也。

字書以筆畫多少爲次

明周嘉棟著正韵彙編四卷，取洪武正韵以偏旁分八十部，所分之部，與部中所列之字，皆以字畫多少爲序。每字之下注曰某韵。按：此即今所行初學檢韵之類。明都俞著類纂古文字考五卷，亦取洪武正韵中字以偏旁分類，編之爲三百一十四部，每部之中以字畫多少爲次。按：此例亦後來字書所承用也。

草字彙

余桉頭有草字彙一書，乾隆間石梁豎庵撰，頗爲精好。篇首有趙恩道序云：「視前代中書官郭諶所輯草韻辨體體制過之。」知前乎此者，有郭諶之書。但云前代人，不知何代也。明楊慎墨池瑣録云：「金時錦溪老人張君用錫集古人名家草書，名曰草書韻會，趙秉文爲之序，精妙神彩，不減法帖。元時好事者改名草書集韻。洪武初，蜀郡又翻刻，并趙序及諸書家姓名皆去之，刻又粗惡，可重惜也。」按：此書至今猶在，四庫全書著録在藝術存目中，與草韻辨體又非一書也。

國朝陶南望有草韻彙編二十六卷，輯秦程邈至明朱克誠三百四十一家，依韻編次。其入聲一類，則其友侯昌言等所續。書成在康熙間，則尚在石氏草字彙之前，而石氏亦不知有此書也。然諸家皆依韻編纂，而石氏草字彙則依字彙偏傍編纂，體例不同。石氏之書成於乾隆五十二年，乃不依康熙字典，仍依字彙，何也？

説文附許沖説

説文繫傳氏部𣱼下云：「家本無注。臣鍇按，一本云許氏無此字，此云家本無注，疑許慎子許沖所言也。」按：此字大徐本止云闕，而小徐本乃有此説，可知許沖於説文亦頗有考訂，非止表上其書也。

剎字

元人敖剎作中説三卷，至今猶存。剎字見夏竦古文四聲韻，以爲是古文淵字。此何足據，而以自名，可謂怪矣。按，説文：「淵，回水也。从水𣶒，象形，左右岸也。中象水皃。」或或體作𣶒，省水。此作剡者，疑本當作㓹，卽㓹之變體，而誤移左旁一豎於右旁，遂似隸書刀字偏旁，令人不識矣。北魏有張猛龍碑：「諱猛龍，字神冏」。冏字亦不可識。王氏金石萃編謂卽囦字之誤。然則亦淵字也。此二人一字一名，同此淵字，而一作剡，一作冏，遂成奇字，亦可云物必有偶矣。元元淮官溧陽路總管，著金囦集，蓋以溧陽有投金瀨，故名。考仇遠有金淵集，遠亦嘗官溧陽教授也。金囦卽金淵，改寫古字，或以別於仇耶。宋徐璣字靈淵，卽永嘉四靈之一，或書作「靈囦」，用古字也。淵字必用古字，亦未知何意。

埡字

集韻十姥部有隖、塢、碼、埡四字，並於五切，或從土，從石。亦作埡。然則埡卽隖字，而自來詩文未見用此字者。國朝林堯峯有山蘆花埡長短句一卷。山蘆花埡實與輞川之辛夷塢等耳。改書埡字，幾令人不識。

左右字

明喻國人著周易辨正，言古人左圖右書。左、陽也，故左字五畫。右、陰也，故右字六畫。其說殊怪。以楷書書之，左右字皆五畫。其曰六畫，蓋右字從口，作兩豎畫作兩横畫，則六畫矣。漢人說字固有此例。廣韻十二齊，桂字下注以炅、香、桂、炔四字，皆九畫。今數之，炅、香皆八畫。可知漢人於日字竟作五筆書，則口字可作四筆書矣。明人未必見及此，或左五右六，方術家書舊有此説也。

避諱改寫字不可押韵

宋禮部貢舉條式云：「齊桓避諱作齊威，可用於句中，不可押入微韵。」按：此亦詞賦家所宜知。嘉慶中，先舅氏東石先生在京師爲人作萬壽詩，用一先全韵，已脱稿矣，有人曰：「内有廟諱字。」若不用，非全韵也。若改寫，元字出韵也。先舅氏惘然自失。宋制此條，洵可爲式矣。

唐韋莊詩「欲將張翰松江雨，畫作屛風寄鮑昭」。按：鮑昭本名照，唐避武后諱改作昭耳。韋詩乃是誤押，非以昭爲照也。

字如其人

黄文獻公集云：「温公通鑑書稾作字方整，未嘗爲縱逸之態，宜其十有九年始克成書。」烏呼！此所以爲司馬温公也。蔡絛鐵圍山叢談云：「王元澤奉詔爲三經義，王丞相介甫爲提舉。周禮新義親爲筆削。政和中，吾得見之。筆蹟如斜風細雨，誠介甫親書。」烏呼！此其所以爲王荆公也。墨莊漫録云：「王荆公書清勁峭拔，飄飄不凡，世謂之横風疾雨。」此云「斜風細雨」，蓋當時品評荆公書法類如此。

名人書額

江蘇婁縣周氏，世居干山，所居曰山舟堂，其堂額乃趙子昂所書。國朝有康熙丙子副榜名士彬者，猶居是堂。所著詩文，即名山舟堂集。余親家姚氏居仁和之唐西鎮，其堂額曰致和堂，猶董香光所書，亦爲難得。惜亂後毁矣。

余兄壬甫嘗言：「人家聽事所懸之額，至百餘年後，書額者姓名，人猶知之，方是舊家。」余寓吴下，聽事樂知堂額，彭剛直書。客坐春在堂額，曾文正書。此兩公者，雖至三千年，人猶無不知之也。

八行書

後漢書竇融傳：「融玄孫章與馬融、崔瑗同好。融與章書，書惟一紙，紙八行，行七字。」今人稱八行書，當本此。

北夢瑣言云：「盧相光啓立性周謹，受知如租庸張濬。每致書疏，凡一事别爲一幅，朝士至今效之。蓋八行重叠别紙，自公始也。」然則書疏每紙八行，自漢至唐並同。

腕有鬼

雲仙襍記云：「虞世南書冠當時，人謂其腕有羲之鬼。」此事人所習知也。明朱國禎湧幢小品曰：

「王弇州不善書，好談書法。其言曰：『吾腕有鬼，吾眼有神。』此説一倡，不善畫者好談畫，不善詩文者好談詩文，極於禪玄，莫不皆然。」按：弇州此語，葢謂腕不能作書，而眼則能鑒別，故云「腕有鬼」而「眼有神」。然則弇州腕中之鬼，殆非羲之鬼，而别一不能書之鬼矣。是可一噱。

九九銷夏録卷十二

記載甲子之誤

晉釋法顯佛國記稱：「弘始二年，歲在己亥。」按：後秦姚興弘始元年，當晉隆安三年，歲在己亥，則二年在庚子矣。此云「己亥」，必「庚子」之誤也。唐范攄雲溪友議稱：「乾符己丑歲。」按：乾符元年爲甲午，至庚子改元廣明，自甲午至庚子中閒但有己亥，無己丑。此云「己丑」，必「己亥」之誤也。五代高彦休著唐闕史，序中自言乾符甲子生。按：乾符起甲午，訖己亥，無甲子。此云「甲子」，必「甲午」之誤也。

苻秦時有廣武將軍碑云：「惟大秦建元四年，歲在丙辰。」按：晉書載記：「興寧三年，堅又改元爲建元。」然則建元元年歲在乙丑，建元四年當在戊辰。此碑乃云「丙辰」，刻石勒碑，乃亦有誤邪。

稱述先世之誤

太史公自敍司馬氏之所從出，誤合重氏、黎氏爲一族。白香山自敍白氏所從出，誤以秦白乙丙爲楚白公勝之後，皆爲後人所譏。然世胄已遥也。若元黄溍卒於至正十七年，但有孫四人，危素所作行狀記載甚明，而其所作日損齋筆記，首尾皆題「大明天順四年十三世孫叔善重刊」。計自至正十七年丁酉至天順四年庚辰，止百有四年，而有十三世孫，已歷十世，則必世世十歲生子而後可，安有是理邪。子孫之詞，錯誤至此，何也？

皇祖伯父

昭十二年左傳：「昔吾皇祖伯父昆吾。」注云：「陸終氏生六子：長曰昆吾，少曰季連。季連，楚之祖，故謂昆吾爲伯父。」按：季連爲楚之遠祖，遠祖之兄，豈得以伯父稱之。杜注小誤。皇祖伯父四字連讀，不可分讀。古人稱皇祖伯父，卽今人所稱伯祖父耳。昆吾世系已遠，仍稱伯祖父者，亦猶曾孫之稱不論遠近耳。杜注當云：「故謂昆吾爲皇祖伯父。」直云伯父，失之矣。吕東萊集有祭林之奇文云：「昔我伯父西垣公，躬受中原文獻之傳。」按：所稱西垣公謂吕本中也。東萊之祖弸中爲本中之弟，本中乃其從祖，而稱之曰伯父，蓋用楚靈稱昆吾之例，而不知靈王稱昆吾爲皇祖伯父，非僅稱伯父也。好古而不解古語，不如從時從俗之爲安矣。

書門人不書女壻

唐李漢昌黎先生集序云：「門人李漢編。」李漢實昌黎之女壻，但稱門人。於是黄榦編朱子集，余祐編胡居仁居業錄，亦用其例。二人皆女壻，而止稱門生。國朝閻若璩潛邱劄記謂是重道統而輕私親。考古人於妻之父母本不甚重。師居在三之尊，則稱女壻，自不如稱門生矣。李漢雖止稱門生，其文曰：「門人隴西李漢辱知最厚且親」，則女壻之誼，亦既及之矣。今人或云昌黎女初適漢，後離昏，嫁樊氏。漢不稱女壻，蓋緣於此。考皇甫持正集云：「壻，左拾遺李漢、集賢校理樊宗懿。次女許嫁陳氏。三女未笄。」則公之長女先適李後適樊自有明證。但公女何以無故離昏，此不可解。余疑公歿後，李亦旋卒。後其女乃改嫁耳。李漢爲昌黎集序，妻必尚在，即皇甫湜作墓志時，距公歿止數月，公女亦當尚在李氏。湜之原文但云：「壻，左拾遺李漢」而已。其後韓女改嫁，皇甫編定文集，乃又書樊宗懿之名。黃黎洲先生金石要例云：「韓文公三女，其長女初適李漢，改適樊宗懿。誌書壻左拾遺李漢，聟集賢校理樊宗懿。聟即壻之别名，此皇甫持正變例也。」夫皇甫持正既書兩壻之名，自宜詳敍其初嫁改嫁之事，豈以「壻」「聟」二字别之？聟爲壻之俗字，未聞初嫁稱壻，再嫁稱聟也。黎州所見皇甫集有「壻、聟」二文，可知其原文止作：「壻，左拾遺李漢」，其後又增益其下曰：「聟集賢校理樊宗懿。」即壻、聟之異，知非一時之筆矣。夫死改嫁，古人常有，不足爲韓女病。若夫未死而無故離婚改嫁，此必無之事。誠有之，則情誼已絶，李漢何以云最厚且親乎？然則止稱門人，不稱女壻，自以閻百詩説爲是。在今人，不可行，在古人，實執此義也。

文章傳女

世稱中郎有女傳其遺書，然所傳者止其家所藏墳籍四千餘卷，寫出四百餘篇耳。蔡中郎所作之文，初不煩文姬手寫也。乃近時竟有兩家文集，賴女子以傳者。馮甦嵩庵集五卷，晚年以付其女，女適洪氏，外孫洪承澤刻以行世。宋振麟中巖集六卷，歿後其女孫攜其殘稿以適王氏，女孫之子王文昭官福建，乃校刊之。嗟乎！門衰祚薄，名山大業，藉弱息以存，視生女作門楣爲尤重矣。膠州高西園鳳翰自跋其南阜山人集云：「盲子頑孫，篋笥誰付？不知有人拾取於蛛絲蠹腹之餘，以少得流傳人世否？」其言可歎。馮氏之女子，宋氏之女孫，勝高氏盲子頑孫多矣。

才子

明景泰時，劉溥、湯允勣、蘇平、蘇正、沈愚、王淮、晏鐸、鄒亮、蔣忠、王貞慶稱十才子。嘉靖時，李開先、王慎中、唐順之、熊過、陳東、任瀚、趙時春、吕高稱八才子。明人標榜之習如此。然十才子中，惟劉溥尚有草窗集一卷，餘皆泯没無聞矣。八才子有唐順之在，自當較勝也。

十五歲童子作序

王勃滕王閣序，自稱「童子何知」。然其年實在二十外矣。明崇禎戊寅，吴下諸人爲千英之會，集於虎丘。華亭彭師度字古晉，年十五，即席成虎邱夜宴同人序。以象勺之年而能辦此，真不可及矣。

摭言稱王勃年十四作滕王閣序。然考本傳，勃父左遷交阯令，勃往省，度海溺水，痵而卒，年二十九。而滕王閣序有「家君作宰」句，又有「他日趨庭，叨陪鯉對」句，則正其省父交阯之年，非年十四也。

自稱童子，殆父在則然耳。

海沂子論禮

世說載謝太傅劉夫人聞人稱關雎、螽斯曰：「周公是男子，相爲耳。若使周姥撰詩，當無此言。」明人王文祿著海沂子，有敦原篇謂：「古人父重母輕，以制禮者乃男子，故爲己謀，不免偏私。」此其所見與劉夫人同，如其言，當更起周姥別制一禮也。

唐高宗上元元年十二月，天后上表，請父在爲母服齊衰三年。然則海沂子之言不爲無見。

士齋

明當塗女子鄒賽貞著士齋集三卷。其曰「士齋」者，以當時有女士之稱也。女子而以士名齋，亦奇。然女子能詩文，世所恆有。若餘姚孫陞妻仁和楊文儷，則并能爲科舉之文。生四子：鑨、鋌、鑛皆至尚書，鋐至太僕卿，其舉業皆母授也。斯則真可題爲士齋矣。楊文儷有集一卷，附其夫孫文恪集之後，其夫亦官至尚書也。

徐都講

毛西河集附徐都講詩一卷，女子徐昭華所作，駱加采之妻也。其父咸清與西河友善，西河暮年，昭華從之學詩，故附西河集以行。余按：章氏文史通議云：「文章雖天下之公器，而男女實人生之大防。如來因許女子出家，故五百年後正教中衰。」然則女弟子之名，其可爲典要乎。西河此例一開，其流極於隨園。

李因之

明海寧葛徵奇蕪園詩集中，多與其姬人李因之倡和之作。因之字是庵。善畫花鳥，能吟詠，亦一明慧女子也。李因之之名大可與柳如是作對。

奕律

奕律一卷，本無撰人名姓。雪港沈氏刻入昭代叢書。末有震澤楊復吉跋，稱詢諸武林友人，知是文簡公之筆。文簡公謂海寧陳元龍也。故卷首即題公名，然究未知是否。余按：明王思任有奕律一書，定奕棋禁令，各以明代律文列前，而以奕者所犯比照之，分笞、杖、徒三等，納贖有差，凡四十二條。奕律之書，即倣此而作也。

新婦譜

國朝陸圻著新婦譜一卷，乃嫁女之時，作以訓其女者。凡五十九條，於婦職婦道言之頗詳。陸圻字麗京，錢唐人，國初名士。其書惜未通行，若刊布行於閨閣中，當勝於坊閒所有女兒經等書也。

優童志

北里有志，教坊有記，大率爲青樓中人而作耳。若鄭櫻桃、周小史一流人，未有彙萃成書者。明陳泰交有優童志一卷，於是白紵同蹝，別開生面矣。泰交，平湖人，字同倩，有尚書注考，糾蔡傳之譌，頗爲精審。乃亦有此等筆墨，何也？

道學風月

道學家不得作風月語，固也。胡澹庵「黎頰微渦」一語，爲紫陽所譏。然家妓侑觴，乃宋代士大夫家常事。酒酣耳熱，率書所見，正其坐中有妓，心中無妓，不足爲澹庵病也。若明黃佐泰泉集有春夜大醉言志詩云：「倦游却憶少年事，笑擁如花歌落梅。」自注以爲欲浄理流，則以風月語飾爲道學語，君子病之矣。

因琵琶記而知學問

王晫今世說載：「嘉興王翃字介人，少失學，論孟不卒讀，識字而已。弱冠偶覽琵琶記，欣然會意，曰：『此無難，吾亦能之。』即據案唔唔學填詞，竟合調。自後學不稍懈，工詞曲，遂能詩。所著二槐草存，有「前路夕陽外，行人春草中」句，爲陳子龍所賞。」此豈琵琶記所有耶。滄浪論詩謂：「詩有別才。」信矣。然此不過天機偶爾湊泊，得魚得兔，筌蹏久棄。若必以此中求文章，則是金聖歎一流見識矣。

國朝沈起評點西廂記言：「十六闋立名，上下相對。猶乾與坤對，屯與蒙對。」以大易之體，行左傳之法。是其所見更出金聖歎上。然同一浪費筆墨而已。

王圻續文獻通考以西廂記、琵琶記同入經籍類中，究亦失之泛濫。

西游集

邱長春真人西游記，錢竹汀元史藝文志地理類著録。注云：「李志常述邱處機事。」此書世多知之。千頃堂書目有僧宗泐西游集一卷，此書無傳本，世罕知者。宗泐字季潭，臨安人。洪武初舉高行沙門，命往西域求遺經。還，授左善世。西游集，蓋其奉使求經，道路往還所作。見聞既異，記載亦必可觀。今俗有西游記演義，託之邱長春，不如託之宗泐，尚是釋家本色。雖金公木母，意近丹經，然意馬心猿，未始不可附會梵典也。

平話

永樂大典有平話一門，所收至夥，皆優人以前代軼事敷衍而口說之，見四庫全書提要裨史類附注。

按：七修類稾云：「小說起宋仁宗時，國家閒暇日，欲進一奇怪之事以娱之，故小說得勝頭迴之後，即云

『話説趙宋某年』云云，此卽平話也。」永樂大典所收必多此等書。如得見之，亦足銷閒而娱老矣。

宋劉斧所著青瑣高議，每條各有七字標目。如「張乖崖明斷分財」，「回處士磨鏡題詩」之類，頗與平話體例相近。明萬曆間，播州宣慰使楊應龍叛，郭子章巡撫貴州，與李化龍同討平之。化龍時巡撫四川，進總督四川、湖、廣、貴州軍務。事平，化龍有平播全書之作，其後一二武弁造作平話，以播事全歸化龍一人之功。子章不平，作平播始末二卷，以辨其誣。據此知明人於時事亦有平話也。

宋時平儂智高，孫沔與狄青同事，而其後歸功於狄。明時平楊應龍，郭子章與李化龍同事，而其後歸功於李，二事正相類。郭子章作平播始末，猶是自表其功。若滕元發作孫威敏征南録，則以他人表白其功，是尤足徵公論也。

國朝張時爲界軒集有擬奏疏一通，欲請定天下傳奇爲六等。此論大奇，不知講學家何以有此。

圖説如平話體例

明楊東明所繪河南饑民圖，至今有刻本，乃東明萬曆中所上也。圖凡十有四。前十三圖繪饑民之狀，各繫以説。末一圖乃東明拜疏之象，亦有説曰：「這望闕叩頭的就是刑科右給事中小臣楊東明。」諸説皆俚俗之語，冀人主閲之，易於動聽，亦深費苦心矣。

明薛夢李教家類纂一書，首以圖説繪畫故事，而係之以説云：「這一箇門内站的人，是某朝某人」云云。疑明代通行小説平話有此體也。

説夢

昔沈約有夢美之詩，項斯有夢仙之詠，以至如盧綸之夢桃源，舒亶之夢天台。文人寓言，託之於夢，往往然矣。明羅一峯以一代大儒，篤守宋儒門徑，所著一峯集，大約如昌黎所謂「獨得雄直氣，發爲古文章」者，乃有夢稿二卷。紀夢之詩，多至三百餘首，迷離徜怳，莫測其旨，殆别有寄託乎？講學家有此筆墨，亦奇。

明儒吴與弼日録中自稱夢見孔子、文王，夢見朱子，又夢見孔子之孫，夢見朱子之父，并其妻亦夢見孔子攜二從者相訪。國朝王命岳恥古齋文集有周易禳卦牖中天一卷，讀詩牖中天一卷，自序謂：「辛卯冬，夢文王周公先後車蓋，喝道甚盛，命岳自牖中窺視之。」故二書皆以「牖中天」爲名。真歟僞歟？楊椒山先生年譜中亦言從韓邦奇學樂律，夢見虞舜。此等事之有無，只可以人爲斷矣。

劉勰文心雕龍序志篇云：「齒在踰立，夜夢執丹漆之禮器，隨仲尼而南行。大哉聖人之難見也，乃小子之垂夢歟？」後人之夢，似皆緣此一夢而來。乃本朝有女子華浣芳，華亭張榮之妾，所著挹青軒詩稿，榮爲作序，言其九歲時，夢見唐太宗召有唐一代詩人教之作詩，則更誕矣。

國朝程正揆青溪遺稾有奇夢録一卷。正揆本以畫名家，所畫江山卧游圖，散在人間者數百餘，則奇夢之録，與卧游之圖，同一筆墨雲煙而已。

九九銷夏録卷十三

丹青即古圖録之法

周禮大司徒以天下土地之圖，周知九州之地域廣輪之數，辨其山林、川澤、邱陵、墳衍、原隰之名物，此即後世畫山水之法也。內宰掌書版圖之法，鄭注謂：「圖：王及后、世子之宫中吏官府之形象也。」此即後世畫宫室之法也。漢書藝文志兵書五十三家，圖四十三卷。歷譜十八家，中有耿昌月行帛圖二百三十二卷。凡古人圖録之學，卽後世丹青之法。日知録謂：「古人圖畫皆指事爲之。」蓋繪事本原於圖録，自以徵實爲長，不以翻空爲貴。至於後世，人物尚白描之雅，花卉矜没骨之工，而古人遺法蕩然。所謂畫者，止供几席之玩，故雖顧、陸之名筆，不得入藝文志中矣。張彦遠歷代名畫記收日月交會九道諸圖。米芾畫史收渾天圖及五聲六律十二宫旋相爲君圖。此二家者，似猶知丹青卽古圖録之遺，爲畫苑擡高身分。

畫古人像

閻立本畫秦府十八學士圖，淩煙閣功臣二十四人圖等類，皆見唐藝文志，其時相距未遠，必有所受，非以意爲之也。後世時代既遥，典型已失，乃欲追爲之圖，此必不能肖者。明吴守大有名臣像圖一卷，畫徐達以下四十九人，人各一圖，圖皆相似，面貌不可辨，惟以題識爲別，此無謂之甚矣。乃志地理者，亦或爲之。明黄璿撰建陽縣志，有先賢畫像十二。李讓撰崇安縣志，有諸儒圖像十六。是殆等於坊間所刻平話彈詞之有繡像矣。

仁和縣學石刻聖賢圖贊，有明宣德二年巡按御史吴訥序，稱是李龍眠筆，宋高宗時刻石。然諸賢多手執書卷，未免俗態。所執書卷又非古簡策之制度，必非龍眠手筆。甚者樊遲名須，即畫一多鬚之人。梁鱣字叔魚，即手持一魚，是可一大噱矣。

神妙能逸

自來評品書畫者，但分別等第而已。如鍾嶸詩品分三等。庾肩吾書品分九等是也。李嗣真作書品後，始以李斯等五人爲逸品。張懷瓘作書斷，始定神、妙、能三品之目。至朱景元作唐朝名畫録，乃始合兩家所品定爲神、妙、能、逸四品，後來者咸宗之。然以逸品置能品之下，似失其次。至黄休復撰益州名畫録，又升逸品於神品之上，更爲未安。夫逸品者，猶人中之有逸民也。若置之神品之上，則是伯夷之徒過於孔子矣。若置之能品之下，則伯夷之徒不如管、晏矣。竊謂宜在妙品之下，能品之上，庶位置得所乎。劉道醇著宋朝名畫評，仍從張懷瓘之例，止分神、妙、能三品，而不立逸品，殊爲有見。名畫評於黄筌、黄居寀父子二人，人物門中則入妙品，花草、翎毛兩門則入神品，具見鑒別之精。

然班史古今人表，既分列九等，又標聖人、仁人、知人之名，文王太姒則曰仁人，武王邑姜則曰智人，如斯之類，殊多未協。況書畫藝事，流品難區，不如約計之則三等，析計之則九等，不設四品之名，轉免紛紜之論也。

黄氏父子或入神品，或入妙品，神妙相去一間耳。若宣和畫譜，於山水部稱王士元兼有諸家之妙，於宫室部則以皁隸目之，未免天壤之隔矣。

畫品無定

明王穉登吴郡丹青志以沈周入神品，唐寅、文徵明入妙品。而李開先中麓畫品，沈周、唐寅皆在第四等。王漁洋香祖筆記曰：「李中麓太常藏書畫極富，自負賞鑒，持論與吴人頗異。」即謂此也。今日久論定，李中麓所品題，自不及王百穀之當。然彼此一是非，自古從無定論，況書畫乎？歐、柳、顔三公書法，至今無異詞。而米襄陽海岳名言，則以顔魯公真字便爲俗品，以歐柳爲醜怪惡札之祖。雖宗晉自宜黜唐，然詆之亦太甚矣。

以詩爲畫

張華博物志言：「漢桓帝時，劉褒畫雲漢圖，見者皆熱。及畫北風圖，見者皆寒。」按：雲漢、北風皆毛詩篇名也。南史言梁豫章王綜以白團扇畫伐檀詩圖餉徐勉，是古人固有以詩爲畫者。明黄鳳池有唐詩畫譜，取唐人五六七言絶句詩各五十首，繪爲圖，而書原詩於左方。詩中畫，畫中詩，此兼之矣。

楊補之畫梅

明李日華六硯齋二筆云：「楊補之所居有梅樹，大如數間屋，繁花如簇。補之日臨畫之，大得其趣，以進之道君。道君曰：『村梅耳。』因目署奉敕村梅。更作疏枝冷葉，清意逼人，而道君不及見矣。」是楊補之之畫，道君病其太繁也。使見其疏枝冷葉，必嘉許矣。乃范石湖著范村梅譜，其後序言：「楊畫大略如吴下之氣條，雖筆法奇峭，去梅實遠。」是則楊无咎之梅，始終不合格也。然至嘉熙、淳佑間，江西人得无咎一幅梅，價不下百千匹，見趙希鵠洞天清禄集。豈江西人阿其同鄉乎？抑日久而論定也。世人貴遠賤近，凡詩文皆然，固不獨畫梅矣，爲之三歎。

洞天清禄集云：「臨江楊无咎補之學歐陽率更楷書，殆逼真。以其筆畫勁利，故以之作梅，下筆便勝華光仲仁。」然則逃禪之畫，其高古可想。村梅之敕，吴下氣條之譏，恐皆非篤論也。

舊傳楊補之爲揚子雲之後，其姓從手旁，不從木旁。余從前在江西見揚孝廉翎，自云系出逃禪，名刺揚字從手不從木。然楊子雲之姓，實不從手。日知録辨之詳矣。楊補之字无咎，號逃禪老人。晁補之亦字无咎，亦有逃禪之號，此則甚奇。

自宋以來圍棋國手

宋晏天章元元棋經後有一跋云：「自宋以來，善弈者，昔日老劉宗，今日劉仲甫、楊中隱、王琬、孫侁、郭範、李百祥輩。」按：此皆宋以來圍棋國手也。古今圖書集成弈棋部名流列傳所載明以前人，殊寥寥，因記此。

春渚紀聞載：「圍棋待詔劉仲甫，自江西入都，於邸前懸一幟云：『江南棋客劉仲甫』」云云。其事記載甚詳。是劉仲甫棋名甚盛。今尚有棋訣一卷，凡四章：曰布置，曰侵淩，曰用戰，曰取捨，其所著也。而春渚紀聞又載有祝不疑能勝之。蔡絛鐵圍山叢談又載有王憨子、晉士明能勝之。是此三人者，又高出劉上矣。

琴家虞山派

近世言琴者，以虞山一脈爲最勝。蓋始於明之嚴澂。澂字道澂，大學士訥之次子也。其論琴，以爲古樂不傳，但傳其聲，故古樂皆倚聲而歌之，非以歌取聲也。孔子鼓琴，既得其人，而師襄始言是文王操，可知其有聲無文也。使有文，則孔子固已知之，何待師襄之告乎？其所著松絃館琴譜二卷，録有二十八曲，皆有聲無文。余謂聲者，天籟也，文者，人籟也。天地之間，先有天籟而後有人籟，如先有五聲而後人以宮、商、角、徵、羽合之，非先有宮、商、角、徵、羽而後有五聲也。先有四聲而後人以平、上、去、入合之，非先有平、上、去、入而後有四聲也。嚴氏此譜，不爲無見。葉夢得避暑録話載：「廬州崔閑妙於琴，以琴聲爲主，而各爲之詞」云云，所彈三十餘曲，請夢得各爲之詞。」是宋譜固有聲而無文。但夢得既各爲之詞，則依夢得之詞而尋求之，亦可得其聲矣。聲之與文，固二而一者也。今虞山一派，清微淡遠，爲世所重。余不知琴，因嚴說而論之，未知有合否也。

明胡文煥文會堂琴譜云：「琴獨尚浙操者，猶曲之有海鹽也。余此譜皆親傳之浙操。」然則明時虞山派未興，固以浙操爲重。虞山派盛行，亦如曲之有崑山矣。

唐時端石

唐李賀有楊生青花紫石硯歌云：「端州石工巧如神，踏天磨刀割紫雲。」則唐時已重端石矣。而宋蘇易簡作文房四譜，以青州紅絲硯爲首，何也？蓋端石以下岩爲貴，下岩之上曰中岩，中岩之上曰上岩，自上岩轉山之背爲龍岩，唐時取硯之所，後下岩得石勝龍岩，龍岩遂不復取，詳見宋時葉樾所傳端溪硯譜。可知唐時所取乃龍岩之石。宋米芾硯史言：「上岩石理粗，性硬，其岩深處間有潤者，終不如下岩。」可知上岩之石已不佳，況龍岩又在其上乎？唐人取石於此，其硯必不甚佳，故亦不甚著。李長吉詩所云「踏天磨刀割紫雲」，極言其佳，而不知「踏天磨刀」一語，正足見其非下岩佳品也。

宋高似孫著硯箋，則第一卷即端石矣。中有硯圖四十二式，注曰：「歙石亦如之。」則歙石已與端石並重。考歙硯之所自始，在唐開元中。獵人葉氏逐獸，至長城里，見疊石如城，瑩潔可愛，因攜歸刊硯，温潤大過端溪。則唐時歙石已出也。今歙石不如端石，而云大過端溪，亦可知唐時端石之不甚精矣。

灌瓦

曾敏行獨醒雜志云：「贛之雩都尉廳後舊有灌嬰廟，臨池上，廟毁，瓴甓墮池中。歲年不可計矣。因刀鑷工取半瓦爲礪石，人見而異之，遂求其瓦爲硯，於是有灌瓦之名。」按：銅雀香姜，藝林珍重，灌瓦則罕知者。

贛州府志云：「漢尉佗數擾邊，灌嬰將兵擊之，克捷。雩人立廟祀之，名昌文侯廟。廟今廢，有人掘其地，出瓦，可爲硯，太守洪邁有灌瓦硯銘。」

宋趙與時賓退録云：「灌嬰蹤跡未嘗到江南，今江西郡縣城隍多指爲灌嬰，其實非也。友人蕭子壽大年考功臣表，始知爲陳嬰。嬰定豫章、浙江，封堂邑侯，都漸。顔師古謂：『漸，水名，在丹陽黝縣蠻夷中。』嬰既定諸地，卽都之。始知定江南者爲陳嬰，俗傳誤其姓耳。」據此，則灌瓦未必真也。

英石非真

國朝吴綺嶺南風物記有論石一條云：「米芾所賞之石，本出浛洭縣地。秋深水涸之時，於沙坑中取之，謂之脱沙。後浛洭併入英德，遂以英德石當之，實皆贗物。」

按：洽涯之石，疑卽衢州石、洪溪石之類。明李日華六硯齋二筆云：「衢州常山縣石洪溪之石，奇秀萬狀，有高不盈尺，而數十峯高下起伏，具諸洞穴者。」余常覓得數石，實水沙凝結而成，不是真石。洽涯脱沙亦必與之同矣。

京塼

余在吴下，有以京塼贈者，云是製備上用，此因有微疵，故不堪進御也。余鑲成一小桌，置曲園中，然質甚粗，殊不見佳。偶閲明人張問之造塼圖説，乃知明代自永樂中，始命造塼於蘇州，凡窑户六十三家，皆隸長洲縣。其塼長二尺二寸，徑一尺七寸，所取之土，產於城東陸墓。其色乾黄，與金色同。自掘而運而晒而椎而舂而磨而篩，凡七轉而後得土，澄以三級之池，濾以三重之羅，築地以晾之，布瓦以晞之。勒以鐵弦，踏以人足，凡六轉而後成泥。揉以手，承以托版，研以石輪，椎以木掌，避風避日，置之陰室，而日日輕築之。閲八月而後成坯。其入窑也，防驟火激烈，先以穅草薰一月，乃以片柴燒一月，又以棵柴燒一月，又以松枝柴燒四十日。凡百三十日而後窨水出窑。或三五而選一，或數十而選一，必面背四旁色盡純白，無燥紋無墜角，叩之聲震而清者，乃爲入格。其費不貲。按此知明代造塼，采煉燒造，如此不易，今其法未必盡傳矣。

香匣

世俗通行卍壽香匣。余案頭亦有數具。近日花農又自廣東肇慶寄來一具，其形如鼎，亦頗可玩。因思此具爲自來詩文集中所未載，羌無故實。偶讀明周嘉胄所著香乘二十八卷，有印香方一卷，印香圖一卷，則知明中葉已盛行矣。

壁帖

宋尹焞和靖集有壁帖一卷，乃其手書聖賢治氣養心之要，黏之屋壁以自警。後人録之成帙。按，壁帖之名殊新。明張岱瑯環文集有柱銘鈔，蓋卽楹聯也。壁帖、柱銘正堪爲對。書楹聯可云「柱銘」，則書横披條幅可云「壁帖」矣。

十處士

明支立字中夫，撰十處士傳，取布衾、木枕、紙帳、蒲席、瓦罏、竹牀、杉几、茶甌、燈檠、酒壺十物各爲姓名里貫，仿毛穎作傳。按：自昌黎始創此體，踵而爲之者甚衆。明徐常吉曾搜葺唐宋以來以物爲傳者七十餘篇，名曰諸史。陳邦俊又增補得二百四十餘篇，名曰廣諸史。然游戲之文，體例相沿，疊牀架屋，亦殊無謂。此十處士者，尚不失爲山堂清供也。

九九銷夏録卷十四

南北

孔子分别南方之强，北方之强，不過謂風氣不同耳。至六朝而學派遂有南北之分。北史儒林傳序云：「南北章句，好尚不同。江左，周易則王輔嗣，尚書則孔安國，左傳則杜元凱。河洛，左傳則服子愼，周易、尚書則鄭康成，詩則並主毛公，禮則同遵鄭氏。」此經術流派有南北之分也。及至二氏之教興，而南北顯分兩派，有南宗、北宗之名。傳燈録云：「五祖下曹溪慧能爲南宗，神秀爲北宗。時號南能、北秀。」此佛家之南北二宗也。明都卬三餘贅筆云：「道家南宗自東華少陽君得老子之道，以授漢鍾離權，權授唐進士呂巖，巖授遼進士劉操，操授宋張伯端，伯端授石泰，泰授薛道光，道光授白玉蟾。北宗自呂巖授金王嚞，嚞授七弟子：一邱處機、次譚、次端、次劉處元、次王處一、次郝大通、次馬珏及珏之妻孫不二。」此道家之南北兩宗也。乃至畫有南宗、北宗，詞曲有南曲、北曲。羣分類聚，凡事皆然。言南北不言東西。何也？愚嘗謂，南條之水江爲大，北條之水河爲大。西北之地，皆河所環抱，故三代建都皆在河北。東南之地，皆江所環抱，故荆楚之强，自三代至今未艾。南北之分，實江河大勢使然也。世有賈島二南密旨一卷，以「林有僕遬，野有死鹿」爲南宗。「我心匪石，不可轉也」爲北宗。是則不知其意云何矣。

九宫蹉一

太乙行九宫法，後儒至尊爲洛書。其位則左三右七。二四爲肩，六八爲足，所謂法龜文也。乃唐王希明太乙金鏡式經，則就原位而右旋之，以乾巽爲一九，此不知何義。其以乾爲一者，或謂王侯得一爲天下貞，故蹉一以就乾。以巽爲九者，或謂地缺東南，故蹉九以補之。要皆曲説。竊謂如舊式，則縱横各十五。若蹉一，則四正四隅合中央固皆十五。就一面而言，則或十二，或十八，或十四，或十六矣。恐不可用。

斗木獬

二十八宿禽星所屬東北斗木獬，皆以爲獬豸之獬也。明人池本理著禽星易見一書，則以斗木爲蟹，故其性弱静而安閒，此亦異説。

佛氏書有吉凶，時日善惡，宿曜經序，分定宿直，品言日月。天子以五星臣佐，而日光焰猛，以陽獸師子爲宫神。月光清凉，以陰蟲巨蟹爲宫神。其第十二宫，井一足，鬼四足，柳四足，爲大陰之位，其神如蟹，故名蟹宫。若人生屬此宫，法合惡性欺誑，聰明而短命。然則二十八宿自有蟹宫而非斗木也。且惡性欺誑，則亦與弱静安閒有異。池氏之説，恐未足據。

九天玄女課

輟耕録載九天玄女課，其法折草一把，不計莖數，兩手隨意分之。左手在上，豎放；右手在下，横放。以三除之，不及者爲卦。一豎一横曰太陽，二豎一横曰靈通，二豎二横曰老君，二豎三横曰太吳，三豎一横曰洪石，三豎三横曰祥雲，皆吉兆。一豎二横曰太陰，一豎三横曰懸厓，三豎二横曰陰中，皆凶兆。按：此課今無占者，世有九天玄女課一書，其此迥異。

按：此法豎一者多凶少吉，豎三者多吉少凶，豎二者則皆吉。未知何意。

尺算

算法有籌算、筆算、珠算諸法。按：籌算最古，然今之籌算非古之籌算也。其用之便者，莫如珠算。梅氏文鼎謂起於元末明初，或又據宋人有走盤珠、算盤珠、定盤珠戲語，謂宋已有之。余按：明程大位算法統宗載算經源流。元豐、紹興、淳熙以來，刊刻者有曰盤珠算、有曰走盤集。此宋世有珠算之明證。又按：清異録載宣武劉氏鑄鐵爲算子，則五代時已有之矣。乃國朝方中通所撰數度衍，又有尺算。梅氏謂以三尺交加取數，只能用平分一綫，其法不詳，今亦無用之者。

珠算便矣，而國朝陳訏謨句股引蒙則又兼用筆算、籌算。加減用筆算，乘法用鋪地錦，亦筆算也。除法用梅文鼎之籌算，各取其便。諸法中惟鋪地錦尤捷，本於程大位之算法統宗。余習用之，惟原法用斜格，余用正格，稍變其式。

舊式
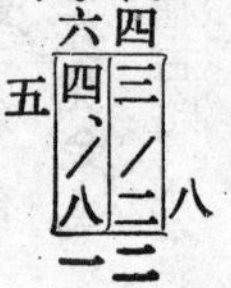

新式

三教

宋趙友欽著仙佛同源一書，則已合釋、道而一之矣。金王嘉立三教平等會，以孝經、心經、老子教人諷誦，則并以儒教合釋、道而爲一。夫仙佛同源不過彼教之讕人，三教平等，實爲吾道之蟊賊。明季諸儒高談心學，皆其流派也。

三乘之名應歸道家

佛家有上乘禪、大乘禪、小乘禪，見於傳燈録，蓋以禪理言也。若經論，則止分大小二乘。隋書經籍志稱維摩、法華等經爲大乘之學，長阿含等經爲小乘之學，是其證也。又云：「大業時，令沙門智果於東都内道場撰諸經目，以佛所説經爲三部：一曰大乘，二曰小乘，三曰雜經。」是止有二乘，而雜經不稱乘也。若道家則實有三乘之名：洞真部爲元始天尊所流演，是爲大乘上法。洞元部爲太上老君所流演，是爲中乘中法。洞神部亦出太上老君，是爲小乘初法。此三乘即稱三洞，因之又有四輔：太元部，洞真之輔；太平部，洞元之輔；太清部，洞神之輔。正一部三洞所會歸。詳見明白雲霽道藏目録。三洞四輔是爲七部。宋張君房雲笈七籤以此分也。然則道經實有三乘之名，言三乘者，宜歸道家矣。白雲霽字明之，號在虛子，上元人。其所撰道藏目録詳注，以千字文爲次。自天字至羣字，一字當一函，實爲道家之總會，有功於玄門甚大，而世人不甚知其姓名，轉不如白玉蟾之婦豎皆知也。考白玉蟾實非人姓名，其人姓葛名長庚，字白叟，閩清人。白玉蟾乃其別號，不知其何取也。然其人實有可疑。陳振孫書録解題稱其嘗得罪，亡命姦妄之流，則其人不足取。然猶曰朝菌蟪蛄之見，不爲定論。乃劉克莊集有王隱居六學九書序，稱所見丹家四人，白玉蟾夭死。則其人乃學道不成而死者，烏能躋列仙班乎？故吾謂道家之有白玉蟾，不如有白雲霽矣。

釋氏入中國

釋氏入中國，始於漢明一夢。然列子所載西域化人事，不得謂非釋氏也。則謂漢以前已有之，不可盡斥爲妄。唐時釋智昇著開元釋教録，以三藏經論編爲目録，首爲古經録一卷，謂是秦始皇時釋利防等所獻。次爲舊經録一卷，謂是劉向校書天録閣所見，并云出自孔壁。其説不經，然使中國先時竟絶無此等書，則漢明帝夢見金人，漢廷諸臣安知其爲佛乎？

元僧覺岸著釋氏稽古略，用編年之體。始於太昊伏羲氏，遠引洪荒，殊爲無徵不信。然必謂當於周昭王九年，釋迦降生爲始，則亦非通論也。釋教之有釋迦牟尼，猶吾儒教之有孔子。謂釋迦以前無釋教，豈孔子以前無儒教乎？元僧念常著佛祖通載謂：「莊嚴劫賢劫，不知當中國何年，不能編次，但略存帝王統系。釋迦誕生以後，始據内典編年。」此其所見似爲得之。西方之有佛教，不自釋迦牟尼爲始。中國之有佛教，亦未必自摩騰法蘭爲始也。

西洋人至中國

宋宗室趙汝适曾爲福建路市舶提舉，著諸蕃志二卷，乃其市舶所通者也。所列有天竺、大秦諸國。大秦即祆教所從出，今西洋之國也。南宋時已有海舶至福州，則西洋之航海而至中國，由來久矣。岳珂程史稱：「廣州海獠即大秦種類。」豈其時已有遺種於中華邪！晉釋法顯佛國記所載法顯於摩梨帝國附商人大船，晝夜十四日，到師子國。又九十日許，到邪婆提國。以四月十六日發邪婆提，七月十五日到青州長廣郡界。據此推之，其海程所歷，亦不過二百日，卽由西洋至中國矣。

禦火器之法

西人火器之法，傷天地之和，爲萬世之害，而自來無能禦之者。余謂中國自有禦火器之法，但人不考掌故，致失其傳，實卽軍中所用藤牌也。康熙中，曾用之以破羅刹。恭讀平定羅刹方略云：「康熙二十三年十二月乙巳，命選擇藤牌官兵。上諭兵部，征勦羅刹所需藤牌官兵，應分遣司員至山東、河南、山西三省，於安插懇荒福建投誠官兵内選擇善用藤牌、願行効力五百人，令地方大臣給銀，贍其妻子，兼爲整裝。又諭，聞福建有雙層堅好藤牌，移文提督施琅選取四百，并長刀速送至京，毋誤軍機。二十四年，兵部以福建送至雙層藤牌三十、單層藤牌三百七十呈閲。上諭，藤牌稍薄，雙層者加舊棉一層，單層者加舊棉二層。」是康熙時征羅刹以藤牌爲利器也。此事大興劉獻廷所著廣陽雜記述建義侯林興珠事，言之最詳：「甲子冬，上在景山，召見，論及火器之利，問所以禦之者。曰：『惟滚被爲第一。』上問：何物，曰：『即人家所用棉被也，柔能制剛。』因詳言其進退滚閃之法。上又問：『被之外更有何法？』曰：『有滚牌，臣家有之。』命取至，曰：『汝家有能用此之人否？』曰：『有數人耳。』命召六人來，于上前跳舞。上命善射者，以鼉頭射之，皆不能中，滚至面前，疾於飛鳥。上大喜，問能用滚牌之人，何方可以召募，得人幾何可成一旅。曰：『多則一千，少或五百，可以用之。惟臣鄉漳泉之人多善此者，須於閩募之。』上曰：『此去閩遠，今直隸、山東、河南多臺灣投誠懇種者，皆閩人，召用之，五百可得也。』」此康熙中用藤牌之緣起也。後阿克薩之捷，林興珠果以藤牌得利。羅刹見之，皆驚呼曰「大帽韃子」。然則藤牌能禦火器，信而有徵。今軍中非無藤牌，視同戲具，莫知其爲利器也。天心仁愛，必有善用藤牌者出，或更有善用滚被者，兩器相輔，使西人火器盡失其利，遂廢不用，豈非千古所大快乎。

西人水法

西人火器可惡，而其水法亦甚可喜。舊唐書拂菻國傳：「盛夏之月，人厭囂熱，乃引水潛流，上徧屋宇，機製巧密，人莫之知。觀者惟聞屋上泉鳴，四簷飛溜，懸波如瀑，激氣成涼風，其巧妙如此。」按此即今西洋人水法之權輿。但宋史拂菻傳則言：「其地甚寒，土屋無瓦」。屋果如此，則水法不必用，且亦不能用矣。與唐書所載不合，何也？明萬曆時，西洋人熊三拔著泰西水法一書，一卷曰龍尾車，用挈江河之水。二卷曰玉衡車，附以專筩車，曰恆升車，附以雙升車，用挈井泉之水。三卷曰水庫記，用蓄雨雪之水。四卷曰水法附餘。五卷曰水法或問。六卷則諸器之圖式也。末有附記云：「此外決排江河，蓄洩湖淀，別爲一法。或於江湖河海之中，欲作橋梁、城郭、宮室，別爲一法。或於百里之遠，疏引泉源入於國城，任人取用，別爲一法。」是其法尚不盡於此書也。

日本國有鐵棒開井之法，用木製長梯架鐵棒一支，每支長四間，重六十貫目。（日本以六尺爲一間，一百兩爲一貫目。）將此棒硾入地中，盡一棒，又以一棒繼之。兩棒相接處有三孔，以橫鐵貫之，隨地淺深，以及泉爲度。盡十二棒，無不及泉矣。抽出鐵棒，以巨竹如棒粗細者，通其中節，首尾相銜，插入原穴中，即有清泉上湧如箭，盛夏不竭。一井之水可溉田十反。（日本以方六尺爲一坪，三百坪爲一反。）此法往歲曾有言於星使黎蒓齋者，星使以告知總理衙門，未知中國能試行否也。

今有以泰西水法施之園圃以爲玩者。然所費不貲，且又常需修理，頗不易也。余與行市廛，間見賣魚者，蓄魚桶中，上設木桶盛水，以管引使下行，又決之使上注入魚桶，使魚得活水以生。余曰：此法可效也。因於曲園中山石間安一水缸，盛水其中，引而下之，又激而上之，注入小池，一如魚桶之法。雖不能久，然一擔水亦可懸兩時許。月夜聽之，丁東作琴筑聲，因笑曰：「何必機器。」

瓢泉

余西湖俞樓之後彭剛直爲鑿一小池，王夢薇以其小也，名之曰瓢池。按：元時朱晞顔有瓢泉吟藁，則瓢池之名，亦有所倣矣。

洛如花

雲仙雜記云：「吴興山中有一樹，類竹而有實。鄉人以問陸澄，澄曰：『名洛如花，郡有文士，則生。』」是洛如花固吴興山中所産也。乃朱竹垞有洛如詩鈔六卷，則皆康熙丁亥平湖人社集之詩。序言：「洛如花幹如竹，實似莢，郡有文士則生。」是又平湖故事矣。豈嘉禾接壤，並有此花乎？抑此花出雲仙雜記，本屬子虚，姑以是爲藝林佳話，隨地皆可施用乎？

桂花三種

明張朝瑞有貢舉考九卷。其第一卷事例之中，引桂有三種，紅爲狀元，黄爲榜眼，白爲探花，以證鼎甲三人所自起。按此不經之論。然近代久不聞矣，得此亦一佳故實也。

湖樓筆談

湖樓筆談序

余頻年主講西湖詁經精舍。精舍有樓三楹，可以攬全湖之勝。春秋佳日，輒倘佯其上。然其地距城遠，賓客罕至。或終日雨，則終日不見一人，無與談，談以筆，積久遂多，稍稍編次之，定爲七卷。第一、第二卷談經，第三卷談史記，第四卷談漢書，第五卷談小學，第六卷談詩文，第七卷談襍事。雖詹詹小言，或勝於羣居終日，言不及義者乎？俞樾記。

湖樓筆談一

繫辭傳云：「易之爲書也，不可遠。爲道也，屢遷。」然則易之名義，自取之「變易」。釋名釋典藝曰：「易，易也。言變易也。」此得其本義矣。乾鑿度乃云：「易一名而含三義：所謂易也，變易也，不易也。」鄭康成依此義作易贊及易論云：「易簡，一也；變易，二也；不易，三也。」推尋其義，殊不可通。繫辭云：「夫乾，確然示人，易矣；夫坤，隤然示人，簡矣。」是「易簡」之德，分屬乾坤。易首乾坤，應題「易簡」。去「簡」著「易」，於義何居？若夫「天尊地卑，乾坤以定」，不易之義，亦有可言。然義取「不易」，而書則名易，翻其反而，抑何悠謬。若如斯言，則吉爲不吉，凶爲不凶矣。是故「易簡」之說，或者以乾包坤；「不易」之說，實乃以白爲黑。鄭君信緯，遵用其義。孔氏正義列之首篇，支離之談，所未敢徇。

卦有六爻，二、五正應，固也。至謂初與四應，三與上應，其不然乎？以愚求之，初、上相應也，二、五相應也，三、四相應也。是故上經三十卦。初、上兩爻，爲陽爻，各十有七；爲陰爻，各十有三。二、五兩爻，爲陽爻，各十有四；爲陰爻，各十有六。三、四兩爻，爲陽爻，各十有二；爲陰爻，各十有八。下經三十四卦。初、上兩爻，爲陽爻，各十有五；爲陰爻，各十有九。二、五兩爻，爲陽爻，各十有八；爲陰爻，各十有六。三、四兩爻，爲陽爻，各二十；爲陰爻，各十有四。以其數之相準，知其位之相應也。然此相準之數，自來未有言及者，愚反復推求而得之。傳曰：「爻有等」，其斯之謂歟？

周易初九、初六之類，疑皆孔子所加。觀左傳引周易文，宣七年傳曰「其在周易豐之離」，不曰豐上六。宣十年傳曰「周易有之，在師之臨」，不曰師初六。昭二十九年傳曰：周易有之，在乾之姤，曰『潛龍勿用』。其同人曰：『見龍在田。』其大有曰：『飛龍在天。』其夬曰：『亢龍有悔。』其坤曰：『見羣龍无首，吉。』坤之剝曰：『龍戰于野。』」若當時周易已如今本，則曰初九，曰九二，豈不簡而易曉，乃必以變卦言乎？故知初九、九二之類，孔子所加，古本無也。

左傳所載當時君大夫言語，皆左氏所撰，非其本文，故歷年二百，國非一國，人不一人，而辭氣之間如出一口。且如秦穆作誓，列于尚書，與殷盤、周誥同一聱牙。而左傳所載秦穆之語，則皆近今矣。知由丘明潤色也。又昭元年傳載趙孟之言曰：「老夫罪戾是懼，焉能恤遠？」在禮，大夫年七十始稱「老夫」。據襄三十一年傳孟孝伯謂趙孟年未盈五十，至此才一年耳，安得遽稱「老夫」？即或趙孟挾長不依古禮，然其私於子產曰：「武請於冢宰矣。」及穆叔賦鵲巢，則又曰：「武不堪也。」安有對小國大夫自稱其名，當天子大臣輒稱「老夫」，其爲不然，蓋可知矣。當由左氏隨事立文，稱名者因其辭意謙抑，稱「老夫」者因其語氣衰頹，但取揣摩之維肖，不辭紀載之失真也。

「人」與「己」對文，乃古人之文，亦或通用。公羊宣六年傳「使諸大夫皆內朝，然後處乎臺上，引彈而彈之，己趨而避丸，是樂而已矣」。何注曰：「己已，諸大夫也。」此「己」字若後人爲之，則當作「人」。又昭三十一年傳「有珍怪之物，盱必先取足焉。夏父曰：『以來人未足而盱有餘。』」何注曰：「人，夏父自謂也。」此「人」字若後人爲之，則當作「己」。

子思作中庸，漢時已有此說。太史公亦信之。然吾謂中庸或孔氏之徒爲之，而非子思所自爲也。中庸蓋秦書也。何以言之。子思之生當魯哀公時，其歿也，當魯穆公時。是春秋之末，而戰國之初。當是時，天下大亂，國自爲政，家自爲俗，而中庸乃曰：「今天下車同軌，書同文，行同倫。」此豈子思之言乎？吾意秦并六國之後，或孔氏之徒傳述緒言而爲此書。秦始皇二十八年琅邪刻石文曰：「普天之下，摶心壹志，器械一量，同書文字。」二十九年之罘刻石文曰：「黔首改化，遠邇同度。」皆與中庸所言合，故知中庸作於此時也。其曰：「上焉者，雖善無徵，無徵不信，不信民弗從。下焉者，雖善不尊，不尊不信，不信民弗從。」然則一稟時王之制矣。此亦秦人之語也。

周禮一書，乃周衰有志之士所爲，亦欲自成一代之制，以詒百王之法。非周公之書，亦非周制也。其以夏官名司馬，殊爲失之。夫司馬，兵官也。夏者，長養之時，而兵者陰類。故在月令「季夏之月，不可以起兵動衆」。詩六月篇鄭箋曰：「記六月者，盛夏出兵，明其急也。」亦見盛夏非出兵之時。而謂先王以夏官名司馬乎？管子五行篇說：「黃帝六相，曰蚩尤明乎天道，故使爲當時；大常察乎地利，故使爲廩者；奢龍辨乎東方，故使爲工師；祝融辨乎南方，故使爲司徒；大封辨乎西方，故使爲司馬；后土辨乎北方，故使爲李。是故春者工師也，夏者司徒也，秋者司馬也，冬者李也。」據此則天地春夏秋冬六官之名，自古有之，而夏官是司徒非司馬，卽此可知周禮之非古制矣。

古書簡質，故唐、虞、三代，典、謨、誓、誥罕用語助之詞。堯典「嚚訟可乎」？句末「乎」字，止此一見。西伯戡黎篇「我生不有命在天」，據史記則句末有「乎」字。呂刑篇「何擇非人，何敬非刑，何度非及」。

史記作「何擇非其人，何敬非其刑，何居非其宜乎」，則句末亦有「乎」字，而經文皆無有也。論語發端便云：「不亦説乎？」「不亦樂乎？」「不亦君子乎？」於是始變渾噩之體，而爲流麗之文。其次章述有子之言曰：「其爲人也，孝弟而好犯上者，鮮矣。不好犯上而好作亂者，未之有也。」抑揚頓挫，誦之如生。蓋文章之工，始乎闕里矣。厥後學者傳述，斯風益鬯。左丘明本之以作傳，遂使二百四十年間君卿大夫如出一口，彬彬乎可誦矣。自是而戰國，而秦漢，循用至今。烏乎！天生尼父爲文教宗，論語一書，豈獨義理之淵深乎？乃其文章之工，亦沾溉萬世也。

碩鼠一篇，三言「逝將去女」。初讀之，疑失詩人忠厚之意。及反復其詞，而知其終不忍去也。首章曰：「逝將去女，適彼樂土。樂土樂土，爰得我所。」次章曰：「逝將去女，適彼樂國。樂國樂國，爰得我直。」是皆決意以去矣。三章則變其文曰：「逝將去女，適彼樂郊。樂郊樂郊，誰之永號？」是可知其終不去也。毛傳曰：「號，呼也。」今日不去，而徒號呼曰：「樂郊樂郊」，明日不去，而徒號呼曰：「樂郊樂郊。」久之，則亦厭倦矣。蓋彼都雖可樂，而故土終不可忘。若曰「已矣，不復言矣。誰其長此號呼乎」？「之」猶「其」也，説見王氏引之經傳釋詞。「誰之永號」，猶曰：「誰其永號。」鄭箋訓「之」爲「往」。而曰：「誰獨當往而歌號者，言皆喜説無憂也。」於是詩人之旨，全失矣。

古人言婦女，不諱言容貌之美。碩人之詩，歌詠其君夫人，幾於神女、洛神之賦矣。使後人爲之，得無有劉楨平視之嫌，而古人固不忌也。采蘋篇「有齊季女」。玉篇女部引作「有齋季女」。蓋本三家詩。廣雅釋詁「齋，好也」。疑亦三家舊説。義勝於毛。毛公訓「齊」爲「敬」。然車舝篇「思孌季女逝兮」，傳曰：「孌，美貌。謂有齊季女也。」則亦同於三家之説矣。推之思齊篇云：「思齊大任，文王之母。思媚周姜，京室之婦。」兩「思」字皆語詞。曰「齊」，曰「媚」，皆言其美也。「齊」卽「齌」之叚字。廣雅「齌」與「媚」竝訓「好」，正可以釋此詩。先大任，後周姜者，由「大姒嗣徽音」而上溯之，故先近後遠也。毛傳，鄭箋均非詩旨。夫容貌醜惡，列於六極。男子且然，況婦人乎？後世於婦人諱言其美，正由風俗媮薄，心術不端。漢郭輔碑云：「有四男三女，咸高賢姣孋。」以姣孋稱其女，漢人之詞，猶近古也。

尚書君奭篇「我聞在昔，成湯既受命，時則有若伊尹，格于皇天。在太甲，時則有若保衡。在大戊，時則有若伊陟、臣扈，格于上帝」。按：伊尹與保衡，一也。皇天與上帝，一也。上言「有若伊尹」，下言「有若保衡」。上言「格于皇天」，下言「格于上帝」。此古人屬辭之法。鄭注曰：「伊尹，湯所以倚而取平，故曰伊尹，至太甲，改曰保衡。」望文生義，或轉失之矣。堯典「流共工于幽洲，放驩兜于崇山，竄三苗于三危，殛鯀于羽山。」枚傳曰：「殛竄放流，皆誅也。異其文，述作之體。」斯言得之。史記伯夷傳「伯夷、叔齊雖賢，得夫子而名益彰；顏淵雖篤學，附驥尾而行益顯」。顏淵本是附夫子，因上句言夫子，故下句變言驥尾。顧氏炎武謂是回避叚借之法。劉越石詩「宣尼悲獲麟，西狩涕孔丘」。蓋六朝人猶及窺此秘也。

皐陶、伯益竝見尚書。史記夏本紀云：「帝禹立而舉皐陶薦之，且授政焉，而皐陶卒。封皐陶之後於英、六，或在許。而后舉益，任之政。」是伯益代皐陶秉政，名位或稍後之。然史公先云封皐陶之後，後云舉益，別而言之，明伯益非皐陶後也。列女傳云：「陶子生五歲而佐禹。」五歲佐禹，事屬不經。曹大家注云：「陶子者，皋陶之子伯益也。」此未詳所出。春秋文十八年左傳云：「昔高陽氏有才子八人，蒼舒、隤敳、檮戭、大臨、尨降、庭堅、仲容、叔達。」杜注云：「此卽垂、益、禹、皋陶之倫，庭堅卽皋陶字。」庭堅之爲皋陶，漢人舊説固如此。孫叔敖碑云：「霆堅，禹、稷不能踰也。」亦以庭堅爲皋陶。而伯益者，隤敳也。水經注載百蟲將軍碑云：「將軍姓伊氏諱益，字隤敳。高陽氏第二子伯益者也。」左傳先隤敳，後庭堅。豈先父後子乎？卽謂益字隤敳，無經典明文可據。然庭堅之下止仲容、叔達二人，益曰伯益，其非仲叔明矣。卽非隤敳，亦在倉舒、檮戭、尨降、大臨四人之中，皆列庭堅之前者也。是故皋陶、伯益爲父子之説，愚未敢信。鄭康成以君陳爲周公子，亦所未詳也。

韓昌黎論文曰：「氣盛則言之短長、聲之高下皆宜。」余謂此言惟尚書足以當之。如皋陶謨篇：「帝曰：『臣作朕股肱耳目，予欲左右有民，汝翼。予欲宣力四方，汝爲。予欲觀古人之象，日、月、星、辰，山、龍、華蟲，作會　宗彝。藻、火、粉米、黼、黻，絺繡，以五采彰施于五色，作服，汝明。予欲聞六律、五聲、八音，在治忽，以出納五言，汝聽。予違汝弼，汝無面從，退有後言。欽四鄰，庶頑讒説，若不在時。侯以明之，撻以記之。書用識哉！欲並生哉！工以納言，時而颺之，格則承之庸之，否則威之。』」又如多方篇：「爾曷不忱裕之于爾多方？爾曷不夾介乂我周王，享天之命？今爾尚宅爾宅，畋爾田。爾曷不惠王熙天之命？爾乃迪屢不靖，爾心未愛，爾乃不大宅天命，爾乃屑播天命，爾乃自作不典，圖忱于正。我惟時其教告之，我惟時其戰要囚之，至于再，至于三。乃有不用我降爾命，我乃其大罰殛之。」此兩段文勢雄厚。後人稱韓潮蘇海，方此其猶溝澮矣？且前一段「汝翼、汝爲、汝明、汝聽、汝弼」木作五疊，而句法長者至三十九字，短者止四字，參差錯落，真大珠小珠落玉槃也。其下疊用七「之」字，而又間以兩「哉」字，讀之音韻鏗鏘，雖謂之無意行文不可也。後一段三疊「而曷不」，四疊「爾乃」，兩疊「我惟時」，有陣馬風檣之勢。凡如此類，皆令人百讀不厭。聖經固不可言文，卽以文論，亦文章之雄乎？東晉所出古文尚書，正如刻楮爲葉，翦綵爲華，索索無生氣，望而知爲贋筆。淺人以其文從字順而喜讀之，皆齊、梁小兒之見也。

洪範「五事」，各有休咎之徵，既足明得失之應矣。「五福」「六極」，本不相涉，漢儒必牽合言之，於是「五事」而「六極」，兩者參差，乃增出「皇之不極」以配「五事」而爲六，無理甚矣。夫數之不合者，不可强合。是故五行者，書所有，易所無也。言易者必附會五行，於是兑爲金而乾亦爲金，震爲木而艮、巽亦爲木。金有二，木有三矣。易之爲卦，八八六十四。太玄之爲首，九九八十一，不相襲也。說太玄者必以某首爲準某卦，於是重複者十有七矣。凡此之類，皆說經之蔽，通人無取也。

繫辭傳「河出圖，洛出書，聖人則之」。乃古有此言，姑存其說耳。其實當文王時已無洛書矣。何以明之？成王之崩也，東序西序，天府之寶，備列無遺，乃河圖存而洛書無聞焉。使文王時而有洛書，則傳武王以至成王，歷年未久，不應遺亡，必與河圖同陳兩序矣。故知文王時無洛書也。若孔子時，則并無河圖矣。孔子曰：「鳳鳥不至，河不出圖，吾已矣夫！」使其時河圖尚在，必無此言。故知孔子時無河圖也。夫河圖、洛書，自作易之聖人文王、孔子有不及見，乃儒者於千百年後，隨意造作，轉相傳授，曰此河圖，此洛書。吾誰欺，欺天乎？

泰誓之文，首云：「太子發上祭于畢。」又云：「太子發升于舟。」其下云：「中流，白魚入于舟中，王跪取出，涘以燎。」先稱「太子發」，後稱「王」，此乃古史之體。蓋周史所紀武王之事，實始于此篇。自此篇以前，皆文王事，故稱「太子發以別之。堯典「二十有八載，帝乃殂落」下先書「舜曰：『咨四岳』」。然後書「帝曰：『俞咨！禹。』」枚傳云：「言舜曰以別堯」，其說是也。泰誓先書「太子發」後書「王」，蓋古史體例如是矣。鄭康成注云：「得白魚之瑞，卽變稱王，應天命定號也。」此悠謬之談，豈有俄頃之閒稱王定號者乎？

戰國傳聞之事，多好事者爲之，往往失真。孟子辭而闢之，卓矣！乃其所載古事，如瞽瞍使舜完廩浚井之類，不知本何書。近人或據以補舜典之逸，恐未必然也。以愚論之，如所稱舜避堯之子於南河之南，禹避舜之子於陽城，益避禹之子於箕山之陰，皆好事者爲之，而非事實。禹、益事固不可考，若舜事，明載虞書，曷嘗有南河之避乎？列子仲尼篇「堯還宫，召舜，因禪以天下。舜不辭而受之」。此說轉得其實。堯典云：「舜讓于德，弗嗣。」疑古本堯典作「舜攘于德，弗辭。」「辭」籀文作「辭」，故與「嗣」通。禮記曲禮篇注曰：「攘，古讓字。」然則今本作「讓」，古本必作「攘」也。攘者，取也。言以德攘取而弗辭也。夫堯舜以天下相授受，非命九宫十二牧之比。詩云：「上帝臨女，無貳爾心。」使天命不在舜歟，堯固不得而授。天命而在舜，舜又何辭焉？是故列子斯言轉視孟子爲得實矣。

古人文體，亦往往相襲。如斯干、無羊兩篇，皆以太人占夢，寓頌禱之詞。魯頌閟宫卒章，商頌殷武卒章，皆言斬伐松柏，營造宫室，詞旨竝相近。采薇篇云：「昔我往矣，楊柳依依。今我來思，雨雪霏霏。」出車篇云：「昔我往矣，黍稷方華。今我來思，雨雪載塗。」小明篇二章云：「昔我往矣，日月方除」，三章云：「昔我往矣，日月方奧。」而出車篇之「喓喓草蟲，趯趯阜螽。未見君子，憂心忡忡。既見君子，我心則降」。全用召南草蟲篇首章之詞。是古人作詩，亦有藍本也。論語「司馬牛問君子」，「司馬牛問仁」兩章相次，而意境相似。子曰：「道不行，乘桴浮於海，從我者其由與？」子曰：「衣敝縕袍與衣狐貉者立，而不恥者，其由也歟？」兩章不相次，而意境亦相似。趙邠卿孟子題辭云：「七十子之疇，會集夫子所言，以爲論語。孟子之書，則而象之。衞靈公問陳於孔子，孔子答以『俎豆』。梁惠王問利國，孟子對以『仁義』。宋桓魋欲害孔子，孔子稱『天生德於予』，魯臧倉毁鬲孟子，孟子曰：『臧氏之子，焉能使予不遇哉？』旨意合同，若此者衆。」然則聖賢著述，亦多沿襲。後世文人，轉相摹倣。七發之後，有七啟、七命之作；答客難之後，有解嘲、答賓戲之篇。陳陳相因，固無怪矣。

禮云：「記問之學，不足爲人師。」然記問亦是一學。周易有序卦一篇，先儒以其無意義，疑非聖人作，其實卽記問之學也。周易六十四卦，次序頗不易記，故作此一篇，以聯絡之，使自屯、蒙至既濟、未濟，皆有意義可尋，則滿屋散錢，貫穿成一綫矣。尚書之序云爲某事作某篇，不如易之貫穿成一。故楊子法言問神篇曰：「易損其一，雖惷知闕焉。至書之不備過半矣，而習者不知。惜乎書序之不如易也夫。」書序萬不能如易之序，然卽楊子此言，可見作序卦傳之意，亦可見序卦傳之功。趙邠卿注孟子，作孟子篇敍一篇，言孟子七篇所以相次敍之意。并謂篇所以七者，法天以七紀；章所以二百六十有九者，三時之日數也；三萬四千六百八十五字者，可以行五常之道，施七政之紀，故法五七之數。其說穿鑿無理，不知古人記問之學，固如此也。承學之士，習聞其説，則傳寫奪失，易於校補，不特見好學深思之意，亦足見抱殘守缺之心。自宋以來，空談心性，不足以語此矣。

周禮太卜「掌三易：曰連山，曰歸藏，曰周易」。今連山、歸藏不傳，則周易之異于夏殷者，不可得而見也。

孔子自衞反魯，然後樂正，雅頌各得其所。然則孔子未正以前，雅頌次序與今應有異同。宣十二年左傳稱武之卒章曰：「耆定爾功。」其三曰：「鋪時繹思，我徂維求定。」其六曰：「綏萬邦，屢豐年。」杜注曰：「此三六之次，與今詩頌篇次不同。蓋楚樂歌之次第。」愚謂，此或孔子未正以前次第也，然其餘則無以言之。夫失所之雅頌不可得而見，則得所之雅頌亦不可得而見也。孔子因魯史作春秋，不脩春秋曰「雨星不及地尺而復」。君子脩之曰：「星霣如雨。」諸侯之策曰：「孫林父、甯殖出其君。」春秋書之曰：「衞侯衎出奔。」若此之類，筆則筆，削則削，游夏不能贊一辭。故曰：「其事則齊桓、晉文，其文則史，其義則丘竊取之矣。」然不脩春秋，今已無存。諸侯之策，亦皆灰燼。則孔子之所筆削者，亦不可得而見也。士生千載之下，讀聖人之遺經，而欲盡通其意，斯固難矣。故曰「不知蓋闕」。

凡傳所以釋經也。孔子傳易，實創斯體。如經曰：「潛龍勿用。」傳則釋之曰：「陽在下也。」又曰：「龍德而隱者也。」又曰：「下也。」又曰：「陽氣潛藏。」皆舉經文而申明之，所謂傳也。子夏之傳喪服，公羊、穀梁之傳春秋，毛公之傳詩，皆用斯體。夏小正之有傳，亦其類也。獨左氏傳則不然。蓋左氏非傳春秋也。孔子欲作春秋，先聚寶書。及春秋成而寶書皆糟粕矣。所謂得魚忘筌，得兔忘蹄也。然諸書所載，皆本當時國史。二百四十年事實，具在於斯。其聚之也既難，其棄之也亦可惜。於是左丘明乃編纂之，潤色之，自成一書，與春秋本不相涉。間有舉經文而釋之者，不過竊聞緒論，一知半解，依附聖經，以自尊寵，微言大義，非所聞也。所采取不盡者，別爲外傳，卽今國語是矣。左傳序正義述家語觀周篇云：「孔子將脩春秋，與左丘明乘，如周，觀書於周史，歸而脩春秋之經。丘明爲之傳，其爲表裏。」可知左氏當日，亦自有蒐羅采輯之功。是故孔子之作春秋，探驪而得珠者也；左氏之傳，皆鱗爪也。公、穀之徒，發明經義，譬猶焦明翔乎寥廓也。若左氏者，所謂羅者猶視乎藪澤也。然其文章靡麗，敘述詳明，遂爲史家之鼻祖，雖不附春秋，而其書自不可廢。由是相承，傳注之外，別有紀傳之體。史記平原君傳徐廣注引魏公子傳曰：「趙惠文王弟。」是戰國記載，已有傳之名，而太史公史記遂有列傳矣。故愚謂，左傳者，當列之史記之前，使成一史，不當廁之春秋之後，强名一經也。

何劭公說公羊，有託王於魯之說，學者多不信之。然孟子曰：「春秋，天子之事也。」夫春秋爲天子之事，則何氏之說固有所受之矣。竊謂自宋以來，儒者舉不識春秋之義，惟蘇明允獨得之。其論春秋曰：「有善而賞之，非曰吾賞之，魯賞之也；有罪而罰之，非曰吾罰之，魯罰之也。魯之賞罰不出境，而以天子之權予之，何也？曰：天子之權在周，夫子不得已而以予魯也。」此卽黜周王魯之說，蘇明允於春秋亦非專家，未必得公羊師法，而所言如此不謀而闇合，足徵其學識之超羣絶倫矣。近時孔巽軒固篤信公羊者，而於何氏託王於魯之說，顧不謂然，未免買櫝而還珠也。

隱公不書卽位，雖三傳異辭，要皆以爲攝耳。其實不然也。公羊傳曰：「元年者何？君之始年也。王者孰謂？謂文王也。」以是言之，春秋託王於魯，魯之隱公其猶周之文王乎？文王雖受命改元，然必待武王而後定鼎乎郟鄏。是故隱公之不書卽位，示開創之始，王業未成也。春秋二百四十年皆託王於魯，以寓一王之大法，非爲十二公作載筆之史。其託始隱公，不書卽位，自有大義，區區以爲「成公志」，小矣。是故春秋始于隱公元年春王正月，不書卽位，見創業之難，終于哀十四年春西狩獲麟，見太平之應。自來言春秋者，未見及此。

孟子曰：「五百年必有王者興。」然由周而上溯堯、舜、禹、湯之興，其數皆不合。孟子此言，何所受之歟？竊意孟子深於春秋，如所云「春秋天子之事」。又云「其事則齊桓、晉文，其文則史，其義則丘竊取之矣」。皆深得春秋之意。五百年王者興，蓋亦春秋師說也。何者？春秋託王於魯，魯自伯禽受封，其薨年不載。史記徐廣集解引皇甫謐云：「伯禽以成王元年封，四十六年，康王十六年卒。」嗣後考公四年，煬公六年，幽公十四年，魏公五十年，厲公三十七年，獻公三十二年，真公三十年，武公九年，懿公九年，伯御十一年，孝公二十七年，惠公三十年。竝見史記魯世家。上溯武王克殷六年而崩，下加春秋二百四十年，爲五百五十一年，而春秋以昭、定、哀爲所見之世，定、哀之間文致太平，見王者治定，適當周興五百年之後。是故五百年而王者興，乃春秋家說而孟子述之也。

孟子曰：「大而化之之謂聖，聖不可知之謂神。」然則聖人之上又有神人乎？及讀周易，而知其果有之也。繫辭傳曰：「顯諸仁，藏諸用，鼓萬物而不與聖人同憂，盛德大業至矣哉？」此卽所謂神人也。夫聖人憂民者也。故曰「吉凶與民同患」。若夫神人者，人而天者也。使堯而爲天，必無九年之水矣。使湯而爲天，必無七年之旱矣。水亦憂，旱亦憂，堯之所以爲堯，湯之所以爲湯也。水亦不知也，旱亦不知也，天之所以爲天也。此神、聖之別也。

百里奚事，當孟子時已不得其詳。故曰：「相秦而顯其君於天下，可傳於後世，不賢而能之乎？」自鬻以成其君，鄉黨自好者不爲，而謂賢者爲之乎？」止以空言反復辨論，實無以折服好事者之心也。夫秦穆之功不大乎齊桓，則百里奚之賢不過乎管仲。孟子不爲管仲，而何予百里奚之深也？蓋戰國時，惟秦爲强。而秦之强，自穆公始。故百里奚在戰國時甚見尊重。商君相秦，視堯、舜、禹、湯無足法者，而曰：「吾孰與五羖大夫賢？」可知當時之重奚也。萬章一篇，首論舜，次禹，次伊尹、孔子，而以百里奚終焉。孟子其未免乎戰國之見也夫。

孟子去齊，有欲爲王留行者，不詳何人。趙注謂是齊人之知孟子者。然據下文「弟子齊宿而後敢言，夫子卧而不聽」。是稱孟子爲夫子，而自稱弟子，與公孫丑所云：「夫子當路於齊，若是則弟子之惑滋甚。」稱謂相同。又下文「子爲長者慮，而不及子思。子絶長者乎？長者絶子乎」？是孟子與之言自稱長者，與孟子語樂正子「舍館定，然後求見長者乎」？稱謂亦相同。然則此客必是孟氏之徒，留仕於齊國者，非泛泛然齊國之人也。按：趙注「盆成括嘗欲學於孟子，問道未達而去，後仕于齊」。竊謂趙氏此注必有所受之，留行之客，或者其卽盆成括乎？受業不終，仕齊又見殺，故不著其名。意其所言，必欲孟子暫留，而自見齊王說之，使復用孟子。若然，則非如穆公之有人乎子思之側，而反如泄柳申詳之有人乎穆公之側矣。故曰「子爲長者慮，而不及子思」也。

曾子、子游皆聖門高弟也。檀弓記子游之知禮，則以曾子爲不知禮。子産、子大叔，皆鄭國賢大夫也。左傳記子產之敏，則極言子太叔之不敏。文章高下相形，抑揚過甚，古人屬辭，亦往往不免。孟子稱曾子養曾皙必有酒肉，將徹，必請所與。問有餘，必曰「有」。曾皙死，曾元養曾子必有酒肉，將徹，不請所與。問有餘，曰「亡矣」，將以復進也。夫曾元雖不如曾子之大孝，亦不失爲賢者，何至吝惜酒肉，欺謾其親。且既曰「亡矣」，又以復進，其父見詰，何辭以對？雖兒童之見不出於此，而謂賢者爲之乎？蓋傳者以曾子養志，曾元養口體。兩兩相形，非可以爲典要。後之談士，奮其舌端，敍温郁則寒谷成暄，論嚴苦則春叢零葉，抑又無足怪矣。

「魯人爲長府。」鄭注曰：「長府，藏名也。藏財貨曰府。」夫藏財貨之府，非如苑囿之可爲游觀。如其未壞，必不改作。壞而改作，則無可議。竊謂魯人之爲長府，季氏意也。考之左傳，昭公之攻季氏，實居於長府。然則季氏之改作長府，猶趙簡子之欲毁晉陽之壘也。趙簡子不云乎：「吾見壘培，如見寅與吉射也。」季氏之見長府，不亦如見昭公乎？且非特此而已，魯一國之衆，過長府之下，皆指而目之曰：「此昔吾君昭公所居以攻季氏者也。」忠義之士，必有太息流涕者，而季氏子孫不得安枕矣。此季氏之所以必欲改作也。閔子曰：「仍舊貫如之何？何必改作？」子曰：「夫人不言，言必有中。」魯論讀「仍」爲「仁」，夫「舊貫」何以言「仁」？蓋動其不忍之心也。舊貫可愛，舊君獨不可思乎？此孔門之微言，而魯人傳其舊讀。惜乎鄭君之不知從也。其後季氏使閔子騫爲費宰。閔子騫曰：「如有復我者，則我必在汶上矣。」夫孔子之聖而躬爲季氏吏，由、賜之徒仕季氏者多矣。豈閔子而以仕季氏爲恥，且辭之則已耳，何必有汶上之言。疑此事亦在昭公遜齊之年。汶上，自魯適齊之道，示將從故君於齊耳。

春秋之義，微者書人。論語所書，有門弟子，有門人。門人亦微者也。子路使門人爲臣，而夫子曰："與其死於臣之手也，無寧死於二三子之手。"二三子謂諸弟子也。臣與二三子别而言之，則門人之與門弟子固有異矣。蓋雖同列門牆，而行輩較晚，未敢抗行，故從微者之例稱人。如云"門人不敬子路"。又云"子出，門人問曰"。非微者而何？孟子學於子思之門人，至今迄不知孟子所師爲何人。師不必賢於弟子，信夫。

莊列之書，多寓名玄冥參寥之倫，哀駘、它叔、山無趾之儔，觸目皆是。疑於以文爲戲矣。不知此在古立言者，自有此體也。雖論語亦有之。如長沮、桀溺是已。夫二子者，問津且不告，豈肯以姓名自通於吾黨。昫昫原隰，在水一方，夫子與仲氏又何從諮訪其姓名哉？特以二人各有問答之詞，不可并爲一談，於是爲假設之名以别之。曰"長"曰"桀"，美之也。"桀"猶"傑"也。曰"沮"曰"溺"，惜之也，言其沈淪而不返也。以爲二人之真姓名，則泥矣。嗣後文人沿襲斯體不廢。翰林子墨闕賦家之瑰辭，元微鏡機踵楚客之故調，夫固有所仿矣。

孟子曰："盡信書，則不如無書。"是書不可盡信，凡書皆然。雖孔、孟之書，亦有然者，何也？夫以一人之事，今日爲之，而明日筆之於書，已不能保其曲折之必合矣，況待之數十年之後而成之他人之手乎？是故孟子葬母，猶前日事而已。遄反於齊，遂使千載下疑孟子不行三年之喪。此記述之過也。孔子之於陽貨，其始也，禮可以不見，則拒而不見；其繼也，禮必往拜，則從而往拜，亦準之以禮而已。乃適值其亡，又適遇之塗，此皆事之適然者也。必謂聖人時其亡而往拜之，此婦人女子之所爲，豈聖人而出此乎？且使夫子登陽貨之堂，而與之見，其相與問答者，亦不過如下文云云，應之曰：「諾，吾將仕矣。」豈復有他語哉。見之家與遇之塗，在夫子無損益也。然則孔子何畏乎陽貨，必時其亡而往拜之哉？此亦記述之過也。傳聞至孟子時，并謂陽貨矙孔子亡而饋豚，孔子矙陽貨亡而往拜，遂使孔子與陽貨同出於矙，誣之甚矣。夫孔孟之書且不可盡信，然則二十四史中記載之失真者，可勝道乎？讀史者，乃即其事實以論定其爲人，吾恐古人之負屈而不白者，爲不少矣。

湖樓筆談二

儀禮士昏禮「媵御沃盥交」。鄭注曰:「媵謂女從者也。御謂壻從者也。媵沃,壻盥於南洗。御沃,婦盥於北洗。夫婦始接情,有廉恥。媵御交道其志。」或疑壻之從者,不知以何人爲之。愚謂此亦婦人也。蓋以隷子弟之妻妾爲之。觀下文「主人説服于房,媵受。婦説服于室,御受」。使御非婦人,何得入室而受婦所説之服乎?又觀下文,「婦徹于房中,媵御餕姑酳之。雖無娣,媵先」。使御非婦人,何得與媵同餕?豈男女襍坐,履舄交錯,如淳于髡所云乎?其下云:「舅饗送者,以一獻之禮,酬以束錦;姑饗婦人送者,酬以束錦。」注曰:「送者,女家有司也。」「婦人送者,隷子弟之妻妾。」可見婦之從者,亦有丈夫,則壻之從者,何必無婦人乎?古人制禮,原本人情,必無不近人情之禮也。

儀禮諸篇,皆題曰「禮」,獨大射篇題曰「大射之儀」。按,禮記正義云:「其儀禮之別,亦有七處而有五名。一則孝經説,春秋及中庸並云:『威儀三千。』二則禮器云:『曲禮三千。』三則禮説云:『動儀三千。』四則謂爲儀禮。五則漢書藝文志謂:『儀禮爲古禮經。』」然則此經流傳,題目不同,其稱曲禮者,每篇應題某禮。其稱「威儀」及「動儀」者,每篇應題某儀。暨乎禮經崩壞,學者從煨燼之餘鈔撮成書,稱「儀」稱「禮」,各從其舊。故合而名之曰儀禮。今存者止十七篇,稱「儀」者,止大射一篇,遂莫能言其故矣。

高堂生傳士禮十七篇。今儀禮雖有十七篇之數,而既夕篇卽士喪禮之下篇,有司徹篇卽少牢饋食禮之下篇，則止十五篇耳。且惟士冠禮、士昏禮、士相見禮、士喪禮、士虞禮、特牲饋食禮，此六篇實爲士禮。若鄉飲酒禮、鄉射禮、燕禮、大射儀、聘禮、公食大夫禮、覲禮、少牢饋食禮，此八篇非士禮也。喪服一篇，言天子以下死而相喪衣服年月，親疎隆殺之禮，亦不專屬士也。然則今之儀禮，未必卽高堂生所傳之士禮矣。或者高堂所傳又有遺佚，後人就禮古經五十六篇内剌取以補之，而又不足，乃分士喪禮及少牢饋食禮爲上下篇，以合十七篇之數耳。

經典釋文曰：「古有六經，謂之六籍。滅亡既久，今亦闕焉。」竊謂六經之名，雖本於禮記經解篇，託爲孔子之説，然而樂實無經也。樂記之文，卽載禮記之中。大司樂之職，卽爲宗伯禮官之屬。樂章卽在詩三百篇内。然則樂何經哉？至於鳧氏爲鍾，韗人爲皐陶，磬氏爲磬，其制略見考工記，特工師之事耳。「樂云樂云，鍾鼓云乎」？晉書樂志曰：「河南杜夔傳舊雅樂四曲：一曰鹿鳴，二曰騶虞，三曰伐檀，四曰文王。皆古聲詞。」文選注引琴操曰：「古琴有詩歌五曲：曰鹿鳴、伐檀、騶虞、鵲巢、白駒。」蓋三代遺聲，瞽矇傳習，猶有存者。班固言：「漢興，制氏以雅樂聲律，世在樂官，頗能記其鏗鏘鼓舞」，此類是矣。譬之以禮，所謂籩豆之事，則有司存也。孔子正樂，不外於雅頌之得所，初未嘗别爲一書。吾故曰樂無經也。

三禮之次，當以儀禮居首，禮記次之。周禮一書，未必周公所作。卽果出周公，亦周之官制耳，非禮經也。漢世初出本謂之周官。王莽時劉歆爲國師，始建立周官經，以爲周禮。然東漢時馬融作周官傳，鄭康成作周官注，未嘗竟目爲周禮也。後之學者，以鄭氏所注儀禮、禮記、周官通稱「三禮」，於是相沿至今矣。附之儀禮、禮記之後，庶幾得宜。陸德明作經典釋文，乃以周禮冠首，曰：「周爲本，儀爲末。」抑何到置之甚。又爾雅所以釋經，宜次經後，老、莊子書，不得先之。陸氏先老、莊，後爾雅，亦所未詳也。

爾雅爲周公之書，而有「張仲孝友」之文，學者疑焉。余謂晉人羼入也。晉大夫張老卽張仲十三代孫，見困學記聞所引張氏譜。其子孫在晉，故述其祖德，附之雅訓，以爲光榮。且如釋山篇曰：「梁山，晉望也。」此晉人增益之明證。不然，何國無望，而獨舉晉望乎？釋獸篇「秦人謂之小驢」。夫方俗語言，不可勝載，周公何意獨載秦語乎？此亦晉人爲之。蓋秦晉壤地相接，而又昏姻之國，秦人之語，耳熟能詳，呫畢之士，附載異聞，相承至今，莫能刊削矣。春秋時晉最強，人文亦最盛。古書流傳，往往經其附益。逸周書末載師曠見王子晉事，竹書紀年以晉事終，皆此類也。

晉穆侯名其二子曰仇、曰成師，蓋皆美名。左傳載師服之言，乃有「嘉耦曰配，怨耦曰仇」之說，此好事者爲之。爾雅云：「仇，合也。」又云：「仇，匹也。」周南兩言「好仇」。大雅言「仇方」。毛公皆訓匹，與雅誼合。「怨耦」之說，非古訓也。鄭君用左傳以易毛義，殊爲失之。春秋時人好因字義橫生議論，如論畢萬之後必大，則曰「魏，大名也」。論鄭文公賤妾燕姞則曰「姞，吉人也」。魯人毁中軍於施氏，成之臧氏，蓋取施音近弛，有弛毁之義，臧則善也。衞侯爲虎幄，求令名者，與之始食，太子請使良夫，良亦善也。若此之類甚衆。襄二十七年公羊傳曰：「爲魏石惡在是也。」曰「惡人之徒在是矣」。則并以之說經，雖公羊師說，未敢信也。

周易師初六「師出以律，否臧，凶」。王輔嗣注曰：「爲師之始，齊衆者也。齊衆以律，失律則散，故師出以律。律不可失，失律而臧，何異於否，失令有功，法所不赦。故師出不以律，否臧皆凶。」然則王氏所據經文當作「師出不以律」，若無「不」字，則義不可通。象傳曰：「師出以律，失律凶也。」其「師出以律」四字，乃先明律之不可失。其云「失律凶也」，方是釋經文「師出不以律，否臧皆凶」之義。今經文奪「不」字，卽涉傳文而誤耳。唐郭京作周易舉正，乃見不及此。然宣十二年左傳引周易正作「師出以律，否臧，凶」。且釋之曰：「執事順成爲臧，逆爲否。衆散爲弱，川壅爲澤，有律以如己也，故曰律否臧。」則又似以「否臧」連「律」字讀者。「律否臧」猶云律不臧也。夫孔子作傳，但言失律之凶，不言律有臧否。左氏晚出，先儒致疑。其所說經，多違經義。鄭君箋詩好以左傳易毛公舊說，愚竊非之。所說「律否臧」之義，未足據也。

乾之策二百一十有六，坤之策百四十有四，凡三百有六十，當期之日，聖人之言如此而已。至六十四卦，與期之日初不相當。後儒必以卦當日，乃以一卦當六日四分，則六十卦已盡朞之日，而四卦無用。於是以坎、震、離、兌主二十四氣，不在六十卦之列。此京房之說，已牽合難通。而焦氏之法，又以一卦直一日，自乾、坤至既、未濟盡甲子至癸亥六十日，六周而得三百六十日。以坎、離直夏至、冬至，震、兌直春分、秋分，不在六十卦之列。魏伯陽之法又以一爻直一時，兩卦直一日，依序卦次第輪直，而以乾、坤、坎、離爲橐籥，不在六十卦之列。凡此之類，雖漢人舊說，皆曲學小數，無當經義。

桓公殺公子糾，管仲不能死而又相之，此匹夫匹婦之所羞，而孔子顧不之罪，何哉？曰：「此三代以上之見聖人公天下之盛心也。」夫古之君臣，非猶夫後世之君臣也。天子不能獨治其天下，於是乎有諸侯。諸侯不能獨治其國，於是有大夫。天子之有諸侯，非曰爲我屏藩也；諸侯之有大夫，非曰爲吾臣僕也。自天子、諸侯以至一命之士、抱關擊柝之吏，各量其力之所能任，以自事其事，以自食其食。故位曰天位，禄曰天禄，無非天也。天之生管仲，使之匡天下也。天何私於齊而爲齊生管仲哉？管仲亦何私於齊而以齊霸哉？使齊不用而魯用之，則以魯霸可也。魯不用而之秦、之晉、之楚、之宋，則以秦霸，以晉霸，以楚霸，以宋霸可也。夫且無擇於齊，而又何擇乎小白與糾哉？伊尹五就湯，五就桀，孔子歷說七十二君，皆是道也。至後世則不然，君之視其國，如農夫之有田；臣之於君，若傭焉而受其直。於是齊王蠋之言「忠臣不事二君，烈女不事二夫」，人人奉之爲天經地義，一犯此義，則匹夫匹婦皆得而笑之，雖一匡天下，九合諸侯，曾不足贖其豪末之罪，而孔子之言遂爲千古一大疑。嗟乎，此古今之異也。古人官天下，後人家天下也。是故孔子曰：「管仲相桓公，霸諸侯，一匡天下，民到于今受其賜。豈若匹夫匹婦之爲諒哉！」孔子之言，官天下者也。程子曰：「小白，兄也。子糾，弟也。故管仲可以不死。」程子之言，家天下者也。

周官「閭胥掌其比觵撻罰之事。」注曰：「觵撻者，失禮之罰也。觵用酒，其爵兕角爲之。撻，扑也。」夫觵之與撻，其事異矣。記曰：「酒者，所以養老也，所以養病也。」酒豈所以爲罰者哉。然而閭胥之觵，則無異於撻。且先觵後撻，是觵之更甚於撻之也。嗟夫，聖人治天下，使民日遷善遠罪，而不自知者，其特有此道乎？蓋撻之爲罰，齊之以刑也，民免而無恥也。觵之爲罰，齊之以禮也，有恥且格矣。古三代盛時，其里巷細民，皆有君子長者之行，而恥爲非。由上之人先待之以君子長者之道也。後世則不然，上以盜賊待其民，而民亦以盜賊自待。桁楊日璥，奸宄不息。烏呼！桁楊之爲用，不如一觵矣。

家富子壯則出分，説者以爲是秦人之惡俗。以愚論之，天地之生人，固日分之勢也。一父母而生子二，二子又各生子二，以至於無窮而不可究詰，乃必欲聚之一宫，常如一父母之時，其勢豈可得哉？昔周初分魯公以大路、大旂、夏后氏之璜、封父之繁弱；分康叔以大路、少帛、綪茂、旃旌、大吕；分唐叔以大路、密須之鼓、闕鞏、姑洗。雖在王室懿親，不能無分也，況庶族乎？詩曰「既有肥羜，以速諸父。寧適不來，微我弗顧」。此分之見於詩者也。若使無分，則諸父何速焉，而又何來與不來也？禮内則篇曰：「適子、庶子祇事宗子宗婦，雖貴富，不敢以貴富入宗子之家。雖衆車徒，舍於外，以寡約入。子弟猶歸器，衣服、裘衾、車馬，則必獻其上，而后敢服用其次也。若非所獻，則不敢以入於宗子之門。」此分之見於禮者也。若使無分，則將何獻焉？而又何入與不入也？是故繫之以姓而弗别，綴之以食而弗殊，仁之至也。分則義之盡也。仁且義，人之道也。世有以累世同居爲美談者，殆高世之行而非所謂中庸不可能者乎？

内則曰：「夫婦之禮，唯及七十，同藏無間。」鄭注曰：「衰老無嫌。」夫夫婦之間，何嫌之有？必至七十，然後同藏無間，則伉儷之恩薄，室家之道苦矣。且唯之爲言，取必於是時者也。然則七十以前固不可，七十以後亦不可歟？唯及七十，於義難通。反復思之，鄭注殆誤據表記篇「唯天子受命於天」。注曰：「唯當爲雖。」竊謂此「唯」字與彼不殊，亦當爲「雖」。夫婦之禮，雖及七十，同藏無間，明不以衰老而見疏外也。下文曰：「故妾雖老，年未滿五十，必與五日之御。」兩文相承，義亦一貫。見夫婦之禮，雖及七十，同藏無間，妾則不必然矣。然未至五十，亦必與五日之御，亦不以衰老而見疏外也。若如鄭注，則上言夫婦，主於有別，義之事也。下言妾御，主於有恩，仁之事也。兩節判然有如冰炭，不當以「故」字承接而下矣。須知，雖及七十，妾雖老，兩「雖」字本屬一律，下「雖」字作「雖」而上「雖」字作「唯」。古書假借，往往有此，注家不達，遂失經旨。且使人厚於妾而薄於妻，有關世道者甚鉅。豈有同牢合巹之夫婦，而各私所有，儼分畛域者乎？余著羣經平議，未見及此，因筆之此，以告薄俗。

內則一篇，多言飲食之事。冢宰所屬，首列飲食之官。人子之於親，人臣之於君，所宜致謹者，其無先於此乎？鄉黨記聖人之事，亦於飲食加詳焉。是故「飯疏食，飲水，樂在其中」者，孔子也。「食不厭精，膾不厭細」者，亦孔子也。或疑二者之相悖，則固不然。夫飯疏飲水之中，亦自有精且細者存。薄乎云爾，必非鹵莽滅裂也。

商自成湯至於武丁，賢聖之君六七作，可謂盛矣。其國祚雖不如周之久，然至紂而後失之，自紂以前固未失天下也。周之天下，則不待王赧而早失矣。孟子曰：「三代之得天下以仁，其失天下以不仁。」三代謂夏、商、周也。以今言之，孟子之時，猶周代也，而孟子已與夏商等視。蓋自平王東遷，政教不行，浸淫至於戰國，并虛名不復能保，其失天下固已久矣，特未亡國耳。古者天子、諸侯各君其國，各子其民，故天下之所歸往，則謂之王者，則謂之有天下。若其德衰，號令不足以及天下，則仍是一國而已矣。後世不達此義，殘山賸水，猶擁虛名，作史之人，務存忠厚，奉蜀漢爲正統，列昰、昺於編年。凡此之類，非古義也。

周自成、康以降，惟穆王、宣王稱盛焉。以詩、書考之，穆王有書而無詩，宣王有詩而無書。詩、書其相表裏歟？然二王實皆非賢君。太子晉曰：「自我先王厲、宣、幽、平而貪天禍，至於今未弭。」宣王且云爾，穆王無論矣。「穆」與「繆」古字通，非美謚也。史記蒙恬傳曰：「昔者，秦穆公殺三良而死，罪百里奚而非其罪也，故立號曰繆。」然則周穆王之謚，殆與秦穆公同以其盤游無度，故立此號歟？

春秋時，卿大夫多得美謚。文、武、成、康布滿史策。欒盈見殺，猶稱懷子；荀寅被逐，猶稱文子，他可知矣。靈子、厲子，固無聞焉，乃其時諸侯往往有謚「靈」若「厲」者。寬於其臣，而嚴於其君，何歟？公叔文子之請謚也，曰「日月有時，將葬矣，請所以易其名者」。古者子既死，父不忍稱其名；臣既死，君不忍稱其名，是以必有以易之。其生也，既爲令名，其死也，宜爲美謚。若人君之名，既非所得稱，又何待乎易？則其謚也，非以易名，固以表行也。大行受大名，細行受細名。周公之制，莫之敢紊。君臣謚異，職此之由。後世若王福時爭許敬宗之謚，持論雖正，於古義其猶未達乎？

春秋書弒其君及其大夫者三：曰孔父，曰仇牧，曰荀息，乃據左氏傳，宋萬之弒閔公也，遇仇牧于門，批而殺之，遇太宰督於東宮之西，又殺之。然則太宰督與仇牧同死。春秋書仇牧而不書督，何歟？曰：督亦弒君之賊也。萬弒閔公，督弒殤公，督亦萬也，以萬殺督，猶以萬殺萬也。又何書焉？夫人臣莫難於以身死其君，以身死其君而不足以贖其弒君之罪，春秋於君臣之獄嚴矣。

春秋書「初獻六羽」。竊有疑焉。古有六佾、八佾之文，無六羽、八羽之說。變「佾」言「羽」，於古無徵。且舞有羽舞，有干舞，言羽遺干，於義未盡。杜預曰：「公問羽數，故書羽。」則因一時問答之詞，而變三代沿襲之號，其文則史，當不其然。何休曰：「所以仲子之廟，唯有羽舞，無干舞者，婦人無武事，獨奏文樂也。」乃左傳又云：「將萬焉，萬則武舞矣。」劉炫曲爲之說，終不可通。愚按：大司徒職之羽物，考工記之羽者，皆謂禽也。春秋六羽，卽周官庖人所共之六禽。鄭司農說六禽曰：「鴈、鶉、鷃、雉、鳩、鴿。」此必有所受之。「初獻六羽」，謂始共此六禽也。雖於經師舊說無所依據，倘遇束三傳而獨抱遺經者，或亦有取乎？

莊二十八年冬，築郿。左氏傳曰：「凡邑，有宗廟先君之主曰都，無曰邑。邑曰築，都曰城。」此說殆非也。古人於形勢險阨之處，輒因其地勢而築之，以資守禦。易稱「王公設險以守其國」是也。孟子言「爲高必因丘陵」，是知古人固有因丘陵而爲高之法。春秋書築郿，其謂此乎？漢書武帝紀「發卒萬人，治鴈門阻險」。師古曰：「所以爲固，用止匈奴之寇。」又匈奴傳云：「因邊山險塹谿谷可繕者繕之。」是卽古之遺法。余從前奉使行河陝間，見兩面土山若立壁然，蓋皆古人所築以爲險固者，至今猶存也。

魯無風而有頌，何也？曰：孟子稱「詩亡，然後春秋作」。則詩與春秋自相表裏。春秋繁露三代改制質文篇云：「春秋應天作新王之事。」時正黑統王，魯尚黑，絀夏親周故宋。又曰：「王者之法必正號。」絀王謂之帝，封其後以小國，使奉祀之。下存二王之後以大國，使服其服，行其禮樂，稱客而朝。故同時稱帝者五，稱王者三，所以昭五端通三統也。然則魯無風而列於頌，正春秋託王於魯之義。其有周頌，有商頌，所謂同時稱王者三也。有商頌而無夏頌，春秋絀夏之義也。

孔子魯人，七十子亦大半魯人，乃微言大義傳至今者，則往往出於齊人。如公羊子，齊人也。春秋一經賴以粗明。穀梁不過掇拾補苴。左丘明固不傳經，所弗論也。漢初，詩有三家，而齊詩之學獨存異義，六情五際皆出齊詩。漢書翼奉、郎顗兩傳略見大指，惜後學失傳，毛義孤行，使聖人删詩之舉，僅同徐陵之編玉臺新詠，王安石之選唐百家詩，而制作之微意，不可復見矣。齊論多問王、知道二篇，不知其語云何。必有精語，惜其不傳。孟子譏公孫丑曰：「子誠齊人。」齊實未可輕也。

論語微子一篇，似乎淩襍不倫，細讀之，乃一篇如一章也。以「殷有三仁」始，以「周有八士」終，首尾自成章法。其論殷三仁，以微子爲主。微子耇然竟去，似視箕、比有愧，乃孔子並許爲仁，明居亂邦者，有可去之義也。下載柳下惠之言，主於不去。然其下兩書「孔子行」，則孔子固去矣。以後書接輿事，書沮、溺事，書丈人事，皆孔子去後之事，而以逸民一章繼之。逸民之中，柳下惠存焉，而孔子曰：「我則異於是。」明孔子異於柳下惠，正見柳下惠之不去，不如孔子之行也。前後相應，幾於天衣無縫矣。於是又載太師摯諸人之去國，亦明可去之義，而終以陽、襄之入於海，別有天地，非人間矣。使自此竟止，殊有江上峯青之歎。乃又載周公謂魯公語，而以周有八士終之，以見幸生開國之初，濟濟多士，爲邦家光。殷三仁何其可悲，周八士何其可樂也。此曲終奏雅也。

大學、中庸雖孔氏遺書，要是七十子後學者所爲。列之論語之前，似乎未安。孟子舊在諸子中，太史公以孟荀合傳，最爲有見。孟子一書敵荀子則有餘，配論語則不足。乃自考亭以後，學者奉四書爲定本矣。宋錢時撰四書管見十三卷，四書者，一論語，二孝經，三大學，四中庸。先論語而後學、庸，有孝經而無孟子，似較考亭爲有見也。竊謂，元明至今，祧高密而禰新安，漢唐相承之舊學爲之一變。說易則信先天，說詩則疑古序，有識之士，未敢苟同。惟枚書之僞，實始獻疑，爲一大功，不可沒耳。

論語正義云：「此書所載，皆仲尼應答弟子及時人之辭。故曰語，而在論下者，必經論撰，然後載之，以示非妄謬也。」竊謂，答述曰語，雖本鄭君周官注，然論語得名，未必以此。禮記樂記曰：「且女獨未聞牧野之語乎？」疑古史記載自有語名，「牧野之語」，乃周初史臣記載之書也。左丘明著國語，亦因周史之舊名。孔門諸子論撰夫子緒言，而名之曰「語」，固有所仿矣。

自四書章句集注行而古注束高閣矣。其中亦互有得失，未可一概而論。如「射不主皮，爲力不同科」。古注以爲二事，而今一之。「吾猶及史之闕文也，有馬者借人乘之。」古注以爲一事，而今二之。如此之類，不妨竝存。乃如子張篇載子游之言曰：「喪致乎哀而止。」孔安國曰：「毀不滅性。」此說固自無弊，考亭不從，別爲之說曰：「致極其哀，不尚文飾也。」是考亭之意必以爲勝於舊說矣。乃又曰：「而止二字，亦微有過於高遠而簡略細微之弊。」夫易古人無弊之說爲有弊之說。而反以有弊爲古人罪，竊不知其何意也。

孟子曰：「柳下惠不以三公易其介。」趙注曰：「介，大也。」此說得之。人惟己小而物大，於是物之臨我者，不必其果大也，而視之皆厖然矣。顛倒眩惑，失其所守，復何怪焉？若柳下惠者，已大而物小，彼視千駟萬鍾，猶簞食豆羹也；視萬乘之卿相，猶褐之夫也。三公雖尊，曾不足當其劍首之一吷，我自有大於三公者存，而豈以三公易我之大也。是謂「不以三公易其介」。近解曰：「介，有分辨之意。」則硜硜然小矣。且柳下惠，聖之和者也。此乃言其有分辨，與孟子平日推重展禽殊不合也。

周襄王謂晉文公曰：「若猶是姬姓也，尚將列爲公侯，以復先王之職，大物其未可改也？」夫晉爲唐叔之後，亦是姬姓，即使改物，豈能更姓。襄王此語，似乎失詞。不知此乃古義也。晉語云：「黄帝之子二十五人，其同姓者二人而已。」又曰：「唯青陽與倉林氏同於黄帝，故皆爲姬姓。」又曰：「昔少典取於有蟜氏生黄帝、炎帝。黄帝以姬水成，炎帝以姜水成，成而異德，故黄帝爲姬，炎帝爲姜。」若然，則父子兄弟不必一姓，使周德衰而晉有天下，不妨自爲姓，以别異於周，不必其爲姬姓矣。

「千乘之國」。馬、包異説，當以包説爲長。子路曰：「千乘之國。」冉求曰：「方六七十，如五六十。」蓋子路所説者，百里之國，故冉求從而遞減之爲六七十、五六十也。若從馬説，千乘之賦，其地千成，居地方三百一十六里，似過大矣。大約古人言百里之國，便爲大國。故曰：「可以託六尺之孤，可以寄百里之命。」六尺以極小言，百里以極大言。不極小，不足見託孤之難；不極大，不足見寄命之難。後人生大一統之世，提封萬里，遂覺百里之地小若彈丸，此古今之勢異也。

「實始翦商」，子孫之辭也。在太王當日，不特無其事，并無其意。然周人追王自太王始，則不得不以周之王業爲始於太王。周自此始，商自此止矣。故曰：「至於太王，實始翦商。」後人不達，或欲據爾雅訓「翦」爲「勤」，非也。

周魯皆特立姜嫄廟，疑於有妣而無祖。余謂姜嫄者，帝嚳之妾也，而實生后稷。以其爲周人之所自出，故不可以無廟；以其妾也，故不敢以配嚳，而特立廟以祀之。嘗作釋姜嫄一篇，存賓萌集中。及讀搜神記：「齊惠公之妾蕭同叔子見御，有身，以其賤，不敢言也。取薪而生頃公於野。又不敢舉也，有貍乳而鸇覆之，人見而收之，因名曰無野，是爲頃公。」然則頃公之生與后稷同。蕭同叔子是惠公之妾，則姜嫄是帝嚳之妾明矣。頃公事雖不足信，要是依附古事而爲之，可取以爲證也。

曲禮曰：「勞毋袒。」知「袒」是不敬。孟子言「袒裼裸裎」，亦是極言其不敬耳。乃禮又云：「非有敬事，不敢袒裼。」學者疑焉。余謂「袒裼」自是大不敬之事，而有時不得已用之至敬之地。如祭禮「君袒而割牲」。夫割牲非袒不可也。若非割牲，則不敢袒，是謂「非有敬事，不敢袒裼」，與「勞毋袒」之義本是一貫，無庸曲爲之說也。

古人宮室之制，自李如圭以後，考之略備矣。惟北堂之名，竊有疑焉。士昏禮記「婦洗在北堂，直室東隅」。鄭注曰：「北堂，房中半以北。」夫房中爲地幾何？如賈氏疏「棟北一架爲室南壁」，則室之深止五架之一耳。乃分前爲房，後爲堂乎？且堂之與室，有墉以間之，室之與房，亦有墉以間之。若房與北堂，則無墉也。無墉則以何者爲節乎？愚謂，北堂、東房一地而異名，以其對西房而言，故謂之房。然西房有北墉，而東房無北墉，故西房無堂名，而東房有堂名。曰北堂者，對前堂而言，前堂南嚮，此則北嚮也。婦洗在北堂，而士虞禮云：「主婦洗足爵於房中。」則北堂即是房中。禮有明證，其爲一地而異名明矣。鄭君云：「房中半以北」，失之。余從前著羣經平議，未見及此，嘗作東房西室圖，猶泥鄭說也。

詩人之詞，何其微而婉歟？如芄蘭刺惠公也。惠公之惡，豈勝言哉？詩則曰：「垂帶悸兮。」說文曰：「悸，心動也。」引申之，凡物之動者，皆可以悸言之。其垂帶悸然常動，則其舉動之無節可知矣。所謂驕而無禮也。而毛傳乃云：「悸，悸然有節度。」未得詩意也。如狼跋美周公也。周公之德，豈勝言哉？詩則曰：「赤舄几几。」說文曰：「掔，固也。讀若詩赤舄掔掔。」是「几几」本作「掔掔」，其義爲固。足容嚴重，故掔掔然而其處變如常，亦可見矣。所謂不失其聖也。毛傳但云「几几，絇貌」。亦未得詩意也。烏呼，說詩如毛公而尚未能盡得詩人之意，千載而下，推求字義，反有得焉，小學之有功經學，豈不信夫。

詩書之義，蓋有同者。史記殷本紀云：「帝盤庚崩，弟小辛立，是爲帝小辛。帝小辛立，殷復衰。百姓思盤庚，乃作盤庚三篇。」是作盤庚所以諷小辛也。小雅楚茨、信南山、甫田、大田，序並云：「刺幽王也。」其信南山，序云：「不能脩成王之業，疆理天下，以奉禹功，故君子思古焉。」正義謂「四詩皆思成王」。夫周人經幽王之亂而思成王，猶殷人當小辛之衰而思盤庚也。然思盤庚而作盤庚三篇，不及小辛也。思成王而作楚茨諸篇，不及幽王也。此古人立言之微婉也。是故楚茨諸篇言雖美盛，意實悲涼。正如白頭宮女閒說玄宗，聞者爲之起舞，而言者涕淚盈掬矣。後人不信序說，但泥文詞，將詩人言外之意，付之悠悠，於是諸詩味同嚼蠟矣。

讀詩不可忽略於一字之間，如云「出自北門，憂心殷殷」。夫門有四而獨言北者，以北門背明而向陰也。此毛義也。又如「溯洄從之，道阻且右」。夫道有左右兩畔而獨言右者，右亦陰也。此義毛、鄭均未及也。采苓篇首章云「采苓采苓，首陽之巔」。次章云「采苦采苦，首陽之下」。則山之上下已徧及矣。三章云「采葑采葑，首陽之東」。夫山有四面，乃獨言東者，東爲震方，震爲長子，故太子居東宮，明讒人之言切近太子，此詩刺晉獻公之信讒，蓋爲太子申生發也。不然，詩人之詞，豈苟且趁韵而已哉。

湖樓筆談三

五帝紀曰「擇其言尤雅者」，故唐、虞二紀悉本尚書，高辛以上無稽則略，而禹本紀，山海經所有怪物不以入史。至高帝紀乃有劉媪夢龍，白帝化蛇之事。蓋當時方以爲受命之符，不可得而削也。世以史公爲好奇，過矣。

秦本紀曰：「帝顓頊之苗裔，孫曰女脩。」女脩生子大業，取少典之子，曰女華。按：顓頊爲黄帝之孫，女脩既爲顓頊苗裔，則去黄帝遠矣，况大業又其子乎。而少典者，黄帝之父也。女華爲少典之子，則與黄帝兄弟也，而謂大業得娶之乎。以五帝紀及秦紀參觀，其謬殊甚。

申侯言於孝王曰：「昔我先酈山之女，爲戎胥軒妻，生中潏，以親故歸周，保西垂。今我復與大駱妻，生適子成，申駱重婚，西戎皆服。」婁敬之言和親，其仿諸此乎？然申駱重婚，而其後申侯卒以犬戎入寇。履霜堅冰，所由來漸矣。

秦本紀「周太史儋見獻公曰：『周故與秦國合而别，别五百歲復合，合七十七歲而霸王出。』」周本紀及封禪書竝作「合十七歲」。按：秦昭王五十一年，「使將軍摎攻西周，西周君走來自歸，盡獻其邑」。自是至始皇元年，適十七年，無七十七年也。秦紀衍上「七」字，漢書郊祀志誤從之。

春秋之世，吴、楚稱王。然夷、狄大國，無不稱王者。秦本紀「襄公元年，以女弟繆嬴爲豐王妻」。秦甯公三年，「與亳戰，亳王奔戎」。皇甫謐曰：「亳王號湯，西夷之國也。」秦穆公三十四年，「戎王使由余於秦」。厲共公十六年，「伐大荔，取其王城」。「三十三年，伐義渠，虜其王」。孝公元年，「西斬戎之獂王」。然則吴、楚之稱王，亦沿夷、狄之俗耳。齊桓不以稱王責楚，其以此乎？

文公四十八年，「太子卒，賜謚爲竫公」。又「哀公卒，太子夷公蚤死，不得立，立夷公子，是爲惠公」。夫太子而爵之以公，非禮也。當時諸侯所未有也。至唐而高宗謚太子宏爲孝敬皇帝，玄宗謚其兄憲爲讓皇帝，德宗謚其兄琮爲奉天皇帝，代宗謚其弟倓爲承天皇帝，皆非可爲典要也。

「厲共公二年，蜀人來賂。」五年，楚人來賂。六年，義渠來賂。十四年，晉人楚人來賂。不以聘問禮來而曰來賂？先王輕財重禮之意，不復存矣。春秋所以爲戰國也。

晉滅霍、滅耿、滅魏，在獻公十六年，爲魯閔公元年，晉世家及十二諸侯年表竝與左氏合，而秦本紀乃繫之武公十三年。按：武公十三年爲魯莊公九年，是時曲沃未并晉，晉侯湣二十二年，曲沃武公三十一年，尚非獻公也。

「莊襄王三年，蒙驁攻魏高都、汲，拔之。」徐廣曰：「汲，一作波。波縣亦在河內。」按：年表「魏景湣王三年，秦拔我汲」。距莊襄王三年，已十年矣。則蒙驁所拔者，波也，非汲也。

韓、魏、趙皆故晉國，而魏獨以晉稱。秦獻公二十一年，與晉戰於石門，斬首六萬。按：趙世家「成侯十一年，秦攻魏，趙救之曲阿」，即是年也。是所謂晉者，魏也。孝公二十四年與晉戰鴈門，年表在二十三年，作「與晉戰岸門」。按：魏世家「哀王二年，秦使樗里子伐取我曲沃，走犀首岸門」。是所謂晉者，亦魏也。并有稱魏晉者。獻公「二十三年，與魏晉戰少梁」。其曰魏晉，猶言殷商也。故梁惠王自云晉國。

綱目於赧王五十九年書：「秦遂入寇，王入秦，盡獻其地，歸而卒。」以爲合春秋之書法，而不知入秦者非赧王也，西周君也。按：周考王二年，封其弟於河南，是爲桓公，於是有西周君。桓公卒，威公立；威公卒，惠公立。復封其少子於鞏，以奉王，於是有東周君。而周天子自在成周。至赧王立，自成周遷於王城。王城卽河南也。於是始與西周君同居。及秦昭襄王五十一年，西周君背秦，與諸侯約從，秦使將軍摎攻西周。西周君自歸於秦，頓首受罪，盡獻其邑三十六城。此西周君也，非赧王也。而赧王亦旋卒。周本紀所書「周君王赧卒」是也。西周君固無恙，而爲秦人遷於𢠸狐。是時無周天子，而尚有西周君在𢠸狐，東周君在鞏。至秦莊襄元年，滅東、西周，周乃不祀。合周、秦兩紀觀之，周之事迹甚明，赧王初無入秦獻地之事，綱目所書，失之疎矣。

秦孝文王立，尊唐八子爲唐太后。莊襄王立，尊夏姬爲夏太后。後世人主追尊所生者仿乎此。其始本於春秋妾母之稱夫人，至漢哀帝時有四太后。

秦滅六國，以天下爲郡縣，而古之建國猶有存者，衞是也，抑非獨此也。莊襄王使呂不韋滅周，盡入其國而不絕其祀，以陽人地賜周君，奉其祭祀。至始皇時，未聞見奪，則周君猶在也。秦始皇十八年滅韓，二十二年滅魏，而韓、魏滅亡之後，尚有安陵君見於戰國策，則安陵君猶在也。陳、項之亂，掃地盡矣。乃漢興而滇、閩尚楚、越之苗裔，朝鮮猶故燕之遺民。蓋封建之世，其國皆歷千載之久，根深蔕固，非可一旦騷除。至漢世大啓諸侯，乃如萍梗之漂於江湖，儵然而散，亦可知古今之異勢矣。

秦之先伯翳賜姓嬴。其子一曰大廉，實鳥俗氏。一曰若木，實費氏。秦則大廉之後也。是秦嬴姓鳥俗氏。其後周穆王以趙城封造父，又爲趙氏。太史公於始皇本紀大書之曰：「姓趙氏」，不箸其爲嬴姓者，以見三代以下之即以氏爲姓也。高祖本紀曰：「姓劉氏」，孔子世家曰：「姓孔氏」，同一書法。世乃謂太史公混氏姓爲一。果爾，則直曰姓某足矣，何必曰姓某氏哉？

「二世三世至於萬世，傳之無窮。」此乃臨文之宜。賈山至言曰：「堯、舜、禹、湯、文、武累世廣德，以爲子孫基業，無過二三十世者也。」其言雖正，而以此罪始皇則過矣。書曰：「欲至於萬年，惟王子子孫孫永保民。」詩曰「文王孫子，本支百世」。有天下國家者，孰不欲其長守弗失，傳之無窮哉。自古豈有萬歲天子？斯言也，乃晉人之清談，非可登之詔令。

秦有列侯，又有倫侯。琅邪臺刻石云：「列侯武成侯王離，列侯通武侯王賁，倫侯建成侯趙亥，倫侯昌武侯成，倫侯武信侯馮毋擇。」倫侯之名止見於此。

秦刻碣石門曰「墮壞城郭，決通川防」。然則九河故道，或者於此時失之邪？緯書稱齊桓公塞八流以自廣，不足據也。

秦宗廟之制，略見於二世元年羣臣之議。其曰：「古者天子七廟，諸侯五，大夫三，雖萬世世不軼毀。今始皇爲極廟，四海之內皆獻貢賦，增犧牲，禮咸備，毋以加。先王廟或在西雍，或在咸陽。天子儀當獨奉酌祠始皇廟，自襄公以下軼毀。所置凡七廟，以尊始皇廟爲帝者祖廟。」按：極廟乃始皇二十七年所立，亦曰太極廟。漢代諸帝，身存而豫立廟，本乎此。古之人君，有置椑之事，無立廟之文，是固非禮矣。至所言廟數，則秦時博士之書具在，當必有據。漢元成間毀廟之議起，韋玄成以爲當存五廟，劉歆以爲當存七廟，而無有及秦時之議者，以其爲亡國之事也。乃後儒於鄭、王之異同，亦未嘗以此折之，何邪？東坡論南北郊引王莽事曰：「議禮當問其是非，而不可以人廢。」

秦廢封建，身爲天子，而子弟爲匹夫。故趙高稱始皇帝二十餘子，今見於史者，扶蘇、胡亥、公子將閭、公子高而已。李斯傳注引辨士隱姓名與章邯書曰：「李斯爲秦王死，廢十七兄而立今上」，則胡亥乃始皇十八子也。而史稱胡亥爲少子，趙高亦曰：「諸公子盡帝兄，」則當始皇時，諸子已未必皆在矣。繼以二世之屠戮，遂無遺種。楚靈王有言：「余殺人子多矣，能無及此乎！」至王子嬰，本紀以爲始皇之孫，李斯傳以爲始皇之弟，蓋不可考。而徐廣又以爲始皇之弟子，未知何據。

阿房宮作於始皇三十五年而未成，始皇崩。卽以作阿房之人復土酈山，至二世元年酈山事畢，乃復作之。年表書十二月就阿房宮，然二世二年李斯、馮去疾、馮劫尚有「且止阿房作者」之請，是阿房宮尚未成。始皇自居咸陽宮，未得一日居阿房宮也。唐杜牧之賦，乃夸言而非實。

始皇生十三年而立爲秦王，三十七年而崩，故徐廣曰：「年五十。」秦本紀云：「始皇五十一年而崩。」誤也。又本紀二十六年事，年表爲二十七年。本紀二十七年事，年表爲二十八年。紀與表有一年之差。

始皇紀「二世三年，沛公已屠武關，使人私於趙高」。按：高帝紀「遣魏人甯昌使秦」。然則望夷之事，高固受計於沛公也。高本趙之疏屬。索隱謂：「高痛其國爲秦所滅，誓欲報讎，卒殺秦子孫而亡其天下」，未爲無據。使子嬰不殺趙高，高祖入關，必有所以處之矣。東坡始皇論可爲人主以刑餘爲周、召之戒，而非所以論高也。然考蒙恬傳，趙高昆弟數人，皆生隱宮，其母被刑僇，世世卑賤。則索隱謂高本趙公子，自宮以進者，亦未必然耳。

項羽本紀於立楚懷王之後始曰：「項梁自號爲武信君。」高祖本紀亦云「立楚後懷王孫心爲楚王。項梁號爲武信君」。月表於二世元年九月，項梁初起，即曰號武信君，非也。

「會稽守通謂項梁曰：『江西皆反，此亦天亡秦之時也。吾聞先即制人，後則爲人所制。吾欲發兵，使公及桓楚將。』」據漢書則此數言皆項梁謂會稽守語也。「守歎曰：『聞夫子楚將世家，唯足下耳。』梁曰：『吴有奇士桓楚』」云云，與史記不同。班固必別有所據。

平時有忘軀犯顏之士，臨難有徇義守死之臣。秦之盛也，稱其德則賢於堯、舜，頌其功則過於湯、武；及其亡也，委而去之矣。然則蘇角、王離、涉閒、泗川守、陳留令，此數人者，君子不猶有取哉？夫罪秦可也，罪秦而罪及爲秦死者，不可也。讀史者，當表而出之，以爲忠義勸。

鉅鹿之戰，功不細矣。沛公得入關，羽之力也。微項羽，則趙旦夕破，而章邯以勝軍還救秦，沛公十萬之衆，可坐縛矣。夫南陽守在宛，張良猶危之，況章邯之兵乎。故曰沛公得入關，羽之力也。

蒲將軍見項羽紀，剛武侯見高帝紀，而不箸其姓名。高起亦見高帝紀，而不箸其官爵。史之失傳者多矣。文帝紀封趙丞相嘉爲江陵侯，徐廣曰：「姓蘇。」年表作江陽侯，則易其封。徐廣注曰：「蘇，一作藉」，則變其姓。漢書、年表亦作江陽侯，而蘇嘉又作蘇息，則譌其名。噫「舄」九寫而爲「烏」，「虎」三寫而爲「帝」，吾安所取信哉？又景帝紀封故相國蕭何孫係爲武陵侯，功臣表「係」作「嘉」，「武陵」作「武陽」。此必有一誤。徐廣疑其人有二名，非也。漢書景帝紀從史記帝紀作「係」，功臣表從史記侯表作「嘉」，各因舊文，不加考覈。至蕭何傳亦作「嘉」，則但檢侯表未尋帝紀也。乃歎古人讀書，亦多疎略，無怪後人之鹵莽滅裂矣。

漢書於漢王卽皇帝位之後，卽曰：「尊王后曰皇后，太子曰皇太子。追尊先媪曰昭靈夫人。」史記無之。按：六年始尊太公爲太上皇，何高帝之先母而後父乎？若后與太子俱尊，而尊不及父，益非人情矣。蓋史失其年，故總紀於卽位之下，非必是年所舉行也。漢初草創，非有前典，未必能如後代帝王，一登天位，尊崇之典，秩然俱舉。史記不書，非疎略也。

立淮南王英布，月表在四年七月。太公、呂后歸自楚在九月。高紀先敍太公、呂后之歸，而以立淮南王爲在會垓下之後。韓信徙封楚王，月表在五年正月，漢王卽皇帝位在五年二月，高紀稱卽皇帝位於汜水之陽，皇帝曰：「義帝無後，齊王韓信習楚風俗，徙爲楚王。」二王之立，紀、表不同，以本傳核之，則皆本紀誤也。

高帝紀「七年，更命酈邑曰新豐」。是時太上皇已崩矣。漢書地理志「新豐，秦曰驪邑，高祖七年置」。應劭曰：「太上皇思東歸，於是改築城市街里，以象豐，徙豐民以實之，故號新豐。」此三輔舊事、西京雜記諸小說家所載耳，非其實也。

高帝紀皇甫謐曰：「以秦昭王五十一年生，至漢十二年，年六十三。」按：秦昭王終五十六年，高帝始六歲，孝文一年，莊襄三年，得十歲。始皇三十七年，二世三年，得五十歲，加高帝十二年，得六十二歲。

而皇甫謐乃云六十三者，蓋從本紀，以莊襄王爲四年也。按：始皇本紀，始皇生於昭王四十八年。十三歲，莊襄王死。據此，則昭王五十六年始皇九歲，加孝文王一年，莊襄王三年，適十三歲。然則莊襄王安得有四年也？本紀以莊襄王爲四年，恐誤，而皇甫之說亦爲不考矣。

孝惠帝紀皇甫謐謂「以秦始皇三十七年生，崩時年二十三」。臣瓚以爲帝年十七，卽位七年，壽二十四。二說不同。以愚考之，惠帝之崩年二十三。夫謐以帝爲生於始皇三十七年，加二世皇帝三年，高帝十二年，得十六歲，加惠帝七年，非二十三歲乎，是皇甫謐謂生於始皇三十七年者不誤，特所謂二十二者誤耳。夫瓚以爲帝年十七卽位，是元年十七歲，至七年非二十三歲乎？是臣瓚謂年十七卽位者不誤，特所謂二十四者誤耳。

高后紀「呂祿軍北軍，呂産居南軍」。按，高祖八年，蕭何營未央宮，立東闕、北闕。師古曰：「未央殿雖南嚮，而上書奏事謁見之徒皆詣北闕，公車司馬皆在焉。是則以北闕爲正門，西南兩面無門闕矣。」以是考之，北軍在北闕外，南軍在未央宮之南，自南軍入未央宮，仍須由北闕，故太尉之謀在先得北軍，北軍既得，而南軍孤懸於外，無能爲矣。

秦廢謚法而以二世三世爲紀，雖不師古，而猶近質，較殷人之以十干爲號似爲勝之。死而有謚，周道也。夏、殷本無謚，自周而興之，自秦而廢之，亦未足爲秦罪也。漢興，諸事皆因秦舊，而獨復謚法，然高祖紀云：「上尊號爲高皇帝。」文帝紀云：「上尊號曰孝文皇帝。」謂之尊號而不曰謚，蓋亦避秦人臣子議君父之嫌也。

文帝紀「祝兹侯」。徐廣曰：「表作松滋侯，姓徐名悍。」按：惠景間侯者年表：松兹侯徐厲，非悍也。文帝遺詔屬國悍爲將屯將軍，悍不書姓，而徐廣注以爲姓徐，未知所據。

景帝紀：七年「立膠東王太后爲皇后」。夫婦人從夫，夫在而從其子之稱，非名也。漢書作立皇后王氏，爲得其正。此當以漢書爲長。「中元年，封故御史大夫周苛孫平爲繩侯，故御史大夫周昌子左車爲安陽侯」，其文甚明。漢書作「封故御史大夫周苛、周昌孫子爲列侯」。師古曰：「封苛之孫及昌之子也。苛、昌從昆弟也，故總言之。」然非注不明矣。此當以史記爲長。

史記自文帝後元年至後七年，每年書「後」。景帝中元年至中六年，每年書「中」。後元年至後三年，每年書「後」。漢書但書後元年、中元年而已。是史記之密而漢書之疏也。然如後世有年號者，亦將每年冠以年號乎？太史公武帝本紀不傳，不知其書法又何如也。

褚先生取封禪書作武帝本紀，然亦有小異者。如「食巨棗，大如瓜」，作「食臣棗」。漢書郊祀志亦然，恐史公原文本是「臣」字，傳寫者誤也。至紀與書異而勝於書者，如書云「天子識其手書」。紀云：「天子疑之，有識其手書，問之人，果爲書。」此當以紀爲長。蓋牛腹中書，必文成使人爲之，非所自爲也。書云「神君最貴者太一，其佐曰大禁、司命之屬」。紀云「神君最貴者大夫」。按：神君乃巫之神，以巫爲主人，居帷幄中，與人言。卽所謂上郡有巫病而鬼神降之者也。太一乃天神之最貴者，漢祀太一有二：其一則天子三年親郊祠，如雍郊之禮；其一則亳人薄誘忌所奏祠，以歲時致禮，謂之薄忌太一。是二者均與神君無涉也。太一之佐曰五帝，亦非大禁、司命之屬也。然則此「太一」當作「大夫」，蓋巫神之貴者曰「大夫」耳。秦漢時民俗相稱，尊之則曰大夫，若蕭何稱沛中吏是也。巫覡鄙俚，亦沿此稱，非謂太一也。亦當以紀爲長。

史公作夏、商、周本紀，又作三代世表，而紀與表亦有不同者。夏本紀「帝宁」，世表作「帝予」。周本紀「恭王翳扈、懿王艱」。世表「翳」作「伊」，「艱」作「堅」。孝王辟方，世表無「辟」字。太史公竝存之而不易，此可見其網羅放失之意矣。是故魏世家「文侯都」，年表作「文侯斯」。楚世家「哀王猶」，年表作「哀王郝」若斯之類，非不能改也，所以廣異聞也。

夏本紀云：「帝孔甲立，天降龍二。」與左氏所載蔡墨之言合。世表乃云：「孔甲淫亂，不好德，二龍去。」封禪書亦云：「孔甲淫德好神，二龍去之。」按：後漢書班固傳注引括地圖云：「夏德盛，二龍降之。禹使范氏御之。」豈龍固以禹時來，至孔甲時乃去邪。太史公時，左氏春秋傳未行，然史公固見其書，史記亦採其說。十二年表序云：「魯君子左丘明，因孔子史記成左氏春秋。」陳世家「甲戌、己丑，陳桓公鮑卒」，以爲國亂再訃，卽左氏之說也。史通申左篇乃云：「秦漢之世，左氏未行，遂使五經雜史，百家諸子，其言河漢，無所遵憑。當晉景行霸，公室方强，而有程嬰、杵臼之事。」然史公載此等事，亦以廣異聞，非不見左傳也。孔甲二龍事，本紀與書表不同，亦此意矣。近人有謂太史公時左傳未行，無由據以筆之書，何其疏邪！

天官書云：「甲、乙，四海之外，日月不占。丙、丁，江、淮、海、岱也。戊、己，中州、河、濟也。庚、辛，華山以西。壬、癸，恆山以北。」按：甲乙主東方，天地左海，而中國之地東至於海而止，故甲乙在海外也。

云「四海之外」，概言之耳。漢書止作「海外」。

天官書：「五殘星，去地可六丈大。」徐廣謂：「大字一作六。」此亦誤也。據漢書「大」字之下尚有「而黄」兩字，文義方明。史記奪之耳。

天官書「斗魁戴筐六星曰文昌宫：一曰上將，二曰次將，三曰貴相，四曰司命，五曰司中，六曰司禄。在斗魁中，貴人之牢」。按：文昌六星非牢也。在斗魁中者，何星邪？孟康注以爲天理四星。及考漢書天文志，文昌六星無司中，「五曰司禄，六曰司災，在魁中，貴人之牢」。乃知所謂「貴人之牢」即文昌六星中司災也。注史記者，當據漢書以正其誤，而不必佗引也。若漢書五行志引星傳曰：「魁者，貴人之牢。」則以牢在魁中，故云耳，非謂魁即牢也。

昌黎曰：「漢諱武帝名徹爲通，不聞又諱車轍之轍爲某字也。」按：「天官書『氣來卑而循車通者』，注：『車通，車轍也。避漢武諱，故曰通。』」周密齊東野語據此以糾韓文之失。愚考漢書天文志作「循車道」，然則史記「車通」，當亦「車道」之誤。注承其誤而妄爲之説，不足據也。

太史公於張儀傳曰：「三晉多權變之士，言縱横，强秦，大抵皆三晉之人。」晉文公譎而不正，豈其遺風邪？齊自太公以陰謀佐周，金匱之書，陰符之經，皆託於太公。是以秦漢間方士多出燕、齊。漢武帝時，齊人言神怪奇方者以萬計，所從來遠矣。惟魯當楚漢傾側擾攘之中，絃歌不輟，其風俗固殊焉。周公之政，孔子之教，不可及已。

古稱淫祀無福，是以不在祀典。文仲禜議，請改祀命，武子見美。春秋之世，尚知淫祀之非也。至後世，人鬼襍揉，祭祀無制。齊有天主、地主、兵主之祀。楚有東皇太一、雲中君之歌。而秦尤甚，九臣、十四臣、諸布、諸嚴、諸逑之屬，皆莫知所自始。國將亡，聽於神，不其然乎？然猶上所崇奉也。秦有天下，郡縣遠方之民得自奉祠，不領於天子之祝官，而淫祀徧天下矣。越二百餘年而釋氏遂入中國，有開必先，豈非秦人爲之嚆矢也哉！

秦滅周而所奉有周天子之祠。漢滅秦而所奉有秦二世皇帝之祠。然特巫覡之見耳，非古者祭因國之義。

秦取九鼎，箸於周本紀。九鼎入秦，箸於秦本紀。史公之辭固甚明也。始皇二十六年，使人没泗水求周鼎，鼎不言九，非禹鼎也。禹鼎自在秦，而後世不見者，燬於咸陽三月之火矣。封禪書云：「周之九鼎入於秦。」又云：「或曰宋大丘社亡而鼎没於泗水彭城下」，乃方士新垣平輩之妄説也。夫周鼎自在雒邑，何緣而入泗水乎？宋之社亡，又與周鼎何預乎？且年表載宋太丘社亡於周顯王之三十三年，則秦惠文王之二年也。後此二十年，爲惠文王之後九年，張儀欲伐韓，尚有「周自知不救，九鼎寶器必出」之言，安得已亡於周顯王之三十三年也。即如漢書郊祀志之説，謂社亡於顯王四十二年，至惠文王後九年亦十有二年矣。漢郊祀志又曰：「周德衰，鼎遷於秦。秦德衰，宋之社亡，鼎乃淪伏而不見。」尤爲無據。當秦之世，豈復有宋哉。故知九鼎入秦，史公之實録。九鼎没泗，方士之空談。秦所求泗水之鼎，漢所出汾陰之鼎，均非禹鼎也。

齊田氏在春秋始終以陳氏稱，而史公謂敬仲奔齊即改姓田氏者，古田、陳同聲也。然春秋時自稱陳，戰國時自稱田。恐史公據後以改前，非其實也。陳之變爲田，當必有說。年表齊平公驁元年云：「齊自是稱田氏。」按：平公時雖政在大夫，而變君之姓以從臣，恐無其事。或者陳氏於是年始改稱田氏，而史公誤爲此說耳。考世家，平公卽位，田常相之，割齊安平以東爲田氏封邑，是乃田氏有齊之始，變陳爲田，當在此時也。

魯亡於頃公，齊亡於康公，晉亡於靜公。國亡矣，其君何以有謚也？鄭君乙，世家無謚，而年表曰鄭康公，則亦有謚也。宋王偃，史記無謚，而呂氏春秋作宋康王，荀子作宋獻王，則亦有謚也。楊倞注荀子曰：「國滅之後，其臣子各私爲謚。」然則魯、鄭諸君之有謚，或亦其臣子所爲，猶金主守緒之謚，承麟謚之曰哀宗。其遺臣私爲之謚，則或曰「閔宗」，或曰「義宗」也。若齊康公、晉靜公，則或田齊、三晉之所爲，猶魏謚山陽公爲獻皇帝，晉謚陳留公爲元皇帝也。

燕昭王築宮求士，樂毅自魏往，鄒衍自齊往，劇辛自趙往。然此三人中，惟樂毅乃真士也。鄒衍雖能著書，無益人國。劇辛反覆小人，卒爲龐煖所殺。然則燕昭之駿，半亦葉公之龍耳。其後太子丹養士二十人，荆軻之外，無聞焉。養士豈易言哉！

春秋昭公十三年，蔡侯廬歸於蔡，陳侯吳歸於陳，楚平王立而後得復封也。史記十二國年表於魯昭九年已書陳惠公吳元年。魯昭十二年已書蔡侯廬元年。至昭十三年，蔡則二年，陳則五年矣。按：陳世家：「楚平王求故陳悼太子之子吳，立爲陳侯，是爲惠公。惠公立，探續哀公卒時年而爲元，空籍五歲矣。」是惠公不以卽位之年爲元，而以哀公卒之明年爲元年。蔡亦必如是。史公所書，本其國史之原文也。意古者亡國復封類然，乃國不可一日無君之義也。

宋萬立公子游爲君，是公子游乃賊黨也。左傳書殺子游於師，蓋不以爲君。史公易「殺」爲「弑」，稱之曰「新君游」，此必本宋國史記之原文，噫，非南、董之筆矣。此宋之文所以不足徵也。

趙世家云：晉定公卒，「而簡子除三年之喪，期而已」。此簡子不成禮於其君，猶魯悼公之喪，孟敬子曰：「我則食食也。」史公所載，自有所本。顧亭林日知録乃謂：「卽左傳降於喪食之事，史公誤解而爲此文。」然其下又云：「趙襄子元年，越圍吳，襄子降喪食，使楚隆問吳王。」則史公原未嘗誤解左傳也。

年表「魏文侯二十五年，太子罃生」。據世家，則罃乃文侯子擊之子，而謂之太子，是太子之子亦稱太子也。其亦稱太子者，天之生物也，使之一本，人本乎父，不得舍其父而本乎祖也。秦本紀「文公太子卒，賜謚爲竫公，竫公之長子爲太子」。夫竫公之長子，文公之孫也，然曰太子者，父雖亡，猶繫之父也。後世不達此義，於是乎有皇太孫之名。

魏世家：哀王五年，「秦使樗里子伐取我曲沃，走犀首岸門」。年表：哀王五年，「秦拔我曲沃，歸其人，走犀首岸門」。而秦本紀云：惠文王後十一年，「樗里疾攻魏焦，降之。敗韓岸門，其將犀首走」。夫犀首卽公孫衍，魏人也，而以爲韓將，是本紀之誤也。世家、年表竝言取曲沃，而本紀獨言取焦。考魏世家及年表，魏襄王十三年，秦取我曲沃。則曲沃入秦久矣。何於哀王五年又云取曲沃乎？是又世家、年表之誤也。

太史公曰：「楚惠王滅杞，其後越王句踐興。」按：楚之滅杞在周定王之二十四年，而周敬王時句踐已即位，元王時句踐已滅吴矣。越世家言「周元王使人賜句踐胙，命爲伯」。是句踐之霸在楚滅杞之前，太史公乃謂杞滅而後句踐興，誤也。

戰國策：「聶政刺韓傀，兼中烈侯。」按：韓世家「烈侯三年，聶政殺韓相俠累」。烈侯十三年卒，子文侯立。文侯卒，子哀侯立。哀侯六年，韓嚴弑其君。是哀侯見弑而烈侯不見弑。國策云「兼中烈侯」，豈未中要害，故不死邪。考刺客傳，又以聶政事爲在哀侯時。夫哀侯固見弑者也。且聶政之刺，嚴仲子使之，或即世家所書韓嚴乎。然則戰國策紀載自得當時之實，特誤以哀侯爲烈侯耳。

秦本紀孝公十二年，「并諸小鄉聚，爲大縣，縣一令，四十一縣」。六國表：孝公十二年，「初取小邑爲三十一縣」。其數不同。按：商君傳「集小都鄉邑聚爲縣，置令丞，凡三十一縣」。疑本紀「四」字誤也。古「三」「四」字多積畫，往往致誤。

穰侯傳：「相秦六歲而免，免二歲，復相秦。」按：六國表，秦昭王十二年，穰侯魏冉爲丞相。十五年，魏冉免。二十六年，魏冉復爲丞相。據此，則當云「相秦四歲而免，免十一年而復相也」。疑本傳誤。

屈原傳叙事之中，間以議論，論者以爲變體。愚讀趙世家云：「以至父子俱死，爲天下笑，豈不悲乎。」魏世家云：「惠王之所以身不死，國不分者，二家謀不和也。若從一家之謀，魏必分矣。故曰『君終無適子，其國可破也』。」皆於叙事中入議論，與屈原傳同，古人之文無成法也。

田和遷齊康公於海上，食一城，自是田和列爲諸侯，稱元年。然年表仍大書康公之年，其間太公和二年，桓公午六年，皆不書也。至二十六年，康公卒，齊無君矣。然後書齊威王元年，是亦史公興滅繼絶之義也。後之作史者不達此義，乃有當漢帝在位，魏未受禪，而大書黄初元年者。

趙良曰：「孔丘有言，推賢而戴者進，聚不肖而王者退。」良本秦人，而能稱述闕里緒言。蔡澤亦云：「不義而富且貴，於我如浮雲。國有道則仕，無道則隱。」知戰國之世，已家有孔氏之書矣。

歐陽公曰：「始爲朋黨之説者誰歟？」愚按：蘇秦説趙肅侯曰：「屏流言之跡，塞朋黨之門。」張儀説齊湣王曰：「夫從人朋黨比周，莫不以從爲可。」蓋朋黨之名起於戰國。吴起相楚，禁朋黨以厲百姓，其後從人横人假此名以互相傾軋。至西漢時，弘恭石顯之徒以蕭望之、劉更生等爲朋黨。自漢唐以下迨於有明，紛紛者無非戰國之餘禍也。

古未有以所居爲號者，幼名冠字，死則以謚。仲尼不稱闕里，子輿不號武城，樗里子傳「樗里子疾室在昭王廟西渭南陰鄉樗里。故俗謂之樗里子」。蘇秦傳鬼谷先生注徐廣曰：「潁川陽城有鬼谷。蓋是其人所居，因爲號。」蓋以所居爲號，始見於此。濂溪伊川乃襲此稱，後之道學先生，遂無不以是爲號，夫亦習而不察也。

太史公六國年表序曰：「秦燒天下詩書，諸侯史記尤甚，獨有秦紀，其文略不具。」然則古之史皆名史記。十二年表序云，魯君子左丘明因孔子史記成左氏春秋。是孔子所修亦名史記也。太史公本秦紀以成書，名曰史記，蓋因乎古也。又大宛傳贊云：「禹本紀言：『河出昆侖。』」衛世家云：「予讀世家言。」近世趙耘菘氏箸陔餘叢考，據此謂本紀世家其名皆有所本，獨傳之名創自史公。愚按：平原君傳徐廣注引：「魏公子傳曰趙惠文王弟。」然則傳之名亦有所本矣。

史公敍秦以前事，皆本其國史之文。蓋戰國時史職未廢，觀秦趙澠池之會可見。雖經秦火，亦頗有存者。燕世家稱今王喜，此卽其國史之文也。至秦漢以後，網羅放失，爲力尤勤。刺客傳贊云：「始公孫季功董生與夏無且游，具知其事，爲余道之如是。」樊酈滕灌列傳贊云：「余與他廣通，爲言高祖功臣之興時若此云。」酈生陸賈列傳贊曰：「平原君子與余善，是以得具論之。」此其勤與懷鉛提槧者等，而方言第一時之空談，史記乃千古之實錄，又未可同日語也。

黃歇曰：「臣聞物至則反，冬夏是也。致至則危，累棊是也。」蔡澤曰：「日中則移，月滿則虧，物盛則衰，天地之常數也。」趙高曰：「秋霜降者，草花落。水搖動者，萬物作。」此皆黃老之說。蓋自河上丈人傳安期生，安期生三傳而至樂巨公，樂巨公傳蓋公，爲曹參師，而田叔亦學黃老於樂毅公。戰國、楚、漢之際，相傳不絕。漢初崇尚黃老，其來有自矣。

虞卿無名，荆軻無姓。虞卿說趙孝成王，再見爲趙上卿，故號虞卿，是其名不傳也。荆軻其先齊人，徙於衞，衞人謂之慶卿。之燕，燕人謂之荆卿。是其姓不傳也。

高祖紀：「其以沛爲朕湯沐邑。」注引風俗通義曰：「漢舊注，沛人語初發聲皆言『其』，其者，楚言也。高祖始登帝位教令言其，後以爲常。」按：此說非也。始皇本紀「其議帝號」。李斯傳「其以李斯屬郎中令趙高案治」。則秦詔令已用「其」字矣。「其」乃古語。左傳成公十三年「其承甯諸侯以退」。昭公三十二年「其委之伯父」。春秋時語已如此。又按：盤庚曰「其惟致告」。金縢曰「其新迎」。則三代之書亦有之矣。

蒯成侯周緤傳「賜殺人不死」。後世鐵券之賜，其仿於此乎。

張廷尉事景帝，歲餘，爲淮南王相。容齋續筆據漢書公卿表謂「釋之未嘗以廷尉事景帝」。愚按：此論似密而實疎。蓋史公於傳首卽云張廷尉。釋之傳中一則曰張廷尉，再則曰張廷尉，然則所謂張廷尉事景帝歲餘，乃仍其故稱耳，非謂以廷尉事景帝也。

高祖功臣侯年表序云：「罔亦少密焉。」今觀年表所載，有以謀反國除者，斯固法所宜爾也。他如武昌侯德坐傷人，二旬內死，棄市，國除，猶曰重民命也。又如蓼侯臧坐爲太常南陵橋壞，國除。廣阿侯越坐爲太常酒酸，國除，猶曰嚴祀事也。卽如曲城侯臯柔坐知民不用赤仄錢爲賦，國除。樂成侯義坐言五利侯不道，國除，猶曰撓時禁也。乃至芒侯申坐尚南宮公主不敬，國除矣。祈侯它坐從射擅罷，國除矣。絳陽侯祿、甯侯指坐出畍，國除矣。武原侯不害坐葬過律，國除矣。高苑侯信坐出入屬車間，國除矣。安丘侯指坐入上林謀盜鹿，國除矣。噫，祖父累百戰之功而得國，子孫負一朝之過而失侯，遂使降將無反顧之心，功臣有自危之意，亦豈長有天下之道哉。

酷吏周陽由傳云：「與汲黯俱爲忮，司馬安之文惡，俱在二千石列，同車未嘗敢均茵伏。」夫以汲直之守正，而謂與由同爲忮，固失臯鸞之辨，而班固作漢書乃删去「與俱」二字，直云「汲黯爲忮，司馬安之文惡，俱在二千石列，同車未嘗敢均茵馮」。則以汲長孺爲畏周陽由矣。夫於衞青且揖之，而於周陽由乃不敢均茵馮乎？呂成公所以譏班固之陋也。王伯厚乃謂謂班史本史記，誤矣。

殷本紀「武乙無道，爲革囊，盛血，而仰射之，名曰射天」。宋世家：「宋偃王盛血以革囊，懸而射之，名曰射天。」龜策傳「紂殺人六畜，以革爲囊，盛其血，與人縣而射之，與天帝爭彊」。三君所爲如出一轍，何哉。子貢不云乎，紂之不善不如是之甚。

太史公自叙「晉中軍隨會奔秦，而司馬氏入少梁」。漢書司馬遷傳誤以奔秦爲奔魏。師古曰：「魏國在獻公時已滅爲邑，封畢萬矣。既非別國，不得言奔，未詳遷之所說。」小顏此注，蓋未考史公原文也。

紀事之體本於尚書，故太史公作自序一篇，云爲某事作某本紀、某表、某書、某世家、某列傳，猶尚書之有序也。古人之文，其體裁必有所自，非漢以後之人所識也。

褚先生補史記，張宴已譏其鄙俚，然其人亦未易輕。考漢書儒林傳，褚少孫與張幼君、唐長賓竝受詩於王吉，由是魯詩有張、唐、褚氏之學，是固有功於經學者矣。元、成間王氏鄉盛，少孫補建元以來侯者年表，於陽平侯王稚君云：「初元以來，方盛貴用事，游宦求官於京師者多得其力，未聞其有知略廣宜於國家也。」此可見少孫雖與同時，而不屑依附，乃真不辱其師傳者，以視樓君卿、谷子雲之徒，猶腐鼠也。論者以旗亭之論謂其附霍大將軍，寃矣。

湖樓筆談四

武帝「元光元年，初令郡國舉孝廉各一人」。謂孝與廉各一人，非郡國各一人也。蓋漢制有以孝舉者，有以廉舉者。故元朔元年「有司議曰：『不舉孝，當以不敬論。不察廉，當免。』」是孝重於廉也。馮唐傳「唐以孝著，爲中郎署長」。乃專以孝舉之證。淳于長夏承碑「察孝不行」。孔廟置卒史碑乙「君察舉守宅除吏，孔子十九世孫麟廉」，竝其證。

武帝登中嶽太室，聞若有言萬歲。此人所習知也。漢書武帝紀「天漢三年，登之罘，浮大海，山稱萬歲」。此又一事，人罕知者。夏侯勝傳載宣帝詔，議立武帝廟樂，但云「山稱萬歲」，不言其爲何山也。

除訞言令，見高后紀，而文帝紀又有誹謗訞言勿聽治之詔。罷三服官，見元帝紀。而哀帝紀又有齊三服官皆止，無作輸之詔。豈除而不盡邪，抑罷而復設邪？積重難返，豈不信夫。

後漢書徐璆傳注引衞宏曰：「秦以前以金、玉、銀爲方寸璽，秦以來天子獨稱璽，又以玉，羣下莫敢用。」按：此說非也。漢書百官表云：「諸侯王金璽盭綬。」師古注引漢舊儀云：「諸侯王黃金璽，橐佗鈕，文曰某王之璽」。然則漢諸侯王固得稱璽，故賜匈奴單于印亦稱璽，比之於諸侯王也。

食貨志「公卿請令京師鑄官赤仄，一當五，非赤仄不得行」。此事武帝本紀不書，不知其爲何年。然云是歲張湯死，則是元鼎二年也。其上乃云「自鑄白銀五銖錢後五歲」，按：鑄白銀在元狩四年，鑄五銖錢在元狩五年，以是考之，則鑄赤仄又當在後矣。愚按：功臣侯表「曲成侯皇柔，元鼎二年坐爲汝南太守知民不用赤側錢爲賦，爲鬼薪」。則知赤仄之鑄，在元鼎二年。又「鄲侯仲居，元鼎三年，坐爲太常收赤仄錢不收，完爲城旦」。則知赤仄錢至元鼎三年已廢不行。食貨志所云「鑄白銀五銖錢後五歲」，乃沿史記之誤而未及正也。

百官表：「相國、丞相，皆秦官。高帝卽位，置一丞相，十一年更名相國。」似相國、丞相乃通稱耳。然觀史記呂不韋傳：「莊襄王以爲丞相。太子政立，尊爲相國。」蕭相國世家：「上已聞淮陰侯誅，使使拜丞相何爲相國。」曹參世家：「孝惠元年，除諸侯相國法，更以參爲齊丞相。」周勃世家：「從高帝，得相國一人，丞相二人。」是相國、丞相非一官，而相國更尊於丞相也。百官志但沿後世所通稱者爲說，而未溯其初耳。

史記高帝紀：「韓信說漢王曰：『項羽王諸將之有功者，而王獨居南鄭，是遷也。軍吏士卒皆山東之人，日夜跂而望歸，及其鋒而用之，可以有大功。天下已定，人皆自甯，不可復用。不如決策東鄉，爭權天下。』」此數語亦見韓王信傳，而淮陰侯傳初無是言也。故徐廣注其下曰：「韓王信，非淮陰侯信。」其辭甚明。至班固作漢書，誤以韓信爲淮陰侯，因增入蕭何追信事，而以此數語屬之淮陰侯矣。然於韓王信傳，仍從史記，載此數語。師古遂疑之曰：「高紀及韓彭英盧列傳皆稱斯說是楚王韓信之辭。」蓋不知班史高紀之誤，而反疑此傳所載史記之原文，遂成千古之誤。又班固於高紀則誤，而韓彭英盧列傳亦止載史記原文，未嘗增韓王信語也，師古云云，抑又誤矣。

史記高祖十年，大書「春夏無事」。漢書乃有「夏五月，太上皇后崩」之文。如淳、晉灼竝以爲無此事，而史記項羽本紀云「羽取漢王父母妻子」。又云「歸漢王父母妻子」。則高祖又似有母。李奇以太上皇后爲高帝後母，證以楚元王交爲高祖同父弟，則李奇之說容或有據。但高祖之母止追尊爲夫人，呂后時始尊爲后，而後母乃先有皇后之稱乎？殆不然矣。按：荀悅漢紀「夏五月，太上皇崩。秋七月，太上皇葬萬年」。則知班史於五月衍一「后」字，於七月衍一「崩」字，遂成此誤耳。若陸士衡漢高祖功臣贊「侯公伏軾，皇媼來歸」。此乃謂太公與呂后，猶鄒陽上吳王書所云「惠、后」。惠者，惠帝；后者，呂后也。古人不以爲嫌也。以爲太上皇后之證，恐未足據。

孝景紀後二年詔曰：「今歲或不登，民食頗寡，其咎安在。或詐僞爲吏，吏以貨賂爲市，漁奪百姓，侵牟萬民。」注家皆以「或詐僞爲吏」絕句，張晏曰：「以詐僞人爲吏也。」臣瓚曰：「律所謂矯枉以爲吏者也。」師古曰：「二說竝非也，直謂詐自稱吏耳。」按：下文但曰：「其令二千石各修其職，不事官職秏亂者，丞相以聞，請其罪。」初不言詐自稱吏者宜如何禁絕，則師古說非也。本文蓋有衍字，當作「或詐僞吏以貨賂爲市」，因「僞」下誤衍「爲」字，乃於「吏」下又沾「吏」字，以就文勢耳。武紀元狩六年詔曰：「將百姓所安殊路，而撟虔吏因乘勢以侵蒸庶邪。」此云「詐僞吏」，彼云「撟虔吏」，義正一律。韋昭曰：「凡稱詐爲矯，强取爲虔。」然則「詐僞」之與「撟虔」二者同科。

孝哀紀建平元年詔曰：「其與大司馬、列侯、將軍、中二千石、州牧、守、相舉孝弟惇厚能直言通政事，延於側陋可親民者，各一人。」「延」乃「迟」字之誤。「迟」古「起」字。惟其起於側陋，故能周知民間疾苦，可使親民也。「迟」字書傳罕見，因誤作「延」。師古注曰：「雖在側陋，可延致而任者。」則所見本已誤，故曲爲之說而於文勢未合。王氏念孫讀書襍志因欲移此四字於「州牧、守、相」之下，以就文勢，義亦未安。皆由不知「延」爲「迟」之誤字也。

刑法志：「年八十以上，八歲以下，及孕者未乳，師、朱儒當鞠繫者，頌繫之。」按：「八歲以下」本作「七歲以下」。孝平紀元始三年詔曰：「男子年八十以上，七歲以下，家非坐不道，詔所名捕，它皆無得繫。」是其證也。禮記曲禮篇「八十、九十曰耄，七年曰悼，悼與耄雖有罪，不加刑焉」。此正漢制所本。今作「八歲以下」，蓋涉上句八十而誤。下文又述「成帝鴻嘉元年，定令：『年未滿七歲，賊鬭殺人及犯殊死者，上請廷尉以聞，得減死。』」以爲合於三赦之法。然則漢制皆以七歲爲斷，益明矣。

蕭何傳：「子祿薨，高后封何夫人同爲酇侯，小子延爲筑陽侯。至孝文元年，罷同，更封延爲酇侯。」愚按：史記蕭何世家：「孝惠二年，相國何卒。」「後嗣以罪失侯者四世，絕，天子輒復求何後，封續酇侯。」史記原文止如此，未嘗有封何夫人之事也。又考史記功臣侯表：「惠帝三年，哀侯祿元年，高后二年，懿侯同元年。同，祿弟。孝文元年，同有罪，封何小子延元年。」然則同乃祿之弟，史記侯表甚明，而漢書乃以爲何之夫人，此是班固別有所據。然史公生西京時，終當以史記爲正。

地理志：「郡國一百三，縣邑千三百一十四，道三十二」，是道之名漢已有之。百官表云：「列侯所食縣曰國，皇太后、皇后、公主所食曰邑，有蠻夷曰道。」是漢之道乃以轄蠻夷之地，故惟零陵、廣漢、越巂、武都、隴西、天水諸郡有之。又紀傳中屢稱縣道，是道卑於縣也。自唐分天下爲十五道，而道之名始尊矣。

漢分天下爲十三部，故有部刺史之名。所謂部者，若唐之言道，宋之言路，元之言行省也。楊惲傳「其豪富郎，日出游戲，或行錢得善部」。師古曰：「郎官之職，各有主部。」此則後世六部之名所由始矣。

古今人表，張宴已譏其紛錯，然所指摘亦未盡也。夫其所列爲上上者，自伏羲、神農以至周公、孔子十數人耳。乃周公之後，孔子之前，數百年中，獨列一弗父何，弗父何固賢矣，恐未足以與於此也。鮌之妃女志有莘氏，湯之妃亦有㜪氏。此二有㜪氏者，於經傳初不見其美惡，乃一則以鮌之故而置之第八，一則以湯之故而置之第二，是謂附驥尾而彰，入鮑肆而臭，非表也。桀紂之罪，宜亦同科，而桀與末嬉第八，紂與妲己第九。坐跖蹻而課貪廉，畫嫫鹽而評妍醜，固何據也。周王子猛，衞世子，共伯，不幸短命，未聞其罪，而列下下，此何爲者？且表列九等，而復標聖人、仁人、知人之名，如齊召忽、宋仇牧、晉荀息之徒，吾未見其爲知也。文王太姒則曰仁人，武王邑姜則曰知人。孔氏之徒亦爲區別，顏閔爲仁，游夏爲知，若斯之類，咸所未喻。學者但以資多識可耳，其所品題，固弗論也。

顏氏家訓云：「漢書禮樂志『給大官挏馬酒』。李奇注：『以馬乳爲酒，揰撞乃成。』有一後進，以爲種桐時，大官釀馬酒乃熟，其孤陋遂至於此。」按：顏氏但辨「挏」之非「桐」，而未及此句之義也。是時哀帝詔罷樂府官，故孔光何武議云：「師學百四十二人，其七十二人給大官挏馬酒，其七十人可罷。」蓋百四十二人中，罷遣其七十人，餘者給大官使挏撞馬酒，卽詔書所謂別屬他官也。若以「挏」爲「桐」，是直謂以桐馬酒給此七十二人矣。句讀之不知，而欲言史學哉。顏氏當日，未知以此曉之否。

周子南君姬嘉，殷紹嘉侯孔何齊，褒魯節侯公子寬，褒成侯孔均，此皆以先聖之後封者，而列之外戚恩澤侯表，殊失其倫。此當與高帝十年所封樂毅之後華成君竝爲一表也。

食貨志：孝文五年，使民放鑄。賈誼諫曰：「法使天下公得顧租鑄銅錫爲錢，敢以襍鉛鐵爲他巧者，其罪黥。」然則漢之錢有以錫鑄者矣。武帝時造銀錫白金，如淳曰「襍鑄銀錫爲白金」。是錫在漢時固充國用。自唐以下，天下常患乎無銅，於是有禁銅於民間者，有市銅於外夷者，而莫議及錫，何也。

周官所載官數，但曰人而已。如「太宰，卿一人，小宰，中大夫二人」是也。然廋人職曰：「正校人員選」，則員之名亦古矣。漢百官志始有吏員之名，乃漢時不獨吏稱員，功臣侯表「東茅侯告，坐事國人過員，免」。師古曰：「事謂役使員數也。」此民之以員稱也。禮樂志「琴工員五人，柱工員二人，繩絃工員六人，鐘工、磬工、簫工員各一人」。此工之以員稱也。翼奉傳「諸侯王國，與其後宮，宜爲設員」。此後宮之以員稱也。蓋有定數皆曰員，故博士弟子亦稱員。

天文志「牽牛爲犧牲，而北河鼓。河鼓大星，上將。左，左將。右，右將」。是牽牛、河鼓非一星。丹元子步天歌所謂「牛上直建三河鼓，鼓上三星號織女」是也。爾雅「何鼓謂之牽牛」。此古人考之不審耳。後人承爾雅之誤，而又誤其聲爲黃姑，於是古詩有「黃姑織女時相見」之語。又誤以黃姑爲織女，於是李後主有「迢迢牽牛星，粲粲黃姑女」之詩。轉展相沿，失之彌遠。

「元延元年四月丁酉，有流星頭大如缶，長十餘丈，從日下東南去。四面或大如盂，或如雞子，燿燿如雨下。」愚因此思春秋所書「星隕如雨」，當亦此類，不必讀「如」爲「而」，以合左氏之說。

古者每易一官，必鑄一印授之。故朱買臣拜會稽太守，未至郡而已懷會稽太守章。至宋孔琳之始建議除之，見南史。然以漢書考之，亦不盡然。周昌傳：「帝持御史大夫印弄之，熟視堯曰：『無以易堯。』遂拜堯爲御史大夫。」此印非卽周昌之印乎？又地理志汝南郡愼陽注，師古曰：「愼字本作滇。」闞駰云：「永平五年，失印更刻，遂誤以『水』爲『心』。」此亦可見漢世之制，非易官必易印也。

地理志有平的縣。師古曰：「的音丁歷反，其字從白。」據此則漢世本有「的」字，近人或因說文有「旳」無「的」而欲改周易之「的顙」、中庸之「的然」盡作「旳」字，則好古而泥者也。韓信曰：「果若人言，狡兔死，良狗烹。」師古云：「此黃石公三略之言。」然則淮陰此言，其聞諸留侯者乎？所謂人者，或卽留侯也。范少伯之去，以書招文種。留侯之於淮陰，當亦不能無言也。惜兩人均不能用耳。

蕭何傳「以文無害爲沛主吏掾」。秦雖任法而其取吏乃如此。酷吏趙禹傳：「亞夫曰：『極知禹無害，然文深。』」漢初議論猶然。至武帝時，吏益務爲嚴峻，如禹者又號爲平，吾是以知武宣之間其吏治不減於暴秦。世之訾秦者，未見及此也。

楚漢之際，受封者虛建名號，而不必實有其地。如曹參之爲建成君，灌嬰之爲昌文君，樊噲之爲賢成君，傅寬之爲共德君，皆師古所謂：「楚漢之際，權設寵榮，或得邑地，或受空爵」是也。若靳歙封臨平君，按地理志鉅鹿郡有臨平縣，則實有封邑矣。而史漢均無注，豈誤以爲虛封邪。

張釋之傳：「上居外臨廁。」師古曰：「廁，岸之邊側也。」汲長孺傳：「大將軍青侍中，上踞廁視之。」

孟康曰：「廁，牀邊側也。」疑古文叚「廁」爲「側」，所謂「踞廁」者，坐不正耳。師古於張釋之傳訓「廁」爲「邊側」，而於汲長孺傳必從如淳之說，以「廁」爲「溷」。竊謂武帝雖倨，亦何至於溷上見大臣哉。史記呂后本紀：「斷戚夫人手足，使居廁中。」漢書外戚傳云：「使居鞠域中。」師古曰：「鞠域如蹋鞠之域，謂窟室也。」然則史公所謂「廁中」者，亦未必爲溷中也。

初學記引漢官云：「秦、漢秩有中二千石、真二千石、二千石、比二千石，凡四等。比二千石月得粟百石；二千石月得粟百二十石，真二千石月得粟百五十石，中二千石月得粟百八十石。」而漢書百官公卿表但有中二千石、二千石、比二千石，而無真二千石。後漢書百官志亦然。愚按：汲長孺傳「令黯以諸侯相秩居淮陽」。如淳曰：「諸侯王相在郡守上，秩真二千石。」朱博傳「前丞相方進奏罷刺史，更置州牧，秩真二千石」。外戚傳「娙娥視中二千石，傛華視真二千石，美人視二千石」。則漢制自有真二千石。初學記所引，可補史之闕。

藝文志：曲臺后蒼記九篇。晉灼曰：「天子射宮也。」愚按：曲臺有二，鄒陽上吳王書曰：「秦倚曲臺之宮。」應劭曰：「秦皇帝所治之處，若漢之未央宮。」此一曲臺也。翼奉傳：孝文皇帝時，「未央無高門、武臺、麒麟、鳳皇、白虎、玉堂、金華之殿，獨有前殿、曲臺、宣室、溫室、承明耳」。此又一曲臺也。蓋漢之曲臺在未央宮中。三輔黃圖所謂「未央宮東有曲臺殿」，長門賦所謂「覽曲臺之央央」也。秦之曲臺別在一處。枚乘上吳王書「游曲臺，臨上路」。張晏注：「曲臺，長安臺。臨道上。」王尊傳「正月中，行幸曲臺」。當卽此也。使卽未央宮之曲臺，不得言行幸矣。后蒼爲記，亦必在此。蓋卽秦之故宮而習射，故以爲天子射宮也。

賈生弔屈原文：「闒茸尊顯兮讒諛得志，賢聖逆曳兮方正倒植。」師古曰：「植，立也，音值。」愚按：師古之音非也。論語：「植其杖而芸。」漢石經作「置其杖而芸」。是「植」與「置」古通用，「倒植」猶「倒置」耳。

上林賦「靈圄燕於閒館」。封禪文「靈圄賓於閒館」。大人賦「悉徵靈圄而選之」。相如文每喜相襲，且如子虛上林皆一時奏御之作，而既云「轊輡𨌬」，又云「轊白鹿」。既云「軼野馬」，又云「軼赤電」。既云「捷狡兔」，又云「捷鵕雛」。既云「掩兔轔鹿」，又云「轔距虛」。如此類，不可勝舉。蓋本無實事，而徒以夸誕之言飾而成之，無惑乎語之重，字之複也。余嘗謂相如出而漢文衰，信矣。

淮南王諫伐閩越書云：「間者，歲比不登，民待賣爵贅子以接衣食。」蓋漢時每有恩詔，輒賜民爵一級，意其時民得自爲賣買也。此亦可見漢爵之不足重矣。

東方朔傳：「年十三學書，三冬文史足用。」如淳曰：「貧子冬日乃得學書。」按：此注非是。據其下云「十五學擊劍」，蓋自十三至十五適三年。學書至三年，則於文史已足用矣，故又學劍也。其云：「三冬」猶云「三秋」耳，非必至冬日乃學書也。

嚴助傳稱：東方朔，「上俳優畜之。唯助與壽王見任用」。然漢武起上林苑，吾丘壽王成之，而諫之者朔也。辟戟之言，義形於色，雖汲直不過焉，尚謂其俳優哉。其非有先生論曰：「放鄭聲，遠佞人，薄賦歛，省刑辟。」然則先生之論，皆孔孟之緒言，其所欲設施於漢者可知矣。史乃稱其專言商鞅、韓非，豈知朔乎。又述楊雄之言，謂朔言不純師，行不純德。噫，子雲作大玄，擬周易，法言擬論語。可謂純矣。晚節不終，至有美新之作，所謂純者安在哉。

史稱張歐爲廷尉，未嘗按人。王伯厚謂：鼂錯之死，張叔劾奏，安得云「不按人」哉。余亦謂：于定國爲廷尉，稱無冤民，而楊惲之獄，定國摭拾口語以爲左驗，此亦安得云「無冤」也。本傳不書，爲之諱耳，然其實不可掩也。若張釋之者，豈不賢哉。

陳萬年傳：「萬年召咸，教戒於牀下。咸睡，頭觸屏風。萬年怒，咸曰：『具曉所言，大要教兒諂也。』」然陳咸後以久滯郡守，賂遺陳湯，入爲少府，與其父傾家賂許史何異，喪其初心矣。況所至以殺伐立威，死者歲數百千人，固不如乃翁之廉平也。

鼂錯之父呼錯爲公，霍去病之父見去病稱臣，皆漢世風俗之陋也。太公之於高祖，有以先之矣。

傅介子之誅樓蘭王，誘以金帛，醉而刺之。以堂堂之漢而行荆軻、聶政之事，甚爲中國羞，不如常惠之責龜茲，段會宗之誅番丘遠矣，況以比甘、陳乎。謂之立功異域，吾不信也。

漢人重舉主，實爲座主門生之濫觴。雖其意良厚，然而私也。王駿傳，光禄勳匡衡舉駿有專對才，後駿爲司隸校尉，奏免丞相匡衡。此則不媿古之遺直。後世若張陵之於梁冀，郤詵之於崔洪，榮毗之於楊素，皆伸公憲以報私恩，君子人與？

貢禹傳「三工官費五千萬」。師古注謂少府之屬官是也。如淳曰：「地理志河内懷、蜀郡成都、廣漢皆有工官。」此說非是。考地理志，工官凡九：河南郡也，潁川郡也，太山郡也，廣漢郡也，河内郡之懷也，蜀郡之成都也，南陽郡之宛也，濟南郡之東平陵也，太山郡之奉高也。安得云三工官乎？師古糾之，亦未及此。

彭宣傳：「遷廷尉，以王國人出爲太原太守。」李奇注曰：「初，漢制，王國人不得在京師。」按：兩龔傳「勝三舉孝廉，以王國人不得宿衛」。是漢固有王國人不得在京師之制。然以他傳考之，爰盎楚人，枚乘、嚴助、朱買臣吴人，韓安國梁人，主父偃齊人。又鹽鐵論「魯國萬生之徒，咸集闕廷」。漢世王國人之在京師者多矣。然則此制當起於元成間。彭宣所以仕至廷尉而復出也。李奇之注未覈。

王貢兩龔鮑傳首列鄭子真嚴君平而末附薛方、郇越、郇相、郭欽、蔣詡、栗融、禽慶、蘇章、曹竟諸人，表章清節，勝太史公之傳游俠多矣。惟紀逡及唐林、唐遵竝仕莽朝，而亦羼其間，未免失荃茅之辨。按：唐林當哀帝之初已爲尚書令，頗持正論，見傅喜傳。晚節不終，惜哉。

衛青傳「民母」。服虔曰：「嫡母也。」師古曰：「言鄭季正妻本在編户之間，以别於公主家也。」丙吉傳「宫婢則令民夫上書，自陳有阿保之功」。師古曰：「謂未爲宫婢時，有舊夫見在俗間者。」愚按：民母、民夫語意正同。服虔所解未得古人之旨。

眭孟因大石自立，僵柳復起，使友人内官長賜上言：「漢家堯後，有傳國之運，帝宜求索賢人，禪以帝位。」此真妄人也。其後王莽曹丕先後篡逆，皆言漢承堯後，宜有禪代，未必非此等議論啓之，以誅言誅死宜矣。宣帝興自民間，乃官其子，甚無謂也。

李尋傳「政治感陰陽，猶鐵炭之低卬」。孟康曰：「天文志云：『縣土炭』也，以鐵易土耳。先冬夏至，縣鐵炭於衡，各一端，令適停。冬，陽氣至，炭仰而鐵低；夏，陰氣至，炭低而鐵仰。」愚按：燥溼之氣，炭受之而鐵不受，故足以驗陰陽。若土則亦能受燥溼之氣，與炭不異，恐低則俱低，仰則俱仰，不足驗也。然則以鐵易土，固勝之矣。

殷太史執簡爭紂當立，而紂亡國。伍子胥以死爭於闔閭，立夫差，而夫差以滅。漢史丹伏青蒲爭太子不當廢，太子立，是爲成帝，而王氏之盛自此始，遂以篡漢。諸君子所議非不正，而天之亡人國，豈意計所能料哉。

衞青、霍去病名見佞幸傳，而得入列傳者，以有軍功也。張湯、杜周名見酷吏傳，而得入列傳者，以有賢子也。周仁之名亦見佞幸傳，而得與雋不疑、張歐同爲一傳，幾於韓非、老子矣。若楊僕、因爲御史，督關中盜賊，治放尹齊，故史列之酷吏。然考其生平，以南越功封侯，又破東越，其後以朝鮮事失爵，與郅、甯之徒專以殘酷見者不同，似宜入列傳也。

蘇建傳不過數語，而附其子蘇武傳甚詳。竊謂當立蘇武傳而父建附見其首。若唐書劉全諒傳不過數語，而附其父劉客奴傳甚詳，則當立劉客奴傳而子全諒附見其末。凡此皆史家體例之可議者也。

太史公茸以蠶室。張安世傳「兄賀下蠶室」。西域傳「樓蘭王質子坐漢法，下蠶室」。外戚傳「許皇后父廣漢下蠶室」。蠶室之義，注家所說皆未明。按：咸宣傳「闌入上林中蠶室」。然則蠶室乃上林中室也。

古諸侯皆有史，秦漢以降無聞焉。然考之漢書，何竝爲潁川太守，見紀潁川，名次黃霸，見本傳。

王閎爲牧守，所至見紀，見董賢傳。是則漢時郡國必有記注，亦史之遺也。

匈奴傳「漢軍乘勝追北，至范夫人城」。應劭曰：「本漢將築此城，將亡，其妻率餘衆完保之，因以爲名。」然則晉朱序母築城，號夫人城，亦有所本。世傳范良妻事，疑即范夫人事，而傳者失其實也。

古婦人不以名行，而漢書所載婦人之名甚衆。如衞青傳「衞媼長女君孺，次女少兒，次女子夫」。張安世傳「女孫敬」。霍光傳「夫人顯，女成君」。義縱傳「姊姁」。陳遵傳「陳遂妻君甯」。又「寡婦左阿君」。此類不可勝數。外戚傳「女醫淳于衍，字少夫」，并以字行矣。成帝所幸曹宮，亦稱偉能，或亦其字乎。他若元帝宮人有王昭君，而廣陵厲王胥所幸八子又有郭昭君。東方朔小妻名細君。而江都王建女亦名細君。史書僻處，人所忽略，因記於此。

西王母見於山海經、汲冢周書。史記亦有造父御穆王西巡守見西王母之事。按爾雅「觚竹北户，西王母日下，謂之四荒」。然西王母之所在，迄無知之者。漢書西域傳「安息長老傳聞條支有弱水、西王母，亦未嘗見也」。故漢世相承皆以西王母爲女仙人。相如大人賦「吾乃今日見西王母，暠然白首戴勝而穴處兮，亦幸有三足烏爲之使」。楊雄甘泉賦：「想西王母欣然而上壽兮，屏玉女而卻虙妃。」此可見漢人皆以西王母爲女仙也。故哀帝時民間相傳行西王母籌，而王莽作大誥曰：「太皇太后配元生成，興我天下之符，遂獲西王母之應。」則并託之爲符命矣。至大宛傳「宛人斬其王母寡首，獻馬三千匹」。李廣利傳「宛貴人謀曰：『王母寡匿善馬，殺漢使，今殺王而出善馬，漢兵宜解。』」此自謂大宛之王名母寡者。陳湯傳又作母鼓，與西王母初不相涉，世儒强作曉事，輒曰西王母西方國名，漢時嘗得西王母之頭，豈不謬哉。

孝昭帝紀，帝姊鄂邑公主爲長公主。師古曰：「帝之姊妹則稱長公主。」然漢世稱長公主者，非必帝之姊妹也。外戚傳「文帝立數月，公卿請立太子，而竇姬男最長，立爲太子，女爲長公主」。是時文帝在而已云長公主，是女亦可云長公主，非必姊妹也。蓋男之長者爲太子，女之長者爲長公主。曰太曰長，其義一也。古大、太同字。僖八年左氏經文「禘於太廟」。正義曰：「太廟，廟之大者。」是太廟卽大廟也。司馬相如封禪書「以登介丘」。注云：「介，大也。丘，山也。言周以白魚爲瑞，登太山封禪。」是太山卽大山也。以是推之，太子卽大子也。知太子之義，而長公主之義亦明矣。

王氏五侯之初起也，起土山漸臺。百姓歌之曰：「土山漸臺西白虎。」及王莽之敗也，死於漸臺。地雖異，名則同焉。又王莽卽眞，拜甄豐爲更始將軍，遣五威將班符命於天下，有曰「海內更始」。及劉聖公起，以更始建元，此與魏起安世殿，而晉武帝字安世。後周華嶽頌有曰：「會一區寓納之仁壽」，而隋文帝立，改元仁壽。事正相類，皆幾之先見者也。

王莽一庸妄子耳，其矯誣之詞，淩亂之政，班固乃備載無遺，陋矣。魏之篡漢也，其臣下勸進，稱述功德，援引符命，見於裴松之注者幾萬餘言，而陳壽作三國志，削而不書，其見高於班固。

漢興，惟韋、平父子至宰相。後世頌宰輔者，輒引爲美談。愚按：平當子晏仕至大司徒，而莽之篡也，曾不能死其位，反爲莽太傅，又分陝爲左相，此豈特莽大夫已哉。漢書不爲列傳，蓋削之也。平氏父子非令典，世但習而不察耳。

張竦字伯松，見陳遵傳。史稱其廉謹自守，然竦爲陳崇作奏，頌莽功德，几千餘言。又爲劉嘉作奏，言安衆侯崇進不跬步，退伏其殃。百歲之母，孩提之子，同時斷斬，懸頭竿杪。珠珥在耳，首飾猶存。噫，何言之忍哉。韓退之元和聖德詩「婉婉弱子，赤立傴僂，牽頭曳足，先斷腰膂」。蓋以施之劉闢，讀者猶病之。竦之言不亦喪心病狂之甚哉。其悖逆如此，何以爲廉謹自守也。又曰：「拂其頭，銜其匈，刃其軀，切其肌，撥其門，仆其牆，夷其屋，焚其器。」是亦四其御史矣。張京兆乃有此孫，惜哉。世人徒於陳遵傳見之，幾以爲禮法之士，亦未一考王莽傳也。

古列國之史，皆名史記。故太史公之書，亦因其名。至班固之史，名之曰漢書，是直欲追配唐、虞、三代之書也。又敘傳以諸帝紀爲春秋考紀，則又將續獲麟之筆矣。其箸述之意，可爲盛哉。文中子作元經以擬春秋，遂蹈吳越僭王之罪。此後世之刻論，古人無是也。

荀悦漢紀，改紀、表、志、傳爲編年，與漢書小有異同處，要皆不及班書。日知録采其一二事，今細核之，亦殊不然。其一事云，杜陵陳遂字長子，上微時，與游戲，博弈，數負遂。上卽位，稍見進用，至太原太守。乃賜遂璽書曰：「制詔太原太守：官尊禄重，可以償遂博負矣。妻君甯時在旁，知狀。」遂乃上書謝恩曰：「事在元平元年赦前。」其見厚如此。漢書以「負遂」爲「負進」。又曰：「可以償博進矣。」「進」乃悼皇考之名，宣帝不應用之。荀紀爲長。今按：漢書陳遵傳「祖父遂，字長子。宣帝微時，與有故，相隨博弈，數負進」。師古曰：「進者，會禮之財也。謂博所賭也。解在高紀。一說進，勝也。帝博而勝，故遂有所負。」此二說解「進」字不同，而要之遂負帝也，非帝負遂也。故璽書云「官尊禄厚，可以償博進矣。妻君甯時在旁，知狀」。蓋戲爲索債之辭，故引君甯爲證見，非空言也。遂謝曰：「事在元平元年赦令前」，明其已更赦令，雖有宿負，當蒙恩免也。荀紀乃云：「帝數負遂」，此與漢書正相矛盾。夫遂負帝，則可引赦令以自解。帝負遂，而遂引赦令解之，則失尊卑之分矣。此事仍以漢書爲長。若「進」字犯史皇孫諱，則師古已釋之矣。又一事曰，元康三年三月，詔曰：「骨肉之親，放而不誅。」漢書作「粲而不殊」，文義難曉。荀紀爲長。按：昌邑王傳作「析而不殊」，師古曰：「析，分也。殊，絶也。」此注甚明。蓋謂骨肉之親，雖至分析，不當殊絶。宣紀「粲」字，顧氏謂當作「粲」。據説文，粲，散之義。則「粲」與「析」義可相通，而「粲」字之誤無疑。荀紀作「放而不誅」，其義又別。夫既云「放而不誅」，則雖免誅夷，猶當流放。下乃云「其封故昌邑王賀爲海昏侯」，文義不屬矣。此事亦仍以漢書爲長。但「粲」當爲「粲」，則誠如顧氏説，不可不知耳。

湖樓筆談五

孔子曰：「必也正名乎。」鄭康成謂正書字也。自周內史達書名之職廢，而文字之間日趨簡易。如馬頭人爲「長」，人持十爲「斗」，見於許氏說文序。竈、鼉從黽，亂、辭從舌。「席」下爲「帶」，「惡」上安「西」。「析」旁著「片」，「離」邊作「禹」，見於陸氏經典釋文序。覺、學從與，泰、恭從小，匱、匠從走，巢、藻從果，耕、籍從禾。「美」下爲「火」，「哀」下爲「衣」，「極」下爲「點」，見於張守節史記正義序。百念爲憂，言反爲變，不用爲罷，追來爲歸，更生爲蘇，先人爲老，見於顏氏家訓。如此之流，布滿經傳，良由漢人改篆爲隸，但求便美，罔顧形聲，搖筆染翰，輒成詭異。洪氏隸釋曾略舉數字云：平聲則窂牢，靈靈，遥通，潙潙，還還；上聲則響響，覽覽，秉秉，啓啓，典典；去聲則據據，裔裔，孟孟，驗驗，舜舜；入聲則術術，厲厲，陟陟，惻惻，壹壹。又擬急就一章云：滂喜悠悠獸無繼，滂喜悠悠獨無繼。隸灋乖離昉中世，隸法乖離昉中世。騁異爭新墜筆意，騁異爭新墜筆意。斷據圖籍載一二，斷據圖籍載一二。氏羲農，氏羲農。邦舜禹，邦舜禹。終春秋，終春秋。陳鄒魯，陳鄒魯。劉暴嬴，劉暴嬴。禽霸楚，禽霸楚。基宇恢，基宇恢。啓劉祚，啓劉祚。皐夔契，皐夔契。鳳朝弼聚，朝弼聚。解葉曹，解葉曹。呂孟祖，呂孟祖。秉典禮，秉典禮。垂律度，垂律度。儒術顯，儒術顯。爵祿屢，爵祿屢。風雲霜露星電煇，風雲霜露星電煇。簠籩壺兕與鼎彝，簠籩壺兕與鼎彝。黍稷香馥薦血犧，黍稷香馥薦血犧。滌齊濁禮靈響歸，滌齊濁禮靈響歸。鳥獸鼠蚌鳩麟黿，鳥獸鼠蚌鳩麟黿。道邊通達遭過隨，道邊通達遭過隨。淵深闊奧丕出仑，測深闕奧表出之。以上諸字，或隸體之變，亦或本是說文正體。洪氏擴摭亦多襍粗，長洲顧南原著隸辨，末附疑字。𡾥、㺃、𡍼、彄、弬、槖、菁、㹻、愪、𥉊、𢓶、觥、䶈、槼、𣙩、𢀍、𩓐、勯、𢓭、衜、𨕥、𨫼、尢、𥚺、𦨇、芳、衛、㨢、樟、𩇯、枧、鷂、阩、𤞑、鍾、䅿、瓇、闟、硟、硯、𣅜、潅、𥨛、臁、𡝩、觿、犨、戕，如此之類，頗涉詭異，附筆於此，惟好奇嗜古者詳之。

漢人隸體變易有頗似他字者，如夏承碑，「東」作「東」，則似「秉」字。李翊夫人碑，「眉」作「眉」，則似「肩」字。孫叔敖碑，「塗」作「涂」，則似「淦」字。嚴發碑，「身」作「身」，則似「牙」字。苑鎮碑，「身」作「耳」，則似「耳」字。北海相景君碑陰，「幹」作「午」則似「午」字，「騑」作「騬」，則似「駿」字。韓勑碑，兩側題名「涫」作「浡」，則似「浡」字。張納功德叙，「賁」作「賁」，則似「責」字。魯峻碑陰，「般」作「服」，則似「股」字，「王」作「王」，則似「壬」字。魯峻石壁畫象，「鮮」作「觧」，則似「解」字。吴仲山碑，「尉」作「尉」，則似「割」字。衡方碑，「賓」作「賓」，則似「賓」字。鄭固碑，「牙」作「耳」，則似「耳」字。唐公房碑，「房」作「防」，則似「防」字。孔耽神祠碑，「成」作「成」，則似「求」字。議郎元賓碑，「朋」作「多」，則似「多」字。太尉公墓中畫像，「太」作「伏」，則似「伏」字。校官碑，「介」作「爪」，則似「爪」字。唐扶頌，「奮」作「奮」，則似「舊」字。徐氏紀產碑，「冠」作「冠」，則似「寇」字。嚴訢碑，「貌」作「貇」，則似「類」字。張遷碑，「雪」作「雪」，則似「虐」字。楊統碑，「克」作「盲」，則似「官」字。金恭碑，「兆」作「氷」，則似「水」字。周憬功勳銘，「偲」作「偲」，則似「促」字。陳寔碑，「美」作「羙」，則似「箕」字。韓勑後碑，「耳」作「瓦」，則似「瓦」字。夫股、般字近，禹河失鉤股之名，房防形同，漢史沒宣房之實。竊恐經典中因隸體混淆，以致沿訛千古者，殆不少矣。聊記大凡，以俟好學深思之士。

許君作說文，正篆之下，更出重文，廣蒐古籀之文，亦存或作之體，足見探索之勤矣。然亦有實係重文，而誤收兩部。學者但觀其音義之同，可知其本爲一字。如敫、擊也，則敫、椓一字也。廯、蔽也，屏、蔽也，則廯、屏一字也。彶、迹也，衜、迹也，則彶、衜一字也。睍、衺視也，顭、旁視也，則睍、顭一字也。親、至也，寴、至也。則親、寴一字也。晏、安也，旻、安也，則晏、旻一字也。摜、習也，遦、習也，則摜、遦一字也。讀、媟讀也，嬻、媟嬻也，則讀、嬻一字也。譎、權詐也。憰、權詐也，則譎、憰一字也。踣、僵也，趙、僵也，則踣、趙一字也。違、遠也，趌、遠也，則違、趌一字也。勍、彊也，倞、彊也，則勍、倞一字也，嘌、疾也，慓、疾也，則嘌、慓一字也。嫖、輕也，僄、輕也，則嫖、僄一字也。寶、塞也，塡、塞也，則寶、塡一字也，諝、知也，惰、知也，則諝、惰一字也。滄、寒也，滄、寒也，則滄、滄一字也。䫉、頸飾也，嬰、頸飾也，則䫉、嬰一字也。粗、䊪飯也，飷、䊪飯也，則粗、飷一字也。䢓、行皃，躍、行皃，則䢓，躍一字也。如此之類，雖居兩部，實是一文。區以別之，乃其偶不照耳。

說文所載九千三百五十三文。有似隱僻不適於用而實爲經典正文者，錢氏大昕潛研堂集、陳氏壽祺左海經辨皆曾校舉之，可云略備矣。今復加蒐輯，以坿益其所未盡。在周易則「𢻱」即「德施晉也」之「施」。「痍」即「明夷」之「夷」。「僓」即「三歲不覿」之「覿」。「㦒」即「有疾憊也」之「憊」。「𤰶」即「引而申之」之「申」。「傷」即「交易而退」之「易」。在尚書則「𦸗」即「篠簜既敷」之「敷」。「𨔲」即左傳所引夏書「遒人」之「遒」。「改」即僞泰誓傳「妲己」之「己」。「鄛」即序「巢伯來朝」之「巢」。在詩則「報」即「展轉反側」之「展」。「痡」即「福履將之」之「將」。「襐」即「象服是宜」之「象」。「散」即「式微式微」之「微」。「慽」即「自貽伊戚」之「戚」。「枎」即「山有扶蘇」之「扶」。「䟫」即「在城闕兮」之「闕」。「投」即「伯也執殳」之「殳」。「㱓」即「厭厭良人」之「厭」。「虢」即「鄰韍淺幭」之「淺」。「髳」即「綢直如髮」之「綢」。「𥈟」即「題彼脊令」之「題」。「捝」即「汝覆說之」之「說」。「憒」即「無不潰止」之「潰」。「弴」即「敦弓既堅」之「敦」。「奄」即「文王之德之純」之「純」。「徺」即「有夷之行」之「夷」。「犅」即「白牡騂剛」之「剛」。「盉」即「亦有和羹」之「和」。「䀋」即「不僭不濫」之「濫」。「獊」即萇楚箋「狡狭」之「狭」。「膬」即烝民箋「濡毳」之「毳」。「忞」即小毖箋「懲艾」之「艾」。「䨪」即絲衣序「靈星之尸」之「靈」。在春秋則「夅」即「郕降於齊師」之「降」。「郲」即「盟於葵丘」之「葵」。「䞃」即公羊傳「漸，進也」之「漸」。「媄」即左傳「美而艷」之「美」。「攜」即「招攜以禮」之「攜」。「廦」即「闕西辟」之「辟」。「郲」即「邢茅胙祭」之「祭」。「𠬝」即鄭石制字子服之「服」。「讀」即「匱盟也」之「匱」。「堞」即「傅於堞」之「堞」。「懾」即「武震以攝威之」之「攝」。「嬗」即「僕臣臺」之「臺」。在儀禮則「袳」即「主婦衣禓衣侈袂」之「侈」。「輊」即「朱極三」之「極」。「殔」即「掘肂見衽」之「肂」。在周禮則「殨」即「潰瘍」之「潰」。「筴」即「六日筴祝」之「筴」。「祰」即「二日造」之「造」。「索」即「索室毆疫」之「索」。「麾」即「建大麾」之「麾」。「敉」即「春招弭」之「弭」。「鐔」即「暴內陵外則壇之」之「壇」。「籚」即考工記「輪輿弓盧」之「盧」。「軖」即「萬之以其眡匡也」之「匡」。在禮記則「襂」即「㬱無褰裳」之「褰」。「傜」即「騷騷爾則野」之「騷」。「辬」即「斑白者」之「斑」。「渻」即「省囹圄」之「省」。「鷸」即「告於甸人」之「告」。「帉」即「紛帨」之「紛」。「䴅」即「鳥不獝」之「獝」。「䜤」即「獸不狘」之「狘」。

「㮚」卽「股以椇」之「椇」。「坌」卽「掃席前曰拚」之「拚」。「袂」卽「加夫襓」之「夫」。「嫿」卽「屬屬乎」之「屬」。「妮」卽「仲尼曰」之「尼」。在論語則「璑」卽「瑚璉也」之「瑚」。「趣」及「懇」竝卽「與與如也」之「與」。「鷍」卽「三嗅而作」之「嗅」。「𦋐」卽「鞠躬」之「鞠」。「䥖」卽「鏗爾舍瑟」之「鏗」。「憰」卽晉文公譎之「譎」。「詐」卽「其言之不怍」之「怍」。在孟子則「嫿」卽「畜君何尤」之「畜」。「刱」卽「創業垂統」之「創」。「㥯」卽「隱几而卧」之「隱」。「恑」卽「爲之詭遇」之「詭」。「歍」卽「惡是何言也」之「惡」。「偄」卽「懦夫有立志」之「懦」。「匋」卽「萬室之國，一人陶」之「陶」。「𤅊」卽「若崩厥角稽首」之「厥」。「纕」卽「馮婦攘臂下車」之「攘」。「搈」卽「動容周旋」之「容」。在爾雅則「撲」卽「芼，搴也」之「搴」。「迂」卽「干，求也」之「干」。「勴」卽「助，勴也」之「勴」。「忏」卽「盱，憂也」之「盱」。「逭」卽「逑，鞠也」之「逑」。「鬻」卽「餬，饘也」之「餬」。「𥈟」卽「監，視也」之「監」。「潐」卽「水醮曰𣸣」之「醮」。「陙」卽「水出其右正丘」之「正」。「酰」卽「太歲在壬曰元黓」之「黓」。「㒈」卽「𩗢颮」之「颮」。凡此之類，悉數難終，偶因所見而筆之，好學之士有能觸類引申者，寓目卽是，固非區區掇拾所能盡也。

周官保氏疏稱形聲之體有六：江河之類，左形右聲。鳩鴿之類，右形左聲。草藻之類，上形下聲。婆娑之類，上聲下形。圃國之類，外形内聲。闕、闐、衡、銜之類，外聲内形。然說文無「婆」字，宜易以娶字。闕、闐仍是外形内聲。衡則從角從大，會意，㒸非形也。銜則全是會意字，非形聲字也。考之說文，從行得聲而在外者，竟無其字。擬易之曰：問、聞、鳳、鳳之類，外聲内形，庶爲得之。惟書之六體，形聲居多。古人製字，亦頗錯綜。如韋從舛口聲，乃分其所從之舛置口於中。此藏聲於形也。鹽從鹵監聲，乃分其得聲之監，置鹵於中，此藏形於聲也。至如竊，則𥨪、廿皆聲，𪍿則次、𥝢皆聲，是聲不一聲也。嚴從二口，而𠲎又從一口，冒從目，而瞐又從目，是形不一形也。然則六等之說，固不足以盡之。

公羊定十二年傳「五板而堵，五堵而雉」。按：「雉」乃叚字，其字當作「垁」，從土矢聲，與堵字從土者聲同。經典皆叚「雉」爲之，而「垁」字亡矣。楊子太玄經閑次「六閑黃垁」。范望注曰：「五堵爲垁。」「垁」字他無所見，惟見於此。子雲多識古文，信矣。許叔重失收此字，學者遂不知「雉」爲叚字。陸佃埤雅曰：「雉飛不越分域，崇不過丈，修不過三丈，故以雉計丈。」望文生訓，實非古義。

十、百、千皆有本字，而萬獨無本字。玉篇方部有万字，云：「俗萬字，十千也。」然隸續載建平五年郫縣碑云：「賈二万五千」，則漢世固有万字也。水經汝水篇注云：「楚盛周衰，控霸南土，欲爭强中國，多築列城於北方以逼華夏，故號此城爲萬城，或作方字。」據此則楚之方城本作萬城。其或作「方」者，正以古「萬」字作「万」，形似故也。然則「万」爲古字無疑矣。說文云：「千，十百也，從十從人。」愚謂千與万皆從一從人，人持一爲千，人戴一爲万。

說文有從爿得聲之字，而無爿篆。張參五經文字爿部曰：「爿音牆。」元度九經字樣鼎字注云：「下象析木以炊，篆文𣎳，析之兩向，左爲爿，音牆，右爲片。」李陽冰亦云：「木字右旁爲片，左爲爿，音牆。」然許君鼎篆說解云：「象析木以炊也。」是以鼎爲象形，形則非字。分之爲片爿二字，非許意也。嚴鐵橋謂爿卽疒之省，然凡從爿得聲者，皆隸陽唐部，與疒聲絕遠。玉篇「疒，女戹切。又音牀」。廣韻十陽、二十一麥，竝收疒字，夫二部本不相通，何以一疒字而兼二音，疑幷爿疒二字而一之，故既隸陽部，又隸麥部，此是誤合，未足據也。竊謂爿雖不知何字，而唐人舊讀皆作牆，則斑斑可考。此字蓋卽牆之古文，象形字也。毛詩緜篇「縮版以載」。箋云：「以索縮其築版，上下相承而起。」正義曰：「以繩縮束其版，版濟築訖，則升下於上，以相承載。」爿字正象縮版以載之形，故爲「牆」古文。

說文無「藏」字，愚謂藏卽葬之或體也。古之葬者，厚衣之以薪，故葬從茻，而藏從艸。從艸猶從茻也，臧其聲也。禮記檀弓篇「葬也者，藏也」。以藏釋葬，實則一字，此例古固有之。毛傳曰：「蕳，蘭也。」蕳、蘭亦一字也。說文葬篆說解云：「臧也。」臧字無義，當作藏字。用檀弓說也。藏字之義爲藏蓄義所專，相沿既久，經傳無作葬埋義用者，惟列子楊朱篇述端木叔事云：「及其死也，無瘞埋之資，一國之人受其施者，相與賦而藏之。」古字古義，一字千金矣。

藏爲葬字，則藏蓄字當爲何字？曰：其字當作臟，從貝藏聲。玉篇貝部「臟，藏也」。是其字也。臟字雖說文所無，愚嘗讀墨子，節葬下篇曰：「計厚葬爲多埋臟之財者也。」則古固有臟字。玉篇所收，足補許書之缺。乃今本墨子臟誤作賦，而古字不見矣。辨見諸子平議。

易卦「坎爲水，離爲火」。水字篆作巛，橫看卽坎卦。說文曰：「象衆水並流，中有微陽之氣。」亦坎義也。乃火字篆作火，與離卦不合。愚謂此殆篆者過求整齊，轉失製字之意。火字當作灬，其旁之䒑，卽離卦上下兩陽也。其中之ㄅ，卽離卦中爻之陰也。字形與卦象本無不合，作者將其中畫之參差者引而齊之，乃成火字，其後變篆爲隸，又將其旁變爲兩點，彌失其真矣。

廣雅「𢦏，視也」。或問「𢦏」是何字，曰：卽尚書「在璿璣玉衡」之「在」也。漢人書「在」字或作「𢦏」。

州輔碑「戩貴不濡」是也。「在」本從才聲，「戩」則變從戔聲，此作「戠」者，又變從土爲從目，以合於在察之義也。殆漢魏間俗書歟？或「戠」本古字，因經典皆叚「在」爲之，而本字獨存於廣雅歟？

廣雅「㦸，健也」。字書無「㦸」字。周易「咸亨利貞，取女吉」。疑「㦸」卽咸卦之「咸」，以其取女吉，故變從女。漢時俗書也。襍卦傳曰：「咸，速也。」故有健義。且上經始乾坤，下經始咸恆，是咸卦本配乾卦，乾爲健，咸亦爲健，殆古易說乎？

廣雅嗞、唹並訓笑。按：嗞者，嗟嗞。唹者，於乎。與笑義絕遠而得訓笑者，說文欠部「歎，吟也」。段氏玉裁據文選盧諶覽古詩注，補其下曰：「謂情有所說，吟歎而歌詠。」且爲之說其義曰：「古歎與嘆別，歎與喜樂爲類，嘆與怒哀爲類。如樂記云一唱而三歎，有遺音者矣。」又云：「長言之不足，故嗟歎之。嗟歎之不足，故不知手之舞之、足之蹈之。論語『喟然歎曰』。皆是『歎』字。檀弓曰：『戚斯嘆。』詩云『而無永嘆』，『愾我寤嘆』，皆是『嘆』字。」以段氏說推之，嗞也唹也，蓋皆「歎」而非「嘆」也。尚書堯典篇「僉曰：『於，鯀哉。』」管子小稱篇「嗟嗞乎，聖人之言長乎哉」。並是情有所悅，吟歎而歌詠之詞。然歎、嘆不分，由來已久。古書所用，亦未必不混於所施。詩雲漢篇「王曰於乎」，與「僉曰於」異矣。說苑貴德篇「嗟嗞乎，我窮必矣」。與「嗟嗞乎，聖人之言」又異矣。而廣雅嗟、唹並訓笑，則尚與古義合，宜表而出之。唹卽於字，因訓笑，故從口耳。

玉篇一部所收字與說文同。但天下沾兂兂，古文耳。部末乃有「兲」字，注「竹瓦切」，而不說其義。必後人附益，非顧氏之舊也。「兲」卽「寡」之俗字。一人爲寡，正如龍龕手鑑所載「夛」爲多，「𡗗」爲矮，

「甭」爲棄，「覔」爲暗之類。俗書鄙俚，大率然矣。

玉篇之末附分豪字樣一百四十八字，其中多鄙陋不經。如台我之台，三台之台，本是一字，乃分台台二字云：「上湯來反，星也。下羊支反，我也。」臧否之否，否泰之否，亦是一字，乃分否否二字云：「上方久反，臧否。下符鄙反，屯否。」又如咀含字作咀，詛祝字作詛，二字有從口從言之別，而從且得聲則同，乃列咀咀二字云：「上茲治反，駡也。下慈呂反，咀嚼。」以兩字謂皆從口，猶屬可通。謂一從且而一從旦，不知旦是何字。偏考經傳，並無台、否、咀諸字，抑何鄙乃爾。顧野王當不至此也。

說文無「塔」字，梵音初入中國，譯者葢即以「鞳」字爲之。一切經音義卷五出「佛塔」二字云：「經文從革作鞳」，是其證也。又曰：「或云塔婆或作得婆」，是塔之音轉而爲「得」矣。卷十又出「偷婆」二字曰：「經中或作兜婆，或云塔婆，或言藪斗波。」是塔之音又轉而爲「偷」，爲「兜」，或引而長之爲「藪斗」矣。梵音無定，不獨其字不必定作「塔」，并其音亦不必定如「塔」也。偶讀阮文達塔性說，因記之。

說文無「樾」字。淮南子人閒篇「武王蔭暍人於樾下」。注曰：「樾下，衆樹之虛也。」則漢世固有「樾」字矣。而精神篇曰：「當此之時，得茠越下，則脫然而喜矣。」注曰：「楚人樹上本大小如車蓋狀，爲越，言多蔭也。」則越字又不從木。同一淮南而有作「樾」作「越」之殊。嘗謂此是高許二注之別。許書無「樾」字，則許慎所注淮南必作「越」，而作「樾」者，高誘本也。余之生也，先大夫初名之曰森，字之曰立甫。後更命之曰樾，字之曰蔭甫。及中歲治經，或謂「樾」字說文所無，宜易之。余謂已孤，不更名。名字受之先人，不可易也。或又謂宜去木旁作越，然自先高祖以來，皆以五行偏旁命名。去木作越，失其序矣。是亦未爲可也。嘗爲解嘲語曰：漢諸葛孔明名亮，而説文無「亮」字。唐韓退之名愈，而説文無「愈」字。夫如孔明者，可謂名臣矣。如退之者，可謂大儒矣。皆以説文所無之字爲名，然則名何必説文所有乎。且許叔重者，親著説文者也，於邑部出鄦篆，謂炎帝太嶽之允。甫侯所封在潁川，則固許君之所自出。然許君自序曰：「呂叔作藩，俾侯於許。」不作鄦也。李陽冰以篆書顯於唐代，豈不知冰凍字當作仌，而冰乃凝字乎？然其自署皆作陽冰不作「陽仌」。或謂李少温之名自是「凝」字，不知陽冰乃以字行者。其兄字堅冰，見唐書宰相世系表。以堅冰例之，則陽冰非「陽凝」審矣。蓋君子雖好古，亦貴從時。名字氏族之行於當代者，不必盡泥於古文也。

石鼓有「迧」字，卽堂塗，謂「陳」之本字也。小雅何人斯篇「胡逝我陳」，毛傳曰：「陳，堂塗也。」爾雅釋宮「堂塗謂之陳」，竝當作此迧字。潘迪音訓曰：「迧，鄭氏云今作徇。是謂『迧』卽『徇』之古文，殆非也。説文，陳從𨸏，從木，申聲。古文作𨻰。」愚謂古𨻰、迧二字聲同義異。𨻰者，宛丘也，故從𨸏。迧者，堂塗也，故從辵。經傳皆以「陳」字爲之，而迧廢矣。弟四鼓言「迧禽」，弟九鼓言「馬既迧」，竝陳列之義，其字本當作「敶」。凡作「陳」者，叚字也。此作「迧」者，亦叚字也。説文失收「迧」字，非石鼓文則「迧」字竟不可見，而堂塗之「陳」遂無本字矣。是宜表出之，以存古文也。

有人用銷金鍋事，問説文無「鍋」字，宜何從。或曰：「宜用鬲部之融字。」愚按：「説文：「秦名土鬴曰融，從鬲中聲，讀若過。」與今「鍋」字聲固相近矣，然云土鬴則非鍋也。今之鍋其卽古之盉乎？積古齋鐘鼎款識有鷄父丁盉、子丁父甲盉、亢盉、册父考盉。説文盉字在皿部，云「調味也」。廣川書跋引作調味器也」。是今本奪「器」字，調味之器，非鍋而何？盉從禾聲，與鍋亦聲近。文選盧子諒覽古詩「趙氏有和璧」。李注引琴操曰：「昭王得瑪氏璧。」「瑪」古「和」字，「盉」之變爲「鍋」，正猶「和」之變爲「瑪」矣。

漢人注經，止爲譬況，以正音讀。魏孫炎始作翻音，而梁沈約遂立紐字之圖。蓋反切布滿經傳，學者苦其難了，不得不有以統攝之，此紐弄之所由興而即爲字母之權輿。其實反切之法，止是雙聲疊韻。雙聲爲主，疊韻輔之。理本淺而易見，初無艱深難曉之事，亦無神妙難傳之學。如「東」字，德紅反，德東卽雙聲也。然德都亦雙聲，德登亦雙聲，德當亦雙聲，德篤亦雙聲，止一德字，無以定其爲「東」字，於是加一疊韻之「紅」字，而其爲「東」字無疑矣。「公」字古紅反，古公卽雙聲也。然古該亦雙聲，古岡亦雙聲，古怪亦雙聲，古骨亦雙聲，無以定其爲「公」字，於是加一疊韻之「紅」字，而其爲「公」字無疑矣。「籠」字盧紅反，盧籠卽雙聲也。然盧留亦雙聲，盧郎亦雙聲，盧黎亦雙聲，盧落亦雙聲，無以定其爲「籠」字，於是加一疊韻之「紅」字，而其爲「籠」字無疑矣。「蔥」字倉紅反，倉蔥卽雙聲也。然倉羸亦雙聲，倉青亦雙聲，倉妻亦雙聲，倉促亦雙聲，無以定其爲「蔥」字，於是加一疊韻之「紅」字，而其爲「蔥」字無疑矣。如此之類，略舉見例，可以類推。善平錢竹汀先生之言曰：「知雙聲則不言字母可也，言字母而不知雙聲不可也。」乃後人不知雙聲，專言字母，忘其天籟託之梵音。淺見之徒，詫爲絶學，抑何悠謬之甚乎。

未有六經先有六書，然則讀經者可不知六書乎。六書中象形、指事、會意、諧聲、轉注，於經義或尚無關。惟叚借之不明，則爲經義一大蔽。鄭康成箋詩注禮皆有「讀爲」「讀曰」之文，於是叚借之例大顯，有功經學不淺，而後儒乃以好改經字病之。夫經字無可改讀，將六書遂無叚借乎？今以人人共知者言之：論語「不亦説乎」？其字當作「悦」，而經則作「説」，使用鄭注之例，得不曰：「説，讀爲悦」乎？「齊必變食」，其字當作「齋」，而經則作「齊」，使用鄭注之例，得不曰：「齊，讀爲齋」乎？使謂「不亦説乎」是言説之説，「齊必變食」是齊魯之齊，則雖三家村夫子知其不然。而與言「讀爲」「讀曰」之例，則雖老師宿儒搖頭而不信。蓋知二五而不知十，大率然矣。

古文叚借字，布滿經傳。約舉其類，蓋有三科。一曰文省。如周禮故書「涖」作「立」，「納」作「内」，是也。一曰文增。如周易「束帛戔戔」子夏傳作「殘殘」，「成象之爲乾」蜀才本作「盛象」，是也。一曰文異。如儀禮聘禮注，古文「裼」皆作「賜」，大射禮注，古文「獲」皆作「護」，此變其形也。詩「河水浼浼」，韓詩作「浘浘」、「周原膴膴」，韓詩作「腜腜」，此變其聲也。書「平秩東作」，説文作「平豑」，易「服牛乘馬」，説文作「犕牛」，此形聲俱變也。總此三科，分爲五類。叚借之例，亦略備矣。至若明堂位篇「資禮樂之「資」或爲「飲」，周官鬯人「用蜃」之「蜃」或爲「謨」，此則直是别本異文，無關叚借。愚嘗欲法毛公説詩不破字，卽以訓詁明叚借，刺取經傳中叚借之文，作聲雅一書，因循未果，今卽以周易音義所載各本異同及經師音讀之異，準前所陳三科五類，爲聲雅五篇，聊以示例，或好事者踵而成之。博采諸書爲之疏證，未始於小學無裨也。

文省篇

冓，媾也。鹿，麓也。咨，諮也。取，娶也。位，涖也。龍，寵也。禽，擒也。血，恤也。巟，荒也。庸，墉也。折，晢也。鳸，鳶也。官，館也。止，趾也。右，佑也。差，嗟也。備，憊也。守，狩也。其，箕也。母，拇也。尼，柅也。取，聚也。弁，拚也。雍，饔也。息，熄也。食，蝕也。菩，蔀也。疾，嫉也。烝，蒸也。專，摶也。先，洗也。其，期也。奇，倚也。柔，鞣也。喜喜，嘻嘻也。余余，徐徐也。

文增篇

覆，復也。凝，疑也。機，幾也。蓄，畜也。苞，包也。輿，車也。砎、扴，介也。堋，朋也。嚬、顰，頻也。拂，弗也。溺，弱也。蘼，麗也。嘁，戚也。道，首也。埸，易也。似，以也。胰，夷也。祀，巳也。苞、庖、胞，包也。握，屋也。虆，藟也。寷，豐也。遯，豚也。劘，靡也。盛，成也。效，爻也。埤，卑也。仁，人也。佃，田也。檝，楫也。阪，反也。廣，黄也。極，亟也。閧，寺也。殘殘，戔戔也。趑趄、䟊跙，次且也。庖犧，包羲也。

文異篇上

繆，謬也。煇，揮也。殺，弒也。溓、嗛，嫌也。構，媾也。資，諮也。窒，咥也。掇，惙也。槃，鞶也。

錫，賜也。驅，毆也。孿，戀也。詳，祥也。堭、湟，隍也。哲、逝，晢也。嗛，謙也。福，富也。紆、汙、盱，盱也。搢，簪也。麢，薦也。蹯，皤也。飲，坎也。荐，洊也。檢，險也。沈，枕也。坻，祇也。絰、咥，耋也。踇，拇也。誧，輔也。俠，頰也。媵，塍也。震，振也。碩，飽也。鯨，剠也。時，待也。澂，徵也。恎，窒也。浴，欲也。顓，遄也。徧，偏也。權，顴也。羝，牴也。睦，陸也。扼，梔也。渥，握也。鞄，剝也。凝，擬也。渥，剭也。噫，億也。隮，躋也。賁，膹也。旆、芾，沛也。昧，沫也。際，瘵也。翔，祥也。戕，藏也。靡、縻、纚，靡也。措、厝，錯也。髴，茀也。茹、絮，袽也。磨，摩也。蕩，盪也。違，圍也。禮，體也。嘖，賾也。儀，議也。悔，誨也。功，貢也。挎，刳也。掞，剡也。綺，倚也。眇，妙也。暵，熯也。琅，莨也。駒，的也。撟，矯也。揉，輮也。倫，輪也。熇，槁也。治、怡，怠也。「經綸」謂之「經論」，「磐桓」謂之「槃桓」，「氤氳」謂之「絪緼」，「翩翩」謂之「篇篇」，又謂之「偏偏」，「嗃嗃」謂之「熇熇」，「嘻嘻」謂之「嬉嬉」，「徐徐」謂之「荼荼」。

文異篇中

輻，輹也。遂、遁，遯也。埳，坎也。池、沲，沱也。肥，腓也。憧，僮也。抍，拯也。頯，頄也。莞，莧也。得，德也。掩，揜也。劊，刖也。閱，闃也。黜，黔也。躑躅、躊躇，蹢躅也。

文異篇下

聚，造也。履，禮也。變，辨也。苞，彪也。咥，躓也。褫，拕也。裁，財也。偉、蕢，彙也。旁、㾃，彭也。遭，晢也。捊，培也，裒也。撝，宣也。殷，隱也。猶，由也。貸、臧、宗、戠，簪也。冥，鳴也。明，命也。槃，皤也。簠，膚也。禔、敍，祇也。揣，朵也。荑，稊也。臻，洊也。誘，牖也。斃，憊也。緤、纍、累、虆，羸也。齊，晉也。睇，夷也。挈、蜀、羿、觭，掣也。壺，弧也。決，譎也。宅，坼也。軌，簋也。澄，徵也。慣，窒也。以，已也。趑，次也。擥，牽也。遘，姤也。檷、鑈，柅也。儲，除也。躍，禴也。黜，脆也。收，甃也。斐，蔚也。乘，孕也。嬬，須也。既，幾也。稷，昃也。均、鈞，旬也。室，闃也。齊，資也。夷，弟也。塍，蒸也。紱，茀也。絜，衂也。犯，範也。置，德也。野，治也。册，賾也。退、妥，隤也。保，寶也。粥，餗也。龍，駹也。朱，畀也。衆，終也。「虩虩」謂之「愬愬」，「逐逐」謂之「攸攸」，又謂之「悠悠」，又謂之「躛躛」，「嗃嗃」謂之「確確」。

湖樓筆談六

離騷者，屈原所作之篇名，而後人題之曰離騷經。過秦者，賈誼書中弟一篇之名，而後人題之曰過秦論。皆失作者本意。

自「帝高陽之苗裔兮」至「吾將從彭咸之所居」。此一篇總謂之離騷，實則賦體也。班孟堅幽通賦，張平子思玄賦皆倣此而作。班賦首云「系高頊之元胄兮」，正與離騷發端同，猶可見其摹擬之迹。是故離騷之後，有幽通、思玄，正猶答客難之後有解嘲、答賓戲也。昭明不達斯旨，妄標騷體，然則幽通賦可謂之「通」，思玄賦可謂之「玄」乎？乃至九歌、九辯、招魂、招隱不分體例，盡被騷名，古人之所不料矣。

文選一書，詞賦家奉爲準繩，乃其體例，實多可議。如賦、詩宜以時代爲次，多爲標目，反或拘牽。且特立耕籍之目，而所録止潘安仁籍田賦一首。特立論文之目，而所録止陸士衡文賦一首。然則耕籍即潘賦之正名，論文乃陸賦之本意。題前立題，猶屋上架屋矣。又如風、月、雪賦，謂之物色，義既不通，而秋興一賦，又非其倫，斯亦義例之未安者乎？

文選封禪書「率邇者踵武，逖聽者風聲」，與史記所載同。然徐廣曰：「循省近世之遺迹，聽察遠古之風聲。」則下句當從漢書作「聽逖者風聲」，于義方明，而與上句「率邇者踵武」文亦一律。傳寫倒之，所宜訂正。

西都賦「衆流之隈，汧涌其西」。後漢書班固本傳無此八字。然李善注略不及此二句之義。至下文「商洛緣其隈」，始云：「隈，水曲也。於回切。」則知李善本亦無此二句，不然「隈」字已見前，何不注於前，而反注於後乎？又云「於是後宮乘輚路，登龍舟，張鳳蓋，建華旗，袪黼帷，鏡清流，靡微風，澹淡浮」。數句中獨「旗」字不入韵，疑「旟」字之誤。注引上林賦「乘法駕，建華旗」，正文「旗」字卽涉注文而誤。然本傳亦然，無可訂正矣。

流水之爲物，以起伏見奇，文士之筆端，以抑揚入妙。雖聖賢作述，亦必由之。是故「富而可求也」，爲「如不可求」蓄勢，「夫天未欲平治天下也」，爲「如欲平治天下」發端，口角翕闢，誦之如生矣。然或失之已甚，則亦以文害詞。賈子治安策引「四維不張，國乃滅亡」之語，而曰：「使管子而愚人也則可，使管子而少知治體，則是豈可不爲寒心者哉。」夫管子非愚人，誰不知之，雖云翻空易奇，未免意圓語滯。東坡上神宗書引論語「欲速則不達，見小利則大事不成」，而曰：「使孔子而非聖人，則此言亦不可用。」藍本長沙，抑又甚矣。

韓昌黎集感二鳥賦「時返顧以流涕，念西路之羌永」。朱文公考異云：「羌乃發語詞，施之句內，似未安。」愚謂，此乃「羕」字之誤。羕、永同義。詩「江之永矣」，說文引作「江之羕矣」。古人用字不避重複，周易以輔、相並稱，相亦輔也。大雅以昭、明並言，昭亦明也。韓賦羕、永並言，羕亦永耳。羕、羌形似，因而致誤。國語吳語曰：「今吾道路悠遠。」「羕永」之文，正猶「悠遠」二字同義，古人不嫌也。

曹子建與楊德祖書云：「吾雖德薄，位爲蕃侯，猶庶幾戮力上國，流惠下民，建永世之業，留金石之功。豈徒以翰墨爲勳績，辭賦爲君子哉。若吾志未果，吾道不行，則將采庶官之實録，辯時俗之得失，定仁義之衷，成一家之言。雖未能藏之於名山，將以傳之於同好，非要之皓首，豈今日之論乎。其言之不慙，恃惠子之知我也。」此段文勢，昌黎曾襲用之。其答崔立之書云：「僕雖不賢，亦且潛究其得失，致之乎吾相，薦之乎吾君。上希卿大夫之位，下猶取一障而乘之。若都不可得，猶將耕於寬閑之野，釣於寂寞之濱，求國家之遺事，考賢人哲士之終始，作唐之一經，垂之於無窮。誅姦諛於既死，發潛德之幽光。二者必有一可。足下以爲僕之玉凡幾獻，而足凡幾刖也。又所謂勍者果誰哉。再刖之刑，信如何也。士固信於知己，微足下，無以發吾之狂言。」與曹書語意絕相似。末二語曹云：「其言之不慙，恃惠子之知我也。」韓云：「士固信於知己，微足下，無以發吾之狂言。」一顛倒間，而筆意更健，可悟脫胎之法矣。

王坦之著廢莊論，而其論多用莊子。柳子厚著非國語，而其文多學國語。蓋其平日致力也深，故能窺其罅漏而詆諆之。然亦可謂蠹生木中，還食其木矣。

老蘇辨姦論或謂是坡公所作，此固不然。老蘇學識自在二子之上。當荆公未進用時，天下想望風采，老蘇獨著論力詆之，真不媿見微知著之學。其後東坡與程正叔同朝，惡其不近人情，力言其姦邪，此正用老蘇料荆公故智。乃老蘇於荆公，則受知言之名，東坡於伊川，則負失人之咎。益歎老蘇高見，非坡公所及也。

東坡上梅直講書謂：「周公之富貴，不如孔子之貧賤。夫以召公之賢，以管蔡之親，而不知其心，則周公誰與樂其富貴。而夫子之所與共貧賤者，皆天下之賢才，則亦足與樂乎此矣。」此段議論絕高，蓋以天下賢才自命也。其意以爲梅公門下有子瞻一人，雖不達，亦足以豪矣。此意未可明言，故借周孔爲喻。其末段自敍云：「人不可以苟富貴，亦不可以徒貧賤。有大賢焉而爲其徒，則亦足恃矣。苟其僥一時之幸，從車騎數十人，使閭巷小民聚觀而贊歎之，亦何以易此樂也。傳曰：『不怨天，不尤人。』蓋優哉游哉，聊以卒歲。」此雖自言，而實爲梅公言。夫有大賢焉而爲其徒，誠足樂矣，有大賢焉而爲其師，其樂更當何如。末云「執事名滿天下，而位不過五品」。此正其點睛處。蓋梅公當時必有歎老嗟卑之意，故以此寬假之。迄今梅宛陵之名雖自足不朽，要之得坡公而名益重。此書云云，真言大而非夸也。

范希文嚴先生祠堂記謂：「光武得聖人之時，先生得聖人之清。」然聖人之時，豈光武之謂哉。篇中以光武及先生對舉，其後云「蓋先生之心出乎日月之上，光武之量包乎天地之外。微先生不能成光武之大，微光武豈能遂先生之高哉」。則語意反注重光武矣。當云「微光武不能遂先生之高，微先生豈能成光武之大哉」。庶於賓主之間無倒置之患。蓋雖古人佳篇，不能無疵累，亦足見行文之難矣。

樊宗師絳守居園池記以「甲辛」二字易「東西」二字。顧亭林等之吳人之呼庚癸。愚按：班固幽通賦「伯徂歸於龍虎」。蓋謂晉文公出亡，歲在卯，返國，歲在酉耳。乃以卯主東方爲龍，酉主西方爲虎。此視樊宗師以東西爲甲辛，更繚以曲矣。特作賦與作記體例不同，故樊記有詭異之譏，而班賦無艱深之誚。文體固各有當也。

史記淮陰侯傳「大王當王關中，關中民咸知之」。漢書作「關中民户知之」。師古曰：「言家家皆知。」

此孟堅有意見奇，轉不如史記原文矣。宋子京修唐書，竊用其語。舊書太宗長孫后傳曰：「安業之罪，萬死無赦。然不慈于妾，天下知之。」新書易之曰：「安業罪死無赦，然向遇妾不以慈，户知之。」子京固好摹古，然亦可見其史漢之熟。顧亭林譏之曰：「户知之三字，殊不成文。」便不知語出漢書矣。古人之文，固未可輕議也。

西都賦極言西都之盛。序所謂極衆人之所眩曜也。篇末乃云：「若臣者，徒觀迹於舊墟，聞之乎故老，十分而未得其一端，故不能徧舉也。」使讀者有悠然不盡之思，而西都之盛愈見。子虚賦極言雲夢之饒富，篇首乃言：「楚有七澤，嘗見其一，未覩其餘也。臣之所見，蓋特其小小者耳。」亦是此法。孟子將言爵禄之制，而曰「嘗聞其略」。將言諸侯喪禮，而曰「吾未之學也」。文字抑揚，自昔然矣。凡光景自隙中注射，若其小如豆者，則無論隙之或方或圓，或三角或八角，而其光皆圓滿如珠。至方寸以上，則光各如其隙，不能皆圓矣。此理絶不可解。沈休文詠月詩云：「方輝竟户入，圓影隙中來。」每歎其體物之工妙。然月光如此，日光亦如此，凡光皆然。未見其爲詠月也。此二句體物雖工，意境或猶滯乎。

謝靈運還舊園作云：「事躓兩如直，心惬三避賢。」此二語極煅鍊。「兩如直」用史魚事，「三避賢」用、孫叔敖三去相事。蓋以避賢當去相二字也。李善注乃云：「心惬三避之賢。」又云：「三避，三黜也。」失其旨矣。

四聲之説，古人所不拘。潘安仁河陽縣作云：「豈敢陋微官，但恐忝所荷。」陸士衡從軍行云：「飛鋒無絶影，鳴鏑自相和」。此「荷」字「和」字依今人並當讀仄聲，而皆入歌麻韻。又如一「漲」字也，江文通望荆山詩「雲霞肅川漲」，則作平聲。丘希範旦發漁浦潭詩「析析寒沙漲」，則作仄聲。今人屑屑分别，殊爲多事矣。

范彦龍贈張徐州詩可稱妙絶，而云「恨不具雞黍，得與故人揮」。「揮」字終不免趁韻。注引易注「揮，散也」。於義豈可通乎。潘安仁河陽縣詩亦是名作，而云「引領望京室，南路在伐柯」。「伐柯」二字亦無理，注引詩「伐柯伐柯，其則不遠」。然則凡不遠者，皆爲伐柯。廋辭隱語，豈詩乎。杜詩「白頭搔更短，渾欲不勝簪」。此句亦有語病。髮可言短，頭不可言短。雖出老杜，要是語句之小疵。讀者不可不知也。

李太白詩「牀前明月光，疑是地上霜。舉頭望明月，低頭思故鄉」。王昌齡詩「閨中少婦不知愁，春日凝妝上翠樓。忽見陌頭楊柳色，悔教夫壻覓封侯」。此兩詩體格不倫，而意實相準。夫閨中少婦本不知愁，方且凝妝而上翠樓，乃忽見陌頭楊柳色，則悔教夫壻覓封侯矣。此以見春色之感人者深也。牀前明月光，初以爲地上之霜耳，乃舉頭而見明月，則低頭而思故鄉矣。此以見月色之感人者深也。蓋欲言其感人之深，而但言如何相感，則雖深仍淺矣。以無情言情，則情出；從無意寫意，則意真。知此者，可以言詩乎。

王維終南别業詩「中歲頗好道，晚家南山陲。興來每獨往，勝事空自知。行到水窮處，坐看雲起時。偶然值鄰叟，談笑無還期」。此詩極有意味，真所謂一篇如一句者，讀者或未之見及也。蓋詩中往還字，乃一詩之關鍵。其興來獨往也，有無窮之勝事，人不能知而自知之。行到水窮，坐看雲起，勝事之在其中者，不可勝寫矣。使不逢鄰叟，則亦興盡而還耳。乃偶與叟遇，遂談笑而忘還。人讀至此，以爲尋常結句，不知還字與往字正相應也。苟不爲拈出，負作者苦心矣。

李義山韓碑詩「點竄堯典舜典字，塗改清廟生民詩」。清廟、生民兩詩，並非一律。清廟是周頌首篇。或舉大雅首篇文王以配之，猶有可言。乃舍文王而舉生民，不知何意。或亦隨筆湊合乎？竊謂堯典、舜典與清廟、生民，詞句本不相儷，儻易之曰「點竄堯典舜典字，塗改周頌商頌詩」。豈不較勝。惜不能起古人而共質之。

温、李之詩，妍麗可喜。然求工字句間，不能無病。如温飛卿蘇武廟詩云：「歸日樓臺非甲帳，去時冠劍是丁年。」甲帳、丁年，語既工而詞意亦自渾成，斯誠名句也。李義山隋宫詩云：「玉璽不緣歸日角，錦帆應是到天涯。」日角、天涯，工則工矣，然詩意本謂天命歸於真主，而乃云「玉璽歸於日角」，日角二字遂可以代真主乎？果爾，則漢高祖有七十二黑子，漢人稱高祖直謂之「黑子」可矣。詞章之士，不求文義之安，往往有此。駱賓王文云：「類同心異者，龍蹲歸而宋樹伐。質殊聲合者，魚形出而吴石鳴。」苟求龍魚工對，遂呼孔子爲「龍蹲」。按：春秋演孔圖云：「孔子坐如蹲龍，立如牽牛。」然則以牽牛目孔子，其亦可乎？日角之稱，猶此類矣。

墨客揮犀云：「樂天每作詩，令一老嫗解之。嫗曰解，則録之。不解，則不復録。」康熙間歙人汪立名刻香山詩集，深以此語爲不然。云：「試舉公晚年長律，其根柢之博，立格鍊句之妙，果百老嫗所能解否？」余謂汪說是矣。然老嫗解詩，正不足爲白公病。蓋詩人用意之妙，在乎深入而顯出。入之不深，則有淺易之病，出之不顯，則有艱澀之患。公力矯此弊，故他人所百思不到者，無不脫口而出。如偶吟云：「老自退閒非世棄，貧蒙强健是天憐。」高曠極矣。哭崔兒云：「誰料汝先爲異物，常憂吾不見成人。」沈痛極矣。然此等句，老嫗安必不能解乎？公當吟髭拈斷之時，偶就老嫗一決，或亦事所嘗有。若其不解，必深入，而猶未顯出，宜更改易。此正可見其千辟萬灌之功，伐毛洗髓之力，非率爾而作也。余於太傅詩百讀不厭，在詁經精舍曾以「書白集後」命題，有肄業生陸雅南詩云：「苦心百鍊總無痕」，得香山三昧矣。

白太傅以長恨歌得名，余謂太傅晚年實有奇奇妙妙之作。若長恨一篇，乃其少作，雖至今膾炙人口，非其至者也。「峨眉山下少人行」明皇幸蜀，不由此路。「孤燈挑盡未成眠」，不合帝王家氣象。皆爲後人指摘，非止「上窮碧落下黃泉」有目連之誚矣。然讀至結句，則不能不服其筆力之高。「在天願爲比翼鳥，在地願爲連理枝。」此尚是太真所述七夕私語之詞。使後人捉筆爲之，則此下必敘方士復命，上皇感悼，然後再作詠歎之語，收束全篇。乃白公只作二句云：「天長地久有時盡，此恨緜緜無絕期。」以後不更著一字，而已將全篇收束。讀者但覺含豪邈然，初無鼓衰氣竭之病。此是何等筆力，雖老杜猶恐未辦此也。

日知錄有古人作詩不避重韵一條，誠哉是言也。香山集中多長篇，重韵更所不避。渭村退居詩押二房字，夢游春詩押二行字，路次藍溪詩押二水字，遊悟真寺詩押二槃字，蓋不一而足矣。昌黎集晚秋郾城夜會聯句云：「五鼎調勺藥。」又云：「仍祈卻老藥。」後人謂勺藥之藥音略，與下藥字音義不同，無嫌重押。愚按：漢書相如傳「勺藥之和具」。師古注曰：「勺藥，藥草名，其根主和五臟，又辟惡氣，故合之蘭桂五味以助諸食。讀賦之士不得其意，妄爲音訓，以誤後學。」據此則勺藥之藥仍當讀如本字，與下藥字初無異讀也。蘇詩「忽憶釣臺歸洗耳」。又曰「亦念人生行樂耳」。自注曰：「二耳字義不同，故得重用。」反失之泥矣。

東坡梨花詩云：「梨花淡白柳深青，柳絮飛時花滿城。惆悵東欄一株雪，人生看得幾清明。」此詩妙絕，而明郎仁寶以爲既云「淡白」，又云「一株雪」，恐重言相犯，欲易「梨花淡白」爲「桃花爛漫」。此真强作解事者。首句「梨花淡白」卽本題也。次句「花滿城」正承「梨花淡白」而言，若易首句爲「桃花爛漫」，則「花滿城」當屬「桃花」，與「惆悵東欄一株雪」了不相屬。且是詠桃花，非復詠梨花矣。此等議論，大是笑柄。又引雍陶鷺鷥詩：「立當青草人先見，行傍白蓮魚未知」，而欲互易其「行」「立」兩字。愚謂，立而人已先見，行而魚猶未知，正其措詞之妙。若互易其「行」「立」二字，則意反淺矣。郎氏此論，亦殊點金成鐵也。

有卽古人成句，易一二字而遂爲己有者。如江爲詩「竹影橫斜水清淺，桂香浮動月黃昏」。林君復易「疎」「暗」二字，遂成詠梅名句是也。有截去其二字而爲己有者。如王右丞詩「漠漠水田飛白鷺，陰陰夏木囀黃鸝」。李嘉祐截去「漠漠」「陰陰」四字，變七言爲五言是也。有移易其上下句而爲己有者。如坡詩「才大本難用，論高常近迂」。放翁謁昭烈惠陵及諸葛祠卽用此二語，以下句作上句是也。若斯之類，咸所未喻。昌黎云「惟古於詞必己出」，何必蹈襲前人乎。

東坡集有陽關曲三首：一贈張繼愿，一答李公擇，一中秋月。翁覃溪先生石洲詩話謂：「與右丞渭城之作若合符節。首句平起，次句仄起，三句又平起，四句又仄起，而第三句與四句之第五字各以平仄互易，第二句之第五字、第三句之第七字皆用上聲，若填詞然。」余細按之，翁說誠然矣。惟取四詩逐字排比之，他字無小出入，惟第二句之第一字，右丞作是「客」字。蘇贈張繼愿用「戲」字。答李公擇用「行」字。中秋月用「銀」字。似乎平仄不拘，然填詞家每每以入聲字作平聲用。右丞用「客」字正是入聲，或「客」字宜讀作平也。蓋此調第一句、第三句以仄平起，第二句、第四句以平仄起。若「客」字讀仄聲，便不合律。東坡答李公擇及中秋月兩首，次句均以平仄起可證也。惟贈張繼愿用「戲」字，則是去聲，於律失諧，或坡公於此小疎。又玉篇「戲」字有忻義、虛奇二切，此字借作平聲讀，或亦無害也。今錄四詩於後，精於音律者審之。「渭城朝雨浥輕塵，客舍青青柳色新。勸君更盡一杯酒，西出陽關無故人。」「受降城下紫髯郎，戲馬臺前古戰場。恨君不取契丹首，金甲牙旗歸故鄉。」「濟南春好雪初晴，行到龍山馬足輕。使君莫忘霅溪女，時作陽關腸斷聲。」「暮雲收盡溢清寒，銀漢無聲轉玉盤。此生此夜不長好，明月明年何處看。」

東坡遊金山寺詩「是時江月初生魄，二更月落天深黑」。此謂初三之月也。按：康誥「惟三月載生魄」。釋文引馬云：「魄，朏也。謂月三日始生兆，朏名曰魄。」說文月部「霸，月始生霸然也。承大月二日，承小月三日，從月䨣聲。周書曰哉生霸」。是「魄」乃「霸」之叚字。後人因經傳相承作魂魄字，遂誤以「魄」爲月質，而有「死霸朔，生霸望」之說。與鄉飲酒義「月三日則成魄」，白虎通「三日成魄，八日成光」之說不合矣。僞孔傳曰：「月十六日明消而魄生。」此非古義，乃温公解楊子法言「月未望則載魄於西，既望則終魄於東」，從宋咸說，謂未望亦言魄。蓋字之誤，「魄」當作「朏」。此不知古義而惑於僞孔傳之說也。坡詩以初三夜爲江月初生魄，不爲僞傳所誤，其見高於温公矣。

湖樓筆談七

遁甲開山圖云：「古有大禹，女媧十九代孫，壽三百六十歲，入九疑山仙去。後三千六百歲，堯理天下，洪水既甚，人民墊溺，大禹念之，乃化生於石紐山泉，女狄暮汲水，得石子如珠，愛而吞之，有娠，十四月，生子。及長，能知泉原，代父鯀理洪水。堯帝知其功如古大禹，乃賜號禹。」據此則古有兩大禹矣。荒誕之說，固不足據。然堯典正義引謚法曰：「淵源流通曰禹。」則禹之爲禹，本以治水得名。或古善治水者皆曰「禹」，猶古善射者皆曰「羿」乎？湯居亳，而六國時又有亳王湯。呂望封齊，是稱太公。田和篡齊，亦稱太公。古名號之相襲者多矣，無以斷其必無也。但以爲一人化生，則近乎佛家轉世之說耳。

列仙傳「務光自沈于蓼水，已而自匿。後四百餘歲，至武丁時復見。武丁欲以爲相，不從，遂投浮梁山」。拾遺記「傅說賃爲赭衣者，春於深巖以自給。夢乘雲繞日而行，筮得『利建侯』之封。歲餘，湯以玉帛聘爲阿衡」。夫務光，成湯時人，而以爲武丁時復見。傅說，武丁時人，而以爲成湯聘之。二事適相對，記載失真，玆爲尤矣。

宋玉云：「太公九十乃顯榮兮，誠未遇其配合。」蓋言其晚遇也。然高誘注淮南說林篇云：「呂望年七十始學讀書，自七十至九十，止二十年耳。九十顯榮，猶爲早達矣。」紫微斗數稱：「太公望壽一百六十。」此固不足據。然太公必享大年可知。故其七十讀書，正其勝衣就傅之年。其九十顯榮，乃其弱冠登朝之日也。漢郎顗稱：「顏回十八，天下歸仁。」然列子稱：「顏淵壽十八。」則天下歸仁之日，亦其頭童齒豁之年矣。是故蚤成不足喜，晚遇不足悲。辟草木之榮枯，亦各以其時而已。惟論衡稱「召公年百八十」。而說苑建本篇又稱「周召公年十九而冠，則可以爲方伯諸侯」。是召公早慧而又大年，古賢臣所尠見。其得天獨厚者歟？

晏子襍篇「燕之游士有泯子午者，南見晏子於齊，言有文章，術有條理。巨可以補國，細可以益晏子者，三百篇」。按：泯子午之書，盛爲晏子所稱，而其書不傳，其名亦在若存若亡之間。古來著書之士如此者，當不獨一泯子午矣，可勝大息。又按，管子四稱篇載，桓公問管子，管子每對，必云「夷吾聞之於徐伯曰」。徐伯亦不知何人，其管子之師乎？今其言雖幸託管子之書以傳，然世之知有徐伯者，尠矣。傳不傳，豈非命歟。

管子内業篇：「桓公使管子求甯戚，甯戚應之曰：『浩浩乎。』管子不知，婢子曰：『詩有之，浩浩者水，育育者魚。未有室家，而安召我居。』甯子其欲室乎？」此婢知詩，更在鄭家詩婢之前矣。晏子諫下篇曰：「嬰有一妾，能書。」管仲、晏子，一以君霸，一以君顯，乃其家一婢一妾，亦非常人。管婢知詩，晏妾能書，亦論古者一佳話也。今晏子書「一妾」誤作「一妄」，遂使風流勝事爲之淹没。余著諸子平議始訂正之。

湯祝網而漢南四十國歸之。然四十國不知何國也。公劉遷豳，而諸侯之從者十有八國。然十八國亦不知何國也。周公相武王，滅國五十。然五十國亦不知何國也。徐偃王行仁義而江淮間服之者三十六國。然三十六國亦不知何國也。推之塗山之會萬國，孟津之會八百國，更無從稽考矣。封禪七十二家，而管夷吾所記者正十有二，信博聞强識之難矣。

嘗讀孟子，至「孟獻子有友五人焉，樂正裘、牧仲，其三人則予忘之矣」。未嘗不廢書而嘆也。曰：「樂正裘、牧仲幸而爲孟子所記憶，從此姓名千古矣。其三人者，不幸而不爲孟子所記憶，則遂湮没無聞矣。在孟子當日，不過一沉吟間，而傳與不傳，卽繫乎此。人知富貴窮賤有命存焉，而不知身後之名亦自由命，不然彼五人者，何以有傳有不傳哉。」

列子楊朱篇「衛端木叔者，子貢之世也。藉其先貲，家累萬金。不治世故，放意所好。其生民之所欲爲，人意之所欲玩者，無不爲也，無不玩也。牆屋臺榭，園囿池沼，飲食車服，聲樂嬪御擬齊、楚之君焉。至其情所欲好，耳所欲聽，目所欲視，口所欲嘗，雖殊方偏國，非齊土之所產育者，無不必至之，猶藩牆之物也。及其游也，雖山川阻險，塗逕修遠，無不必之，猶人之行咫尺也。賓客在庭者日百住。庖廚之下，不絕烟火；堂屋之上，不絕樂聲；奉養之餘，先散之宗族；宗族之餘，次散之邑里；邑里之餘，乃散之一國。行年六十，氣幹將衰。棄其家事，都散其庫藏珍寶、車服、妾媵，一年之中盡焉。不爲子孫留財。及其病也，無藥石之儲。及其死也，無瘞埋之資。一國之人受其施者，相與賦而藏之，反其子孫之財焉。禽骨釐聞之曰：『端木叔，狂人也。辱其祖矣。』段干生聞之曰：『端木叔，達人也。德過其祖矣。』」按：列子雖多寓言，然端木叔必實有其人。大都輕財好施與以貧其家，亦豪傑之士也。據云「德過其祖」，知其爲子貢之孫，但不知其爲孫與爲曾玄與。詩裳裳者華序曰：「棄賢者之類，絕功臣之世焉」。正義曰：「類謂種類，世謂繼世。」此云子貢之世，蓋古語然也。子貢以貨殖起家，至端木叔乃一舉而空之。聚必有散，成必有毁，亦理數之常歟？故無而能有者，子貢也。有而能無者，端木叔也。無而能有易，有而能無難。

史記稱莊子與梁惠王齊宣王同時，則與孟子同時也。乃二子之書無一語相及，是孟子當日不知有莊子，莊子當日不知有孟子也。千載而後，二子名滿天壤。在當日，則亦東家邱耳，安必其相知哉。雖然，使二子而相遇，則見於孟子書者，必莊生理屈。見於莊子書者，必孟叟詞窮。從此是非蠭起矣。吾故以孟莊之無言而笑朱陸之多事也。

左傳所載有文在手者三，人所習知也。唐書宰相世系表云：「閻姓出自姬姓。昭王少子生而手文曰『閻』，康王封於閻城。」又云：「武氏出自姬姓。周平王少子生而有文在手曰『武』，遂以爲氏。」何周人有文在手者之多乎，殆因唐叔虞事，子孫各尊其祖，競爲美談，以自誇異，遂成一轍矣。

王子淵洞簫賦「夔妃準法」。李善注曰：「妃未詳也。」愚按：左傳云：「昔有仍氏生女，黰黑而甚美，光可以鑑，名曰元妻。樂正后夔取之，生伯封，實有豕心。」然則夔之妃即元妻也。而云「夔妃準法」，豈夔之典樂，妻亦贊助之歟？漢時古書猶在，必有所據。意有仍氏之女，非止容貌之美，其材藝亦有過人者也。夫周姥不能談詩，而夔妃乃能作樂。唐虞之盛，五臣而外，有婦人焉。斯亦奇矣。漢書古今人表列后夔於上中，列元妻於下上，蓋因厥子而累及其母，或未允乎？

顏之推冤魂志引周春秋曰：「周杜國之伯名恆，爲周大夫。宣王之妾曰女鳩，欲通之，杜伯不可。女鳩訴之宣王曰：『恆竊與妾交。』宣王信之，囚杜伯於焦。其友左儒爭之，九諫而王不聽。王使薛甫與司工錡殺杜伯。左儒死之。杜伯既死，卽爲人見王曰：『恆之罪何哉？』召祝而以杜伯語告之。祝曰：『始殺杜伯，誰與王謀之？』王曰：『司工錡也。』祝曰：『何不殺錡以謝之。』宣王乃殺錡，使祝以謝杜伯。司工錡爲人而至曰：『臣何罪之有？』宣王告皇甫曰：『祝也與我謀而殺人。吾所殺者，又皆爲人而見。奈何？』皇甫曰：『殺祝以兼謝焉。』又無益也，皆爲人而至。祝亦曰：『我焉知之，奈何以爲罪而殺臣也？』後三年，游於圃田，從人滿野。日中，杜伯乘白馬素車，司工錡爲左，祝爲右，朱衣朱冠，起於道左，執朱弓朱矢射宣王，中心折脊，伏於弓矢而死。」按：宣王殺其臣杜伯而不辜，見於墨子，而其事本末不詳，獨見於此。末句弓矢字，乃弢字之誤。墨子所云「伏弢而死」是也。杜伯之事，儒者疑之。然所引周春秋，必周史所紀載，墨子實親見之。且至秦、漢間，雍菅尚有杜主之祠，爲小鬼之最神者，豈得謂無其人、無其事乎？杜恆之死，自是冤獄，而其禍起於女鳩，婦女之階厲，自昔然矣。

列女傳「齊威王卽位九年，委政大臣。侫臣周破胡專權擅勢，卽墨大夫賢而日毀之，阿大夫不肖反日譽之。虞姬謂王曰：『破胡讒諛之臣也，不可不退。齊有北郭先生者，賢明有道，可置左右』。按：北郭先生不知其名。說苑成侯卿對威王曰：「忌舉北郭刁勃子爲大士，而九族益親。」北郭先生其卽刁勃子歟？

漢唐以來二千餘年之事，存乎史氏紀載者半，存乎委巷傳聞者亦半。學士大夫之所知，史氏紀載之事也。愚夫愚婦之所知，委巷傳聞之事也。然學士大夫少而愚夫愚婦多，則史氏之紀載不敵委巷之傳聞矣。是故元霸爲唐高祖子，史固有之，然不壽早死，無所表見，而至今傳其神勇比擬關張。唐薛仁貴，宋楊業，皆一代名將，史固有之。然其後裔，亦無聞焉，而至今稱道其家風，以爲美談。沿習既久，雖士夫亦誤信之。趙雲菘甌北集有關索嶺詩云：「未必傳聞盡僞史，策真」，亦善於解嘲矣。乃如漢書律歷志所載張壽王言驪山女亦爲天子，在殷周間。夫殷周之間事蹟具在，烏有驪山女爲天子之事。當日陳之朝廷，傳之史策，何歟？是知不經之説，自古有之，好奇輕信，亦所不免。後世負鼓盲翁，登場優孟，附會古人，張皇幽渺，復何尤焉。

又按：驪山女者，戎胥軒之妻，中潏之母也。史記秦本紀：申侯言於孝王曰：「昔我先酈山之女，爲戎胥軒妻，生中潏。以親故，歸周，保西垂，西垂以其故和睦。」按：上文顓頊之苗裔孫曰女脩，女脩生大業，大業生大費，大費生二子：曰大廉，曰若木。大廉玄孫曰孟戲、中衍。中衍之後遂世有功，以佐殷國。其玄孫曰中潏，在西戎，保西垂。生蜚廉。蜚廉生惡來。以是言之，戎胥軒者，中衍之曾孫也。酈山女者，申國之女，故申侯稱之曰我先酈山女。正義曰：「申侯之先娶於酈山。」酈山女蓋申侯娶於酈山所生之女，以母名子，古有此例。襄十九年左傳「齊侯娶於魯，曰顏懿姬，其姪鬷聲姬」。杜注曰：「顏鬷皆二姬母姓，因以爲號。」此以母名女之例也。申，姜姓之國。然則驪山女，姜姓也。驪山女爲戎胥軒妻，適當商周之間，與張壽王所言正合。其後自蜚廉至造父五世，周穆王封之於趙城。春秋時趙氏其後也。自惡來至非子六世，周孝王封之秦。至始皇而有天下。然則驪山女之遺祚孔長矣。傳至後世，并有爲天子之説。度其在當時，必有非常材藝，爲列國所稱道者也。神仙感遇傳「唐少室書生李筌，常游嵩山石壁中，得黄帝陰符經。遇驪山老母，指授祕要，撰爲兵書，名曰太白陰經。乾元二年，表上之」。驪山老母其卽驪山女乎？至今流俗相傳猶有此名，余爲詳考之如此。使有好事如楊升庵者，爲驪山女外傳，當必古豔可觀也。

昔堯之禪舜也，先以二女女之。及舜禪禹，未聞有此事。然戰國魏策曰：「昔者，帝女令儀狄作酒而美，進之禹。」此帝女何人？意者舜亦以女女禹，如堯故事乎。夫舜起側陋，無所表見。二女嬪虞，觀厥型也。若禹，則治水成功，聲教訖於四海，詢謀僉同，復奚試焉，乃亦循二女女之之例，何歟？使劉知幾得此事，益滋疑竇矣。漢魏之際，釐降二女，以嬪於魏。率由舊章，不亦古乎。

甘羅曰：「項橐七歲，爲孔子師。」尸子曰：「蒲衣生八年，舜讓以天下。周王大子晉生八年而服師曠。」傅子曰：「禹十二爲司空。」之數子者，雖云早慧，豈其然乎。大子晉事見周書，其年已十五矣。古人文字，喜爲已甚之辭。稱其早慧，則曰「顔淵十八，天下歸仁」。語其晚成，則曰曾子七十乃學，名聞天下。王充有語增之篇，非無見矣。

范睢曰：「吕望之遇文王也，身爲漁父而釣於渭陽之濱。」墨子乃曰：「文王舉閎夭泰顛於罝網之中，授之政而西土服。」則以吕望事爲閎夭泰顛事矣。論語曰：「微子去之，箕子爲之奴。」易林乃曰：「貞良得願，微子解囚。」則以箕子事爲微子事矣。史記曰：「舜耕歷山，漁雷澤。」馮衍顯志賦乃曰：「皐陶釣於雷澤兮。」則以舜事爲皐陶事矣。尸子曰：「孔子至於勝母，暮矣而不宿。」鄒陽上吴王書乃曰：「里名勝母，曾子不入。」則以孔子事爲曾子事矣。鬼谷子午合篇曰：「伊尹五就桀，五就湯，然後合於湯。呂尚三入殷朝，三就文王，然後合於文王。」呂尚事於書傳無見，葢因伊尹而類及呂望也。呂氏春秋曰：「孔丘墨翟晝日諷誦習業，夜親見文王、周公旦而問焉。」墨翟事於書傳無見，葢因孔子而類及墨翟。且因周公而類及文王也。古人之文，其猶九方皋之相馬乎。得其意而牝牡驪黃有所不計。至後世，文字日密，而體格日卑矣。

周之尹氏，詠於詩，書於春秋，至東遷之後，詩人歌詠彼都，猶稱尹吉，可謂盛矣。困學紀聞引録異傳所載尹氏一事。余讀列子周穆王篇又得一事，輒并録之。録異傳曰：「周時尹氏貴盛，數代不別，食口數千。嘗遭饑荒，羅鼎鑊作糜，聲聞數十里中。臨食，失三十人。入鑊中，緪取鑊底糜。鑊深大，故人不見也」。列子曰：「周之尹氏，大治產。其下趣役者，侵晨昏而弗息。有老役夫，筋力竭矣，而使之彌勤。晝則呻呼而即事，夜則昏憊而熟寐。精神荒散，昔昔夢爲國君，居人民之上，總一國之事，遊燕宮觀，恣意所欲，其樂無比。尹氏心營世事，慮鍾家業，心形俱疲，夜亦昏憊而寐，昔昔夢爲人僕，趨走作役，無不爲也。數罵杖撻，無不至也。尹氏病之，寬其役夫之程，減己思慮之事，疾並少閒。」列子雖多寓言，要亦因尹氏當日聲勢赫然，故從而附會之。前一事可爲世家巨族法，後一事可爲世家巨族戒。

唐天寶元年，封莊子爲南華真人，列子爲沖虛真人，文子爲通玄真人，庚桑子爲洞靈真人。其四子所著書並隨號稱爲真經，事見舊唐書禮儀志。今石刻尚在盩厔縣樓。李肇國史補云：「天寶中，天下屢言聖祖見，因以四子列學官。故有僞爲庚桑子者，其辭鄙俚，非古人書。」然則唐時固以此四子書列學官矣。自宋以來，以大學、中庸、論語、孟子列學官。亦稱四子書。是以儒家之言，襲彼玄門之號。且孔子之聖，非思孟之儔，而大學一書，亦未定爲曾子之作。四子之名，不無可議乎？

奇肱氏獻飛車，周公破之，不以示中國。聖人之意，不欲以機巧教天下也。指南車亦周公所制，以送荒外之來朝者。多材多藝之聖人，其智巧豈出公輸偃師之下，乃制度秘而不傳，工師無聞焉。蓋聖人作車以行陸，作舟以行水。吉行日五十里，師行日三十里。能如是，是亦足矣。然奇智異巧，中國亦往往有之。晉書宣帝紀「乘追鋒車，晝夜兼行，四百餘里，一宿而至」。斯亦神速之至乎？舊唐書李皐傳「爲戰艦，挾二輪，蹈之翔風鼓，疾若挂帆席」。則舟以輪運，亦昔人所有矣。推陳出新，無所不有。若拾遺記所載「宛渠之民，乘螺舟，沈行海底」者。在他日，或竟有之，亦不可知也。

陰疑於陽，必戰。誠哉是言乎。是故有孔子則有少正卯矣，有子產則有鄧析矣。桓譚新論曰：「少正卯在魯，與孔子同時。孔子門人三盈三虛，惟顏淵不去。」然則少正卯者，疑於孔子者也。呂氏春秋曰：「鄭國多相縣書者，子產令無縣書，鄧析致之。子產令無致書，鄧析倚之。令無窮，則鄧析應之亦無窮。」然則鄧析者，疑於子產者也。孔子不殺少正卯不能治魯，然非孔子不能殺少正卯。子產不殺鄧析不能治鄭，然非子產不能殺鄧析。夫玄黃交戰，兩敗而俱傷者，豈少也哉。

東坡安期生詩引云：「安期生，世知爲仙者也。然太史公曰：『蒯通善齊人安期生。生嘗以策干項羽，羽不能用。羽欲封此兩人，兩人終不肯受，亡去。』予每讀此，未嘗不廢書而歎。嗟乎，仙者非斯人而誰爲之。故意戰國之士，如魯連、虞卿，皆得道者歟。」以上並東坡之說。余謂古出世之士，其始皆有意以用世者也。世傳吕洞賓，唐進士也。詣京師應舉，遇鍾離翁，授以丹訣，遂不復之京師。後人題飛吟亭云：「金丹一粒誤先生。」然則洞賓亦安期生歟？唐陳陶詩云：「近來世上無徐庶，誰向桑麻識臥龍。」又云：「中原莫道無麟鳳，自是皇家結網疏。」其自負亦不淺矣。乃讀南唐書云：「陶遯西山，先産藥物數十種。陶採而餌之。開寶中，嘗見一叟，角髮被褐，與一老媪貨藥於市，歌曰：『籃采禾，籃采禾，塵世紛紛事更多。爭如賣藥沽酒飲，歸去深崖拍手歌。』或疑爲陶夫婦云。」然則俗傳八仙中之藍采和，卽陳陶也。以皇家結網之疏，而麟鳳化爲麋鹿，亦足悲矣。至陳圖南事，則更可怪。聞見前録云：「陳摶字圖南，唐長興中進士，游四方，有大志，隱武當山，題詩云『他年南面去，記得此山名』。張鄧公改『南面』爲『南嶽』，題其後云：『藓壁題詩志何大，可憐今老華圖南。』然則先生之志視前數公更遠矣。又稱其從惡少年數百，欲入汴州，中途聞藝祖登極，大笑墜騾，曰：『天下於是定矣。』遂入華山爲道士。」是先生之入華山而仙，猶虬髯公之至扶餘國而王，皆無聊之極思，不得已之變計也。後人乃津津樂道之曰「仙乎，仙乎」，不知仙者乃千古傷心人，别有懷抱也。羅隱始名横。十上，不中第，乃改名隱。方其爲羅横也，是一人也，及其爲羅隱也，又一人也。前後兩人，若是者多矣。

伍員事在國語皆稱申胥。韋昭注曰：「申胥，楚大夫伍奢之子子胥也。名員。魯昭二十年，奢誅於楚，員奔吴，吴子與之申地，故曰申胥。」然則申胥與申包胥兩名相混矣。余舊廨仁和之臨平鎮，有申包胥廟，不知其立廟之由，今乃知卽伍子胥廟也。其地近錢唐江入海處。世傳伍子胥爲潮神，是宜有廟。云申胥廟者，從國語所稱也。俗士止讀左傳，不讀國語，因誤以爲申包胥矣。今有申包胥廟，又有伍子胥廟，蓋不知申廟卽伍廟而重立也。兵燹後，久不至臨平矣。偶筆於此，告居其地者。

公父文伯之母猶績，孔子善之。臧孫之妾織蒲，孔子非之。事固有因人而異者乎？齊書庾杲之傳「杲之清貧自業，食惟有韭葅、瀹韭、生韭雜菜，或戲之曰：『誰謂庾郎貧，食鮭有二十七種。』言三九也」。楊衒之洛陽伽藍記「陳留侯李崇爲尚書令、儀同三司，富傾天下，而性多儉悋，惡衣粗食，常無肉味，止有韭葅。崇客李元祐語人曰：『李令公一食十八品。』人問其故，曰：『二九一十八。』問者大笑」。此二事極相類，然一見其清貧，一見其鄙悋矣。是故祭遵以布被見重，而公孫弘以布被蒙譏。王良之妻以布裙表其儉，而王莽之妻以布蔽膝著其詐。

齊書稱周顒、何胤並精信佛法，而周妻何肉，各有其累。此拘墟之談也。按：淨諸業障經云：「無垢光比丘遇婬女呪術，因共行欲歸。以自責投佛。佛問：『汝有心邪？』曰：『我無心也。』佛云：『汝旣無心，云何言犯？』又未曾有。」經曰：祇陀太子白佛言，向受五戒，酒戒難持。今欲捨戒受十善法。佛言：『汝飲酒時有何惡邪？』答曰：『國中豪族時時相率齎持酒食，共相娛樂，自餘無惡。』佛言：『若如汝者，終身飲酒，有何惡哉？』以此言之，周何二公自不精進，妻肉兩端，何累之有。是故齊桓公負婦人而朝，不害爲霸；鄭簡公抱鐘而朝，不失爲治。

天堂地獄，在佛家初無是言，乃其後展轉增加之語也。何以言之？四十二章經，其初入中國之書也。有云：「知足之人，雖臥地上，猶爲安樂；不知足者，雖處天堂，亦不稱意。」夫使佛教本有天堂、地獄之說，則言天堂必言地獄，乃以地上與天堂相儷，則地獄之說，爾時無有矣。卽天堂二字，應別有說。

古書多叚借。天堂者，天上也。上、尚古字通，在彼教書亦有之，如和上之爲和尚是也。此經疑本作天尚，天尚之與地上，文雖異而義則同。秦漢間書若此者衆，後人不達尚字之義，加土作堂，既設天堂之號，遂立地獄之名。劍葉刀山，流爲圖繪矣。

唐建中二年，景教流行中國碑云：「判十字以定四方。」又云：「七日一薦，洗心反素。」論者謂即今天主教，固已。惟景教之義未詳。愚謂景教者，丙教也。唐人諱丙，故以景代丙。丙教者，火教也。據册府元龜所載天寶四載之詔，知景教初入中國謂之波斯經教，所建寺名波斯寺。王溥唐會要云：「波斯國其俗事天地、日月、水火諸神。西域諸胡事火祆者，皆詣波斯。」然則天主，即諸胡所事火祆也。丙者，火位，故謂之丙教。後又避諱，改作景教，而其義乃不著矣。碑文云：「景宿告祥。」景宿即火宿也。又云：「懸景日以破暗府。」謂火也、日也。景教之義可以瞭然。又云：「宗周德喪，青駕西昇，巨唐道光，景風東扇。」余讀其文，爲之太息。夫海外諸國以中國爲唐人，至今猶然。「巨唐道光，景風東扇」。此語蓋驗於千載後矣。

釋迦譜言摩竭提國優樓頻羅迦葉兄弟，學於仙道。佛至彼住，日暮求宿。迦葉答言：「石室潔淨，可得相容。内事火龍，恐相害爾。」佛入室中，惡龍吐火，發燄衝天，世尊即入，火光三昧，龍反遭火，藏身無地，輒投佛鉢。迦葉師徒翌朝往看，佛言我内清涼，終不爲彼外火之焚，君所事龍，今降鉢中。迦葉歎服，復言：「雖則沙門神通，不如我道真。」世尊住此第二夜，四天王衆。第三夜，帝釋衆。第四夜，大梵衆。各下聽法，身光洞燿。迦葉問佛：「夜夜光現，汝事火邪？」佛言不也。諸天每夜下來聞法，是其身光。迦葉又言：「雖沙門神妙，不如我道眞。」迦葉晨朝燒火，不然。即往白佛，佛令歸去，見火已然。事畢，滅之，又不能滅。復至白佛，佛令歸去，見火已息。此等神變，凡十八種。迦葉各各强言：「是大沙門神則神矣，不如我道眞也。」佛語迦葉：「汝非阿羅漢，道何故虛妄？」於是迦葉自知非眞，心怖毛竪，即與五百弟子投佛出家。事火之具，悉皆捐棄尼連禪河。迦葉二弟：一名那提迦葉，一名伽闍迦葉，各有弟子二百五十，居於下流。忽見厥兄所事火器隨流而下，同奔兄所，隨兄同學，並領弟子，投佛出家。按此可見事火諸胡之大概。迦葉兄弟三人已歸佛教，而其徒撮拾餘論，傳播中原，至今未艾，可慨也。景教流行中國碑稱：「三一妙身，無玄眞主。」其文眞字屢見，曰「常然眞寂」，曰「戢隱眞威」，曰「鍊塵成眞」，曰「亭午昇眞」，曰「眞常之道」，曰「占青雲而載眞」。經曰「潤色眞宗」。而迦葉亦屢言「不如我道眞」。今禮拜寺，又名眞教寺，可知其所自來矣。

爾雅所載四極四荒之名，實莫知其所在。古時必有紀載，學者罕能言之矣。史記載騶衍之説，以爲中國名曰赤縣神州。中國外，如赤縣神州者九，乃所謂九州也。於是有裨海環之。如此者九，乃有大瀛海環其外。當時斥爲怪迂，莫信其説。漢志有鄒子四十九篇，鄒子終始五十六篇，後世無傳焉。佛氏書入中國，乃有四大部洲之説，更爲學士大夫所不道。然自泰西諸邦交乎中國，海上往來捷於飈輪，於是始有五大洲之名。曰歐羅巴，曰利末亞，曰阿細亞，曰南北亞墨利加，曰墨瓦蠟泥加。至近時，魏氏海國圖志則謂阿細亞、歐羅巴、利末亞此三洲者共爲釋典之南瞻部洲。南北亞墨利加則爲西牛賀洲。至墨瓦蠟泥加，則西士未能言其詳，不知於釋典當屬何洲。而釋典之東勝神洲、北具盧洲，則阻於南北冰海，更無從問津矣。茫茫海宇，雖西士如墨瓦蘭者，尚不能周知大雄氏之法力，真不可思議。乃鄒衍在戰國時先有大九州之說，博覽宏識，更出大雄氏上。烏呼，先秦諸子若鄒衍者，其聖矣乎。

孔子言：「道不行，乘桴浮於海。」又欲居九夷，不知聖人當日何惓惓於海外如此。乃至今觀之，東洋諸國，如日本、琉球、朝鮮，皆服習儒書，涵濡聖教。而自泰西諸邦交於中國，亦皆翻譯經書，流傳其地。更數百年後，必與東洋諸國同染華風，孔子之教，愈行而愈遠矣。子思子曰：「是以聲名洋溢乎中國，施及蠻貊。舟車所至，人力所通，天之所覆，地之所載，日月所照，霜露所隊，凡有血氣者，莫不尊親」。烏呼，斯言也，其弗信矣乎。

智度論云：「譬如清淨池水，狂象入中，令其混濁。若清水珠入，水卽淨。」不知清水珠是何物，後讀宣室志云：「馮翊嚴生，嘗游峴山，得一物，其狀若彈丸，色黑而大，有光，或曰珠也。因以彈珠名之。其後生游長安，乃於春明門逢一胡人，叩馬而言，衣橐中有奇寶，願得一見。生以彈珠示之，胡人奉之而喜曰：『此天下之奇寶也，願以三十萬爲價。』曰：『此寶安用。』胡人曰：『我西國人，此乃吾國之至寶，國人謂之清水珠。若置於濁水中，泠然洞徹，自亡此寶，吾國之井泉盡濁，國人俱病，故此越海踰山來中夏以求之，今果得於子矣。』」然則清水珠實有此物，佛經所云真實不虛也。

宋鄭景壁蒙齋筆談云：「余童子時，大父魏公自湖外罷官，還道岳州，客有言洞賓事者云：『近歲常過城南一古寺，題二詩，其一云：『獨自行時獨自坐，無限時人不識我。惟有城南老樹精，分明知道神仙過。』說者云：『寺有太古松，吕始至時，有老人自松顛徐下致恭，故詩云然。』」按：元人有洞賓度城南柳褋劇，蓋卽本此，然誤松爲柳矣。生必有死，人之常理。聖人知其無可奈何，故曰「君子疾没世而名不稱焉」。蓋以身之不能常存，而冀其名之不至於泯滅也。乃仙之人，則起而笑之，以爲身後之名，於我何有哉。於是有龍虎鉛汞之説，取坎填離之法，金丹既成，大約一二百年間可以不死矣。乃佛之徒，則又起而笑之，以爲天地之氣，不能常聚而不散，今强制之使不死，此豈長久之道哉。一旦强制之力稍有疏懈，則前功盡失矣。夫吾身未生之初，自有虚靈圓妙者存。吾但保守此而已，其軀體之存亡可勿論也。能保守此者，則雖齒危髮秃，恆幹將毁，而死於此者，又生於彼。所謂天地壞而者箇不壞也。是故道家求長生，佛家求不死。總而言之，仙佛兩家，不外畏死之一念。古人云「死生亦大矣」。豈不信哉。

關尹子三極篇曰：「蝍蛆食蛇，蛇食蛙，蛙食蝍蛆，互相食也。」此五行相克之理，佛家果報之説所從出歟？列子天瑞篇曰：「鷂之爲鸇，鸇之爲布穀，布穀久復爲鷂也。」此五行相生之理，佛家輪迴之説所自來歟？

岳珂桯史云：「元祐間，黄秦諸君子在館，暇日觀畫。山谷出李龍眠所作賢已圖，博弈樗蒲之儔咸在焉。博者六七人，方据一局，投迸盆中，五皆竝而一猶旋轉不已。一人俯盆疾呼，旁觀者皆變色起立。纖穠態度，曲盡其妙。相與歎賞。適東坡從外來，睨之曰：『李龍眠，天下士，顧乃效閩人語邪？』衆咸怪，請其故。東坡曰：『四海語音，言六皆合口，惟閩音則張口。今盆中皆六，一猶未定，法當呼六，而疾呼者乃張口，何也？』龍眠聞之，亦笑而服。」此雖戲語，而足見東坡之用心入微。以此讀書，定無間不入也。相傳有獻趙子昂洗馬圖於鉅公者，中有一馬自水出，圉人曳以繩或訾之曰：「是非真本也。某所見真本，其繩勁直。今繩不直，便不見圉人用力之勢矣。」鉅公以爲然，卻弗受。或人因以賤值得之，重付裝潢，直其繩而獻之，得重值焉。聞此乃乾嘉間一名流事，似非美談，故不箸其名。雖然，讀書得間，不當如是歟？

讀書餘録

讀書餘録一

内經素問四十八條

上古天真論：「昔在黄帝，生而神靈，弱而能言，幼而徇齊，長而敦敏，成而登天。」樾謹按：「成而登天」，謂登天位也。易明夷傳曰：「初登于天，照四國也。」可説此經登天之義。故下文卽云：「迺問於天師。」迺者，承上之詞。見黄帝既登爲帝，乃發此問也。王冰注「白日升天」之説，初非經意。

「食飲有節，起居有常。」宋高保衡、林億等新校正本引全元起注云：「飲食有常節，起居有常度。」樾謹按：經文本作「食飲有節，起居有度」。故釋之曰「有常節，有常度」。若如今本，則與全氏注不合矣。且上文云：「法於陰陽，和於術數。」此文「度」字本與「數」字爲韵。今作「有常」，則失其韵矣。蓋卽因全氏注文有「常」字而誤入正文，遂奪去「度」字。

「以欲竭其精，以耗散其真。」新校正云：「甲乙經耗作好。」樾謹按：作「好」者是也。「好」與「欲」義相近。孟子離婁篇「所欲有甚於生者」。中論夭壽篇作「所好」。荀子不苟篇「欲利而不爲所非」，韓詩外傳作「好利」。是「好」卽「欲」也。「以欲竭其情，以好散其真」兩句文異而義同。今作「以耗散其真」，則語意不倫矣。王注曰：「樂色曰欲，輕用曰耗。」是其所據本已誤也。

「太衝脈盛。」新校正云：「全元起注及太素甲乙經俱作『伏衝』，下太衝同。」樾謹按：漢人書「太」字或作「伏」。漢太尉公墓中畫象有「伏尉公」字。隸續云：「字書有伏字，與大同音。」此碑所云「伏尉公」，蓋是用「伏」爲「大」，即「大尉公」也。然則全本及太素甲乙經當作「伏衝」，即「太衝」也。後人不識「伏」字，加點作「伏」，遂成異字。恐學者疑惑，故具論之。

四氣調神大論「使氣亟奪」。樾謹按：「奪」即今「脱」字。王注以「迫奪」説之，非是。

「不施則名木多死。」樾謹按：名木猶大木也。禮記禮器篇「因名山升中于天」。鄭注曰：「名猶大也」。王注以「名果珍木」説之，未得「名」字之義。

「逆秋氣則太陰不收，肺氣焦滿。」王注曰：「焦謂上焦也。太陰行氣，主化上焦，故肺氣不收，上焦滿也。」樾謹按：此注非也。經言「焦」，不言「上」，安得臆決爲「上焦」乎？「焦」即「焦灼」之「焦」。禮記問喪篇「乾肝焦肺」是其義也。

「逆冬氣則少陰不藏，腎氣獨沈。」樾謹按：「獨」當爲「濁」字之誤也。腎氣言濁，猶上文肺氣言焦矣。新校正云：「『獨沈』，太素作『沈濁』。」其文雖倒，而字正作「濁」，可據以訂正今本「獨」字之誤。

「道者，聖人行之，愚者佩之。」王注曰：「愚者性守於迷，故佩服而已。」樾謹按：王注非也。「佩」當爲「倍」。釋名釋衣服曰：「佩，倍也。」荀子大略篇「一佩易之」，楊倞注曰：「佩或爲倍。」是「佩」與「倍」聲近義通，「倍」猶「背」也。昭二十六年左傳「倍奸齊盟」，孟子滕文公篇「師死而遂倍之」，「倍」並與「背」同。聖人行之，愚者倍之，謂聖人行道，而愚民倍道也。下文云：「從陰陽則生，逆之則死，從之則治，逆之則亂。」曰「從」曰「逆」，正分承聖人、愚者而言。行之故從，倍之故逆也。王注泥本字爲説，未達叚借之旨。

生氣通天論「其氣九州九竅，五藏十二節，皆通乎天氣」。王注曰：「外布九州，而内應九竅，故云九州九竅也。」樾謹按：九竅與九州，初不相應。如王氏説，將耳目口鼻各應一州，能晰言之乎？今按，「九竅」二字實爲衍文。「九州」卽「九竅」也。爾雅釋獸篇「白州驠」郭注曰：「州竅。」北山經「倫山有獸，如麋，其川在尾上」。郭注曰：「川，竅也。」「川」卽「州」字之誤，是古謂「竅」爲「州」。此云「九州」，不必更言「九竅」。「九竅」二字疑卽古注之誤入正文者。味王注云云，似舊有「九州，九竅也」之説，而王氏申説之如此。此卽可推其致誤之由矣。六節藏象論與此同誤。

「故聖人傳精神。」王注曰：「夫精神可傳，惟聖人得道者乃能爾。」樾謹按：王注非也。「傳」讀爲「摶」，聚也。摶聚其精神，卽上古天真論所謂「精神不散也」。管子内業篇「摶氣如神，萬物備存」。尹知章注「摶，謂結聚也」。與此文語意相近。作「傳」者，古字通用。

「陽氣者，煩勞則張精絶。」樾謹按：「張」字之上奪「筋」字。「筋張精絶」兩文相對。今奪「筋」字，則義不明。王注曰：「筋脈膜張，精氣竭絶。」是其所據本未奪也。

「高粱之變，足生大丁。」王注曰：「所以丁生於足者，四支爲諸陽之本也。」樾謹按：王注非也。如其説，則手亦可生，何必足乎。新校正云：「丁生之處，不常於足。蓋謂膏粱之變，饒生大丁，非偏著足也。」是以足爲饒足之足，義亦迂曲。「足」疑「是」字之誤。上云「乃生痤疿」，此云「是生大丁」，語意一律。「是」誤爲「足」，於是語詞，而釋以實義，遂滋曲説矣。

「故陽氣者，一日而主外。」樾謹按：上文云「是故陽因而上，衞外者也」。下文云「陽者，衞外而爲固也」。是陽氣固主外。然云「一日而主外」，則義不可通。「主外」疑「生死」二字之誤。下文云「平旦人氣生，日中而陽氣隆，日西而陽氣已虚，氣門乃閉」。雖言生，不言死，然既有生，即有死。陽氣生於平旦，則是日西氣虚之後已爲死氣也，故云「陽氣者，一日而生死」。「生」與「主」、「死」與「外」竝形似而誤。

「味過於辛，筋脈沮弛，精神乃央。」王注曰：「央、久也。辛性潤澤，散養於筋，故令筋緩脈潤，精神長久。何者？辛補肝也。」新校正云：「按此論味過所傷，難作精神長久之解。央乃殃也，古文通用。」樾謹按：王注固非，校正謂是「殃」字，義亦未安。央者，盡也。楚辭離騷「時亦猶其未央兮」，王逸注曰：「央、盡也。」九歌「爛昭昭兮未央」。注曰：「央、已也。」「已」與「盡」同義。「精神乃央」，言精神乃盡也。

陰陽應象大論「天有八紀，地有五里」。樾謹按：「里」當爲「理」。詩棫樸篇鄭箋云：「理之爲紀」，白虎通三綱六紀篇「紀者，理也」。是「紀」與「理」同義。天言紀，地言理，其實一也。禮記月令篇「無絶地之理，無亂人之紀」。亦以「理」與「紀」對言。下文云：「故治不法天之紀，不用地之理，則災害至矣。」以後證前，知此文本作「地有五理」也。王注曰：「五行爲生育之井里」，以「井里」説「里」字，迂曲甚矣。

陰陽離合論「則出地者，命曰陰中之陽」。樾謹按：「則」當爲「財」。荀子勸學篇「口耳之閒，則四寸耳」。楊倞注曰：「則當爲財，與纔同。」是其例也。「財出地者」，猶「纔出地者」，言始出地也，與上文「未出地者」相對。蓋既出地則純乎陽矣，惟「財出地者」，乃命之曰「陰中之陽」也。

「厥陰根起於大敦陰之絶陽，名曰陰之絶陰。」樾謹按：既曰「陰之絶陽」，又曰「陰之絶陰」，義不可通。據上文「太陽陽明，竝曰陰中之陽」。則太陰、厥陰應並言「陰中之陰」。疑此文本作「厥陰根起於大敦陰之絶陽，名曰陰中之陰」。蓋以其兩陰相合，有陰無陽，故爲「陰之絶陽」，而名之曰「陰中之陰」也。兩文相涉，因而致誤。

陰陽別論「別於陽者，知病忌時；別於陰者，知死生之期」。樾謹按：「忌」當作「起」，字之誤也。上文云「別於陽者，知病處也；別於陰者，知死生之期」。玉樞真藏論作「別於陽者，知病從來；別於陰者，知死生之期」。「來」字與「期」字爲韵，則「處也」二字似誤。此云「知病起時」，猶彼云「知病從來」也。蓋別於陽，則能知所原起；別於陰，則能知所終極。故云爾。「忌」與「起」隸體相似，因而致誤。

「曰二陽之病發心脾，有不得隱曲，女子不月。」王注曰：「隱曲謂隱蔽委曲之事也。夫腸胃發病，心脾受之。心受之則血不流；脾受之則味不化。血不流，故女子不月。味不化，則男子少精。是以隱蔽委曲之事不能爲也。」樾謹按：王氏此注有四失焉：本文但言女子不月，不言男子少精，增益其文，其失一也；本文先言不得隱曲，後言女子不月，乃增出男子少精，而以不得隱曲總承男女而言，使經文倒置，其失二也；女子不月既著其文，又申以不得隱曲之言，而男子少精，必待注家補出，使經文詳略失宜，其失三也；上古天真論曰：「丈夫八歲，腎氣實，髮長齒更；二八，腎氣盛，天癸至，精氣溢寫。」是男子之精與女子月事，並由腎氣。少精與不月，應是同病。乃以女子不月屬之心，而以男子少精屬之脾，其失四也。今按，下文云：「三陰三陽俱搏，心腹滿，發盡不得隱曲，五日死。」注云：「隱曲謂便寫也」。然則不得隱曲，謂不得便寫。王注前後不照，當以後注爲長。便寫謂之隱曲，蓋古語如此。襄十五年左傳「師慧過宋朝，私焉」。杜注曰：「私、小便。」便寫謂之隱曲，猶小便謂之私矣。不得隱曲爲一病，女子不月爲一病，二者不得并爲一談。不得隱曲從下注訓爲不得便寫，正與脾病相應矣。

「死陰之屬，不過三日而死；生陽之屬，不過四日而死。」樾謹按：下文云：「肝之心，謂之生陽；心之肺，謂之死陰。」故王注於「死陰之屬」，曰「火乘金也」。於「生陽之屬」，曰「木乘火也」。是死陰、生陽名雖有生死之分，而實則皆死徵也。故一曰「不過三日而死」，一曰「不過四日而死」。新校正云：「別本作『四日而生』，全元起注本作『四日而已』，俱通。詳上下文義，作死者非。」此新校之謬說。蓋全本作「四日而已」者，「已」乃「亡」字之誤。別本作「生」者，淺人不察文義，以爲「死陰」言死，「生陽」宜言生，故臆改之也。新校以「死」字爲非，必以「生」字爲是，大失厥旨矣。

靈蘭祕典論「消者瞿瞿，孰知其要」。新校正云：「太素作『肖者濯濯』。」樾謹按：大素是也。「濯」與「要」爲韵，今作「瞿」，失其韵矣。氣交變大論亦有此文，「濯」亦誤作「瞿」，而「消」字正作「肖」，足證古本與大素同也。

六節藏象論「心者，生之本，神之變也」。新校正云：「全元起本并太素作『神之處』。」樾謹按：「處」字是也。下文云：「魄之處」，「精之處」，又云「魂之居」，「營之居」，並以居處言，故知「變」字誤矣。

「此爲陽中之少陽，通於春氣。」新校正云：「全元起本并甲乙經大素作『陰中之少陽』。」樾謹按：此言肝藏也。據金匱真言論曰「陰中之陽，肝也」。則此文自宜作「陰中之少陽」，於義方合。王氏據誤本作注，而以少陽居陽位説之，非是。

五藏生成論「凝於脈者爲泣」。王注曰：「泣爲血行不利。」樾謹按：字書「泣」字並無此義，「泣」疑「沍」字之誤。玉篇水部「沍，胡故切，閉塞也」。「沍」字右旁之「互」誤而爲「[illegible]」，因改爲「立」，而成「泣」字矣。上文云「是故多食鹽，則脈凝泣而變色」。「泣」亦「沍」字之誤。王氏不注於前，而注於後，或其作注時此文「沍」字猶未誤，故以「血行不利」説之，正「沍」字之義也。湯液醪醴論「榮泣衛除」，八正神明論「人血凝泣」，「泣」字並當作「沍」。

「徇蒙招尤。」王注曰：「徇，疾也。蒙，不明也。言目暴疾而不明。招謂掉也，摇掉不定，尤、甚也。目疾不明，首掉尤甚，謂暴疾也。」樾謹按：王氏説「招尤」之義甚爲迂曲，殆失其旨，今亦未詳其説。「徇蒙」之義，則固不然。新校正云：「蓋謂目瞼瞤動疾數而蒙暗也。」此仍無以易乎王注之説。今按：「徇」者，「眴」之叚字。「蒙」者，「矇」之叚字。説文目部「旬，目摇也」。或作眴。「矇，童蒙也，一曰不明也」。是「眴矇」竝爲目疾，于義甚顯。注家泥「徇」之本義，而訓爲疾，斯多曲説矣。

異法方宜論「南方者，天地所長養，陽之所盛處也」。樾謹按：「陽之所盛處也」當作「盛陽之所處也」，傳寫錯之。

「其民嗜酸而食胕。」樾謹按：「胕」即「腐」字，故王注曰：「言其所食不芳香。」新校正曰：「全元起云：『食魚也。』」食魚不得謂之食胕，全說非。

移情變氣論「故可移精祝由而已」。樾謹按：說文示部「禂，祝禂也」。是字本作「禂」。玉篇曰「袖、耻霤切，古文禂」。是字又作「袖」。此作「由」者，卽「袖」之省也。王注曰：「无假毒藥，祝說病由」。此固望文生訓。新校正引全注云：「祝由，南方神。」則以「由」爲「融」之叚字。「由、融」雙聲，證以昭五年左傳「蹶由」。韓子說林作「蹶融」，則古字本通。然「祝融而已」，文不成義。若然，則以本草治病，卽謂之神農乎？全說亦非。

湯液醪醴論「岐伯曰：『當今之世，必齊毒藥攻其中，鑱石鍼艾治其外也』」。樾謹按：「齊」當讀爲「資」，「資」，用也。言必用「毒藥」及「鑱石鍼艾」以攻治其內外也。考工記「或通四方之珍異，以資之」。注曰：「故書資作齊。」是「資」「齊」古字通。

「精神不進，志意不治，故病不可愈。」新校正云：「全元起本云：『精神進，志意定，故病可愈。』太素云：『精神越，志氣散，故病不可愈。』」樾謹按：此當以全本爲長，試連上文讀之，「帝曰：『何謂神不使？』岐伯曰：『鍼石道也。』」「精神進，志氣定，故病可愈」。蓋「精神進，志意定」，卽「鍼石之道」，所謂神也。若如今本，則「鍼石之道」尚未申說，而卽言「病不可愈」之故，失之不倫矣。又試連下文讀之，「精神進，志意定，故病可愈。今精壞神去，營衛不可復收，何者？嗜欲無窮，而憂患不止，精氣弛壞，營泣衛除，故神去之，而病不愈也」。「病不愈」句正與「病可愈」句反復相明。若如今本，則上已言「不可愈」，下又言「不愈」，文義複矣。且中間何必以「今」字作轉乎？此可知王氏所據本之誤，太素本失與王同。

「去宛陳莝。」新校正云：「太素莝作莖。」樾謹按：王注云：「去宛陳莝，謂去積久之水物，猶如草莖之不可久留於身中也。」全本作「草莝」，然則王所據本亦是「莖」字，故以「草莖」釋之，而又引全本之作「莝」者，以見異字也。今作「莝」則與注不合矣。高保衡等失於校正。

玉版論「要著之玉版，命曰合玉機」。樾謹按：「合」字卽「命」字之誤而衍者？玉機真藏論曰：「著之玉版，藏之藏府，每旦讀之，名曰玉機。」正無「合」字。王氏不據以訂正，而曲爲之說，失之。

「容色見上下左右，各在其要。」新校正云：「全元起本『容』作『客』。」樾謹按：王注曰：「容色者，他氣也。如肝木部，内見赤黄，白黑色，皆爲他氣也。」然則王所據本亦是「客」字，故以「他氣」釋之。「他氣」謂非本部之氣，所謂客也。今作「容」，誤。高保衡等失於校正。

脈要精微論「渾渾革如涌泉，病進而色獘，緜緜其去如弦絶死」。新校正云：「甲乙經及脈經作『渾渾革，至如涌泉，病進而色。弊弊綽綽，其去如弦絶者死』。」樾謹按：王本有奪誤，當依甲乙經及脈經訂正。惟「病進而色」義不可通，「色」乃「絶」之壞字，言待其病進而後絶也。「至如涌泉」者，一時未卽死，病進而後絶。「去如絶弦」則卽死矣。兩者不同，故分别言之。

「夫精明五色者，氣之華也。」王注曰：「五氣之精華，上見爲五色，變化於精明之閒也」。樾謹按：王注殊誤。「精明、五色」本是二事，「精明」以目言，「五色」以顏色言。蓋人之目與顏色，皆足以決人之生死。下文曰：「赤欲如白裹朱，不欲如赭；白欲如鵞羽，不欲如鹽；青欲如蒼璧之澤，不欲如藍；黄欲如羅裹雄黄，不欲如黄土；黑欲如重漆色，不欲如地蒼。五色精微，象見矣，其壽不久也。」此承五色言之，以人之顔色決生死也。又曰：「夫精明者，所以視萬物，别白黑，審短長。以長爲短，以白爲黑，如是則精衰矣。」此承精明言之，以人之目決生死也。王氏不解此節之義，故注下文「精明」一節云：「誠其誤也。」不知此文是示人決生死之法，非誠庸工之誤也。失經旨甚矣。

「反四時者，有餘爲精，不足爲消。」王注曰：「諸有餘皆爲邪氣勝精也。」樾謹按：「邪氣勝精」，豈得但謂之「精」，王注非也。「精」之言「甚」也。吕氏春秋勿躬篇「自蔽之精者也」。至忠篇「乃自伐之精者」。高誘注竝訓「精」爲「甚」。「有餘爲精」，言諸有餘者皆爲過甚耳。王注未達古語。

「生之有度，四時爲宜。」新校正云：「太素『宜』作『數』。」樾謹按：作「數」者是也。「度」與「數」爲韵。

「溢飲者，渴暴多飲，而易入肌皮腸胃之外也。」新校正云：「甲乙經『易』作『溢』。」樾謹按：王本亦當作「溢」。其注云：「以水飲滿溢，故滲溢易而入肌皮腸胃之外也。」此「易」字無義。蓋正文誤「溢」爲「易」，故後人於注中妄增「易」字耳。非王本之舊。

「推而上之，上而不下，腰足清也；推而下之，下而不上，頭項痛也。」新校正云：「甲乙經『上而不下』作『下而不上』，『下而不上』作『上而不下』。」樾謹按：甲乙經是也。上文云「推而外之，内而不外，有心腹積也；推而内之，外而不内，身有熱也」。是外之而不外，内之而不内，皆爲有病。然則此文亦當言「上之而不上，下之而不下」，方與上文一例。若如今本「推而上之，上而不下；推而下之，下而不上」，則囟其所耳，又何病焉？且陽升陰降，推而上之而不上，則陰氣太過，故晉足爲之清。推而下之而不下，則陽氣大過，故頭項爲之痛。王氏據誤本作注，曲爲之説，殆失之矣。又按：「清」當爲「凊」。説文仌部「凊，寒也」。故王注云「腰足冷」。

平人氣象論「死心脈來，前曲後居」。樾謹按：居者：直也。言前曲而後直也。釋名釋衣服曰：「裾，倨也。倨倨然直。」「居」與「倨」通。王注曰：「居，不動也」。失之。

玉機真象論「冬脈如營」。王注曰：「脈沈而深，如營動也。」樾謹按：「深沈」與「營動」義不相應。據下文「其氣來沈以搏」，王注以「沈而搏擊於手」釋之。「營動」之義或取於此。然新校正云：「甲乙經『搏』字爲『濡』。『濡』、古軟字，乃冬脈之平調。若『沈而搏擊於手』，則冬脈之太過脈也。當從甲乙經濡字。」然則經文「搏」字本是誤文，不得據以爲説。今按：「營」之言回繞也。詩齊譜正義曰：「水所營繞，故曰營丘。」漢書吳王濞傳劉向傳注並曰：「營謂回繞之也」，字亦通作「縈」。詩樛木篇傳曰：「縈、旋也。」「旋」亦回繞之義。冬脈深沈，狀若回繞，故如營。

「五藏受氣，於其所生，傳之於其所勝。氣舍於其所生，死於其所不勝。」樾謹按：兩言「其所生」，則無別矣。疑下句衍「其」字。「其所生」者，其子也；「所生」者，其母也。藏氣法時論「失邪氣之客於身也。以勝相加，至其所生而愈，至其所不勝而甚，至於所生而持」。王注解「其所生」曰：「謂至己所生也。」解「所生」曰：「謂至生己之氣也。」一曰「其所生」，一曰「所生」，分別言之，此亦當同矣。

寶命全形論「歧伯對曰：『夫鹽之味鹹者，其氣令器津泄。絃絶者，其音嘶敗。木敷者，其葉發。病深者，其聲噦。人有此三者，是謂壞府。毒藥無治，短鍼無取，此皆絶皮傷肉血氣爭黑」。新校正云：「按，太素云：『夫鹽之味鹹者，其氣令器津泄。絃絶者，其音嘶敗。木陳者，其葉落。病深者，其聲噦。人有此三者，是謂壞府。毒藥無治，短鍼無取，此皆絶皮傷肉血氣爭黑。』三字與此經不同，而注意大異。楊上善云：『言欲知病微者，須知其候。鹽之在於器中，津液泄於外，見津而知鹽之有鹹也。聲嘶，知琴瑟之弦將絶。葉落，知陳木之已盡。舉此三物衰壞之微，以比聲噦識病深之候。人有聲噦同三譬者，是爲府壞之候。中府壞者，病之深也。其病既深，故鍼藥不能取，以其皮肉血氣各不相得故也。』再詳上善作此等注義，方與黄帝上下問答義相貫穿。王氏解『鹽鹹器津』義，雖淵微，至於注『弦絶音嘶，木敷葉發』，殊不與帝問相協。考之，不若楊義之得多也」。樾謹按：楊上善注以上三句譬下一句，義殊切當。「木敷葉發」亦當從彼作「木陳葉落」。本是喻其衰壞，自以「陳落」爲宜也。惟「人有此三者」句，尚未得解。經云：「有此三者」，不云「同此三者」，何得以「同三譬」説之。疑「此皆絶皮傷肉血氣爭黑」十字當在「人有此三者」之上。絶皮，一也。傷骨，二也。血氣爭黑，三也，所謂三者也。病深而至於聲噦，「此皆絶皮傷肉血氣爭黑，人有此三者，是謂壞府，毒藥無治，短鍼無取」，文義甚明。傳寫顛倒，遂失其義。又按：太素與此經止「陳落」二字不同，而新校正云「三字」者，蓋「其音嘶敗」，王本作「其音嘶嗄」。故注云：「陰囊津泄而脈絃絶者，診當言音嘶嗄敗。易舊聲爾。」又曰：「肺主音聲，故言音嘶嗄」，皆以「嘶嗄」連文，是其所據經文必作「嘶嗄」，不作「嘶敗」，與太素不同。故得有三字之異也。

八正神明論「故日月生而寫，是謂藏虚」。樾謹按：上云「月始生，則血氣始精，衛氣始行」。又云「月生無寫」。並言月不言日，且日亦不當言生也。「日」疑「曰」字之誤。

「四時者，所以分春秋冬夏之氣所在，以時調之也。八正之虛邪而避之勿犯也。」樾謹按：「調」下衍「之也」二字。本作「四時者，所以分春秋冬夏之氣所在，以時調八正之虛邪而避之勿犯也」。今衍「之也」二字，文義隔絕。

「慧然在前，按之不得，不知其情，故曰形。」樾謹按，「慧然在前」本作「卒然在前」。據注云「慧然在前，按之不得，言三部九候之中，卒然逢之，不可爲之期準也。」離合真邪論曰：「在陰與陽，不可爲度，從而察之。三部九候，卒然逢之，早遏其路。」此其義也。注中兩「卒然」字正釋經文「卒然在前」之義。因經文誤作「慧然」，遂改注文亦作「慧然在前」，非王氏之舊也。尋經文所以致誤者，蓋涉下文「慧然獨悟，口弗能言」而誤。王於下文注曰「慧然謂清爽也」。則知此文之不作「慧然」矣。不然何不注於前而注於後乎？

離合真邪論「不可挂以髮者，待邪之至時而發鍼寫矣」。樾謹按：「不可挂以髮者」六字衍文，「寫」字乃「焉」字之誤。本作「待邪之至時而發鍼焉矣」。蓋總承上文而結之。上文一則曰「其來不可逢，此之謂也」。一則曰「其往不可追，此之謂也」。此則總結之曰「待邪之至時而發鍼焉矣」。正對黃帝「候氣奈何」之問。今衍此六字，蓋涉下文而誤。下文云「故曰，知機道者，不可挂以髮；不知機者，扣之不發」。今誤入此，文義不可通。又據上文雖是言「寫然」，「發鍼寫矣」殊苦不詞。蓋「寫」與「焉」形似而誤耳。

鬼谷子五十五條

捭闔篇「夫賢不肖、智愚、勇怯，仁義有差」。樾謹按：「仁義」二字與「賢不肖智愚勇怯」不一律，蓋衍文也。陶弘景注曰：「言賢不肖智愚勇怯材性不同，各有差品。賢者可捭而同之，不肖者可闔而異之，智之與勇可進而貴之，愚之與怯可退而賤之。賢愚各當其分，股肱各盡其力。」是其所據本無「仁義」二字也。

「審定有無，以其實虛。」樾謹按：「以」「與」古通用。儀禮鄉射禮「各以其耦進。」鄭注曰：「今文以爲與」，是也。「以其實虛」即「與其實虛」。秦氏恩復校曰：「一本『以』作『與』。」則非古字矣。

「貴得其指。」樾謹按：「貴」字乃「實」字之誤。上云「以求其實」，此云「實得其指」，兩文相承。陶注但曰：「實情既得」，而不解「貴」字，其所據本未誤也。

「審明其計謀。」樾謹按：此本作「明審其計謀」。故注云「必明審其計謀，以原其同異」。即依正文爲說也。上文「審察其所先後」，注云「故審察其所宜先者先行，所宜後者後行之也」。又曰「審定有無」，注云「必審定材術之有無」。是注文皆依正文爲說。正文言「審察」，注亦言「審察」。正文言「審定」，注亦言「審定」。若此文是「審明」，注何以倒其文而爲「明審」乎？

「四時開閉，以化萬物，縱横反出，反覆反忤，必由此矣。」樾謹按：「反出反忤」四字，衍文也。此文當讀至「萬物」絶句。「四時開閉，以化萬物，縱横反覆，必由此矣。」其文甚明。寫者衍「反出反忤」四字，陶氏遂於「橫」字絶句。「反出反覆反忤」竝列爲三義，雖曲爲之説，不可通矣。

「捭闔者，道之大化，説之變也，必豫審其變化。」樾謹按：「大」字衍文也。「道之化，説之變」，相對成文。注云「言事無開闔，則大道不化，言説無變。故開閉者，所以化大道，變言説」。注中「大」字，乃陶氏加以足句，正文本無「大」字。猶「言説」之「言」，亦陶氏加以足句，正文本無「言」字也。正文「大」字即涉注文而衍。

反應篇「其有象比，以觀其次」。樾謹按：「其」當作「既」。注云「前事既有象比，更當觀其次」。是其所據本作「既有象比」。

「其鈎語合事，得人實也，其張罝網而取獸也。」樾謹按：「鈎語」謂人所隱藏不出之言，以術鈎而出之。若孟子所稱以言餂，以不言餂」，皆是矣。此本云「其鈎語合事，得人實也。若張罝網而取獸也。」蓋謂鈎取人之言語，合之其人之行事，而得其實。猶之乎張罝網而取獸也。「若」字誤作「其」字，陶氏遂分釋之，而其義失矣。

「見其情隨而牧之。」樾謹按：方言「牧，察也」。此「牧」字當訓察。故下文曰「其變當也，而牧之審也；牧之不審，得情不明」。陶注訓爲「牧養」，則與下義不合矣。下文又曰「象而比之，以牧其辭」。「牧其辭」即察其辭也。注曰「徐徐牧養，令其自言」。斯曲説矣。

「其相知也，若比目之魚。見形也，若光之與景也。」樾謹按：「魚」字絶句。太平御覽引此文云：「其和也，若比目之魚。」「和」即「知」之異文。是古讀於「魚」字絶句也。「見形」上當補「其」字。御覽所引又有曰「其伺言也，若聲與響」。疑古本作「其相和也，若比目之魚。其伺言也，若聲之與響也。其見形也，若光之與景也」。御覽所引正合古本，但節去數虚字耳。此本有闕文，而「和」字又誤作「知」，陶注遂以「我能知己，彼須知我」解之矣。

「己不先定，牧人不正。」樾謹按：廣韵曰「正，正當也」。「牧人不正」，謂伺察人不當也。注謂「牧人之理不道其正」，非是。蓋由學者止知有牧養之義，不知有牧察之義，故皆失其解。

「己審先定，以牧人。」樾謹按：此本作「己先審定，以牧人」。故注曰「己能審定，以之牧人也」。今作「己審先定」者，涉上文「己不先定」而誤。

内揵篇「内者，進説辭」。樾謹按：「内」讀爲「納」，故曰「内者，進説辭」。以「進」字釋「内」字也。注謂「説辭既進，内結於君」。未得「内」字之義。此篇名内揵。「揵」即「鍵」也。周官司門「掌授管鍵」，司農注曰：「管謂籥也，鍵謂牡。」然則「内揵」者，謂納鍵於管中。陶氏解篇名曰：「言上下之交，必内情相得，然後結固而不離。」殆非其旨。

「若欲去之，因危與之。」樾謹按：「危」讀爲「詭」，古字「詭」與「危」通。漢書天文志「司詭星出正西」，史記天官書「詭」作「危」。淮南説林篇「尺寸雖齊，必有詭」。文子上德篇「詭」作「危」。竝其證也。文選幽通賦「變化故而相詭兮」，曹大家注曰「詭，反也」。淮南齊俗篇「禮樂相詭，服制相反」。是「詭」與「反」同。「若欲去之，因詭與之」，猶反應篇所謂「欲高反下，欲取反與」也。

抵巇篇「巇者，罅也。罅者，㵎也」。樾謹按：古本「巇」「㵎」二字當皆不從山。文選蜀都賦「劇談戲論」。劉逵注曰：「鬼谷先生書有抵巇篇。」是「巇」字古止作「戲」也。「戲」且不從山，「巇」字從可知矣。

「能因能循，爲天地守神。」樾謹按：國語魯語曰：「山川之靈，足以紀綱天下者，其守爲神。社稷之守爲公侯。」故此云「爲天地守神」。注謂「爲天地守其神祀」，失之。

忤合篇「因之所多所少」。樾謹按，「因」字無義。據注云「所多所少，謂政教所宜多所宜少也」。是多少以政教言，則「因」字或「國」字之誤。

「材質不惠，不能用兵。」樾謹按：「惠」讀爲「慧」，古字通。

揣篇「是謂權量」。樾謹按：「權量」當作「量權」。上文云：「古之善用天下者，必量天下之權，而揣諸侯之情。」是「量權」二字不平列，不當倒其文爲「權量」也。下文云：「故計國事，則當審權量。說人主，則當審揣情。」「權量」亦當作「量權」，方與篇首相應。

「情欲必失其變。」樾謹按：「失」字無義，疑當作「知」。「知」字闕壞，僅存右旁「矢」字，因誤爲「失」矣。下文曰：「感動而不知其變者」，卽承此文而言。陶氏作注時已誤作「失」，乃曲爲之說曰：「情欲因喜懼而失」，於文義殊未安也。

「此謀之大本也，而說之法也。」樾謹按：「大」字衍文也。「謀之本，說之法」相對爲文，不當有「大」字。「本」與「大」上半相似，每易致誤。漢書董仲舒傳「元者，辭之所謂大也」。漢紀武帝紀「大」作「本」，是其證也。此文「本」字誤作「大」，校者旁注「本」字，傳寫因作「大本」矣。注但曰「揣情者，乃成謀之本」，而無「大」字，是其所據本未衍。

「常有事於人，人莫先事而至，此最爲難。」樾謹按：「人莫」下奪「能先」二字。據注云「故有事於人，人莫能先也」。又「能窮幾盡變，故先事而至」，是其所據本未奪。

「可以生事美，生事者，幾之勢也。」樾謹按：「美」當作「變」，言蜎飛蠕動之蟲，無不有利害可以生事變也。「變」「美」形近而誤。決篇「危而美名者」，秦氏校本曰「美，一本作變」。卽其例矣。注曰「可以成生事之美」，是其所據本已誤。

摩篇「摩之符也」。樾謹按，此本作「摩者，揣之術也」。傳寫奪「者揣」二字，又涉下句「内符」而誤「術」爲「符」耳。注曰：「謂揣知其情，然後以其所欲摩之，故摩爲揣之術。」是其所據本正作「摩者，揣之術也」。當據以訂正。太平御覽引此文云「摩者，揣之也。」則又奪「術」字。

「説者聽必合乎情。」樾謹按：「者」衍字。上云「夫事成必合於數」，與此句正相對成文。

「成而不抱。」樾謹按：「抱」當爲「保」。釋名釋姿容曰：「抱，保也，相親保也。」是「抱」與「保」義通。詩楚茨篇「神保是饗」。箋云：「保，居也。」思齊篇「無財亦保」。箋云：「保，猶居也。」然則「成而不保」猶云「成而不居」。注云「功成不拘，何抱之有」。「不拘」卽「不居」之誤。

權篇「佞言者，諂而于忠」。樾謹按：「于」當讀作「爲」，古字通用。儀禮士冠禮「宜之于假」。鄭注曰：「于，猶爲也。」又聘禮記「賄在聘于賄」。注曰：「于讀曰爲」，竝其證也。「諂而于忠」卽「諂而爲忠」。下文竝同。秦氏恩復疑是「干」字之誤，未得古義。

「所以窺見閒姦邪。」樾謹按：此本作「窺閒姦邪」。「閒」當讀爲「見」，「窺閒」卽「窺見」也。後人因

「閈」爲「見」之叚借，旁識「見」字。傳寫不知，而竝存之，遂作「閈見」矣。禮記祭義篇「見閒以俠甒」。王氏引之曰：「古『見』『閈』同聲，故借『見』爲『閈』。後人因『閈』爲『見』之叚借，旁識『見』字，傳寫不知，而竝存之，遂成『見閒以俠甒』。」說詳經義述聞通說，與此正可互證。

「變易而不危者。」樾謹按：「危」讀爲「詭」，與內揵篇「危與」之「危」同，言變易而不詭譎也。

「古人有言曰：『口可以食，不可以言，言者有諱忌也。衆口爍金，言有曲故也。』」樾謹按：「者」字衍文。「口可以食，不可以言，言有諱忌也。」乃引古人之言而釋之。「衆口鑠金，言有曲故也。」亦引古人之言而釋之。兩云「言有」，文義一律。陶注曰「言者觸忌諱，故曰有忌諱也。」是其所據本已衍「者」字矣。

「終日不變而不失其主。」樾謹按：此本作「終日變，而不失其主」，與上文「終日言，不失其類」相對。注云「不亂，故不變」。是其所據本已衍「不」字。

謀篇「故同情而俱相親者，其俱成者也；同欲而相疏者，其偏害者也」。樾謹按：「偏害」當作「偏成」。下文云：「同惡而相親者，其俱害者也；同惡而相疏者，偏害者也。」彼上言「俱害」，故下言「偏害」。然則此上言「俱成」，下宜言「偏成」矣。今作「偏害」，即涉下文而誤。

「故爲強者，積於弱也；有餘者，積於不足也。」樾謹按：「積於弱也」下本有「爲直者，積於曲也」一句。注曰：「柔弱勝於剛強，故積弱可以爲強；大直若曲，故積曲可以爲直；少則得衆，故積不足可以爲有餘。」是陶氏作注時，此句未奪，可據補。

「微而正之。」樾謹按：「正」本作「證」。故注曰：「雖恐動之，尚不知變者，則微有所引。」據以證之，是陶氏所據本作「證」不作「正」也。俗書每以「証」字代「證」字，故「證」誤爲「正」。

「其身內其言外者疏。」樾謹按：説文夕部「外、遠也」。「其身內，其言外」，謂其身雖居密邇，而其言反涉疏遠也。下云「其身外，其言深者，危」。謂其身雖在疏遠，而其言反甚深切也。一見疏，一見危。職此之故，注云「身在內而言外泄」，未達「外」字之義。

「無以人之近所不欲而強之於人。」樾謹按：「近」字衍文，蓋卽「所」字之誤而衍者。兩字竝從「斤」，故致誤也。注云「謂其事雖近，彼所不欲」，則其所據本已衍矣。

「智用於衆人之所不能知，而能用於衆人之所不能見。」樾謹按：「而能」二字衍文也。「用於衆人之所不能知，用於衆人之所不能見。」皆蒙「智」字爲文，非以智能竝列也。注曰：「衆人所不能知，衆人所不能見，智獨能用之，所以貴於智矣。」其義甚明，不當有「而能」二字。

「既用，見可否，擇事而爲之，所以自爲也；見不可，擇事而爲之，所以爲人也。」樾謹按，此以「見可」、「見不可」相對爲文，不當云「見可否」也。「否」，衍字。注云：「所見可否擇事爲之，將此自爲；所見不可擇事而爲之，將此爲人。亦猶伯樂教所親相駑駘，教所憎相千里馬也。」「否」亦衍字。

「則可與穀遠近之義。」樾謹按：「穀」當讀爲「彀」。爾雅釋詁「彀、盡也」。史記秦始皇紀「雖監門之養，不彀於此」。索隱曰：「彀音學，謂盡也。」「彀遠近之義」卽「盡遠近之義」。作「穀」者，古字通耳。陶注曰：「穀，養也。養遠近之人，誘於仁義之域也。」此未達叚借之旨，正文言「遠近之義」，不言「遠近之人」。訓「穀」爲「養」，豈可通乎？

決篇「害至於誘也，終無惑」。樾謹按：此言天下禍害之來，皆先有以誘之。能終不爲其惑，乃可以言決矣。陶注斷「終無惑」三字屬下節，則「害至於誘也」句文義未足。雖曲爲之説，而不可通。

「公王大人之事也。」樾謹按，此七字衍文。陶注亦不及，是其本無此七字。

符言篇「有主位」。樾謹按：「有」當爲「右」。「右主位」，題目止事也。此篇分爲九節：自「安徐正靜」至「以待傾損」爲一節，題曰「右主位」。自「目貴明」至「則明不可塞」爲一節，題曰「右主明。」自「德之術」至「其莫之極歟」爲一節，題曰「右主德」。自「用賞貴信」至「而況姦者干君」爲一節，題曰「右主賞。」自「一曰天之」至「熒惑之處安在」爲一節，題曰「右主問」。自「心爲九竅之治」至「固能久長」爲一節，題曰「右主因」。自「人主不可不周」至「不見原也」爲一節，題曰「右主周」。自「一曰長目」至「莫不闇變更」爲一節，題曰「右主恭」。自「循名而爲」至「和生於當」爲一節，題曰「右主名」。因皆叚「有」爲「右」，注家遂不得其解矣。此篇亦見管子九守篇。「有」字竝作「右」，可證。

「聽之術曰，勿堅而距之。」樾謹按：「堅」乃「望」字之誤。疑叚「朢」爲「望」，形與「堅」似，因誤爲「堅」也。管子九守篇作「勿望而距，勿望而許」。可據以訂正。句上亦應有「勿望而許之」五字，宜據管子補。

「用賞貴信，用刑貴正。賞賜貴信，必驗耳目之所見聞，其所不見聞者，莫不闇化矣。」樾謹按：此本作「用賞貴信，用刑貴必。刑賞信必，驗於耳目之所見聞，其所不見聞者，莫不闇化矣」。管子九守篇作「用賞者貴誠，用刑者貴必，刑賞信必，於耳目之所見，則其所不見，莫不闇化矣」。是其證也。

「四方上下，左右前後，熒爧之處安在。」樾謹按：此以人事言，非言天象也。注云「熒爧，天之法星，所居災眚吉凶尤箸」。失其旨矣。

「君因其政之所以求，因與之，則不勞。聖人用之，故能賞之。」樾謹按：此本作「君因其所以來，因而與之，則不勞。聖人因之，故能掌之」。傳寫有奪誤，今據管子訂正。

「家于其無常也。」樾謹按：隸書「寂」字每作「穷」。孔靏碑「穷兮冥冥」，老子銘「顯虛無之清穷」，張納功德敘「四竟穷謐」，孫根碑「閽門守穷」，任伯嗣碑「官朝穷静」，皆是也。此文「家于」二字乃「穷乎」二字之誤。管子七守篇正作「寂乎其無端也」，可爲確證。陶注曰：「家，猶業也。羣臣既亂，故所業者無常。」據誤文而臆爲之説，漫無訂正，抑何鄙陋之至。謂出隱居之手，或未必然。

「有主恭。」樾謹按：此題目上事也。「恭」字之義與上所言「一曰長目，二曰飛耳，三曰樹明」，全不相涉。「恭」乃「參」字之誤。三者皆主乎參稽也。管子七守篇正作「右主參」可證。陶注曰：「主於恭者，在於聰明文思。」斯曲説矣。

「循名而爲實，安而定。」樾謹按：「實安」當作「按實」。「循名而爲，按實而定」，相對爲文。管子九守篇作「按實而定名」，是其證。

本經陰符篇「是以德養五氣」。樾謹按：「德」、「得」古通用。「德養五氣」即「得養五氣」也。其下云「五氣得養，務在舍神」可證。注曰：「循理有成謂之德，五氣各能循理，則成功可致，故曰『德養五氣』也。」斯曲説矣。

「欲多志則心散。」樾謹按：秦校云：「一本無志字，當從之。」注曰：「此明縱欲者，不能養氣志。」是其所據本未衍。「不能養氣志」，乃説「心散」之義，非正文有「志」字也。正文「志」字卽涉注文而衍。

「以變論萬義類，説義無窮。」樾謹按：「萬義」之「義」衍文也。注曰：「故雖神道混沌，妙物杳冥，而能類其萬類之變，説無窮之義也。」以「萬類」連文，則陶氏所據本未衍「義」字。惟解「變」字未得其旨。禮記禮運篇「大夫死宗廟，謂之變」。鄭注曰：「變當爲辯。」儀禮鄉飲酒禮「衆賓辯有脯醢」。燕禮「大夫辯受酬」。鄭注竝曰：「今文辯皆作徧。」是「變、辯、徧」古字通用。此云「變論萬類」，卽「徧論萬類」也。以爲「萬類之變」，失其旨矣。

「損兑法靈蓍。」樾謹按：老子曰：「塞其兑。」河上公注「兑，目也」。陶氏卽用以説此「兑」字，而又引莊子「心有眼」之説，謂「兑者，以心眼察理，損者，減損他慮，專以心察」。其説迂曲，殆不可從。據下文曰：「益之損之，皆爲之辭。」疑此文亦當作「損益揲蓍，求數有多有少，故曰『損益法靈蓍』也」。下文曰：「兑者，知之也；損者，行之也。」「兑」亦當作「益」。知貴平博，爲學日益之事，故曰「益者，知之也」；行貴乎約，爲道日損之事，故曰「損者，行之也」。若作「兑」字，義皆不可通矣。

中經篇「謂爻爲之主也」。樾謹按：「爻」乃「交」字之誤。「交」讀曰「狡」，「爲」讀曰「僞」，竝古通用字也。此言狡僞之主，其中無守，故可以象貌得之。若有守之人，不可象貌而得矣。陶注未達叚借之旨，乃謂用卦爻占而知之，殊誤。

「以道爲形，以聽爲容。」樾謹按：「聽」乃「德」字之誤。「道德、形容」皆對文。

「故勝者鬬其功勢。」樾謹按：「鬬」乃「聞」字之誤。上云「稱勝者高其功，盛其勢」。此云「聞其功勢」，卽謂「彼聞我之功高勢盛也」。下云「弱者聞哀其負」，亦承上文「弱者哀其負」而言，與此正同，可以爲證。俗書「鬬」字作「閗」，與「聞」相似，因而致誤耳。

「攝心者，謂逢好學伎術者，則爲之稱遠方驗之。」樾謹按：伎術之人，聲譽遠聞，故爲稱遠方以驗之。陶注讀「遠」字絶句，則「方驗之」三字不成句矣。

「喜以自所不見之事，終可以觀。」樾謹按：「終可以觀」本作「終以可觀」。陶注可證。

讀書餘録二

新語二十二條

道基篇「莫之効力爲用，盡情爲器」。樾謹按：「莫之」當作「莫不」。蓋言驢、騾、駱駞、犀、象、瑇瑁、琥珀、珊瑚、翠羽、珠玉之類，莫不爲我用也。下文故曰：「聖人成之，所以能統物通變。治情性，顯仁義也。」卽承此而言。今作「莫之」，則與下意不貫也。

「將氣養物。」樾謹按：「將」亦「養」也。詩桑柔篇「天不我將」。箋云：「將猶養也。」氣言「將」，物言「養」。文異而義同。

「直立邪亡，道行姦正。」樾謹按：「正」乃「止」字之誤。「道行姦止」，相對成文。

「夫謀事不竝仁義者，後必敗。」樾謹按：「竝」當讀爲「傍」。列子黄帝篇「並流而承之」。釋文曰：「史記漢書傍河、傍海皆作並。」是古「竝」「傍」字通用。「不竝仁義」者，不傍仁義也。謀事不依傍仁義，故後必敗。

「乾坤以仁和合，八卦以義相承。」樾謹按：乾坤、八卦互言之，古人屬文自有此體。劉琨答盧諶詩：「宣尼悲獲麟，西狩涕孔丘。」謝惠連秋懷詩：「雖好相如達，不同長卿慢。」六朝時人猶識斯意也。

「書以仁敘九族，君臣以義制忠。」樾謹按：書之所陳，非止敘九族而已。乃云「書以仁敘九族」，義不可通。忠者，臣之所以事君也。故論語稱「君使臣以禮，臣事君以忠」。乃云「君臣以義制忠」，義亦不可通。疑此文本作「九族以仁敘，君臣以義制」。淺人見上文言春秋、言詩，而乾坤八卦又易之事也，乃竄入「書」字以配上文，遂作「書以仁敘九族」。而下句又妄增「忠」字，使句法相稱耳。非陸氏之舊。

「禮以仁盡節，樂以禮升降」。樾謹按：上下文皆以「仁義」對言，此亦當同，乃云「以禮升降」，何歟？疑此文本作「樂以仁盡節，禮以義升降」。禮記樂記云：「仁近於樂，義近於禮。」故樂應言仁，禮應言義。淺人不達此理，以禮樂恒言，皆先禮後樂，乃改上句作「禮以仁盡節」，則下句宜作「樂以義升降」。今乃作「樂以禮升降」者，蓋既以「樂」字易「禮」字，又誤以「禮」字易「義」字，此竄改之迹之未泯者也。

「德仁爲固，仗義而彊。」樾謹按：「德」當讀爲「得」，古字通用。「爲固」當作「而固」，字之誤也。「得仁而固，仗義而彊」，二句一律。襄十四年左傳「射爲禮乎」？太平御覽工藝部引作「射而禮乎」？孟子滕文公篇「方里而井」。論語顏淵篇正義引作「方里爲井」。古書「爲、而」二字往往混淆，蓋由艸書相似而誤。

術事篇「聖人貴寬而世人賤衆」。樾謹按：「寬」字無義，疑「實」字之誤。隸書「實」字或作「寔」，見孫叔敖碑，形與「寬」似，因誤爲「寬」矣。下文「舜棄黄金於嶄巖之山，禹捐珠玉於五湖之淵」，皆聖人貴實之事。

「春秋上不及五帝，下不至三王，述齊桓晉文之小善。魯之十二公至今之爲政，足以知成敗之效。」

樾謹按：「魯」下衍「之」字，「至今」二字當在「政」字下，本作「述齊桓晉文之小善，魯十二公之爲政，至今足以知成敗之效」。

「合之者善可以爲法，因世而權行。」樾謹按：「之者」字「可」字竝衍文。本作「合善以爲法，因世而權行」。兩句相對成文，而義則相因。蓋言合古人之善以爲法式，又因當世所宜而權度其行也。

輔政篇「躁疾者爲厥速，遲重者爲常存」。樾謹按：「厥速」當作「速厥」。「厥」與「蹶」通。言躁疾者，必速顛蹶也。

「尚勇者爲悔近，温厚者行寬舒，懷急促者必有所虧，柔懦者制剛强。」樾謹按：「柔懦者」一句當在「尚勇者」一句之下。「尚勇」與「柔懦」相對，「温厚」與「急促」相對。傳寫亂之，則語意不倫矣。惟此四句尚有衍字，無可訂正。

「商賈巧爲販賣之利，而屈爲貞良。」樾謹按：「屈」當讀爲「拙」。「拙」與「巧」正相對成文。釋名釋言語曰：「拙、屈也。使物否屈不爲用也。」是「拙」「屈」聲近義通。宋氏翔鳳疑「屈」字是「不可」二字之誤，非也。

「天道以大制小，以重顛輕。」樾謹按：「顛」當讀爲「誅不填服」之「填」。隱五年穀梁傳「誅不填服」。注曰：「來服者不復填厭之。」此云「以重顛輕」，謂以重者填厭輕者也。穀梁釋文曰：「填音田。」故與「顛」聲近而得叚用。

辨惑篇「使司馬行法斬焉，首足異河而出」。宋氏翔鳳依子彙本改「河」爲「門」，云「穀梁傳亦作

「門」。」樾謹按：穀梁作「門」，新語作「河」，未可據彼以改此。「河」字實非誤文也。漢時隸書每以「河」字作「何」字。童子逢盛碑「無可奈河」，吴仲山碑「感痛奈河」，皆其證也。「異河而出」即「異何而出」。說文人部「何，儋也。」蓋今人所用「負荷」字，古人止作「何」。「異何而出」，謂使一人何其首，又使一人何其身，則「首足異何」矣。如作「首足異荷而出」，其文卽明顯無疑。乃古人「荷」字止作「何」，而漢人書「何」字又往往作「河」，「異河」之文讀者不曉。萬曆間刻子彙，遂據穀梁改作「異門」。明人率臆妄改，大率類此。宋氏從之，誤矣。

「故曰無如之何者，吾末如之何也，已矣夫。」樾謹按：此引論語，與今本不同。句末有「夫」字，則「已矣夫」三字爲句。翟氏灝作論語考異引此文不連「夫」字，疏矣。按：下文云「言道因權而立，德因勢而行。不在其位者，則無以齊其政。不操其柄者，則無以制其剛」。此自說論語「吾末如之何」之義，句首不當用「夫」字。此「夫」字自屬上讀，爲論語之文。蓋漢初論語與今本不同，猶上文引周易「二人同心，其義斷金」。今本周易皆作「其利斷金」。此亦可見漢初古本之異也。

愼微篇「分財取寬，服事取勞」。樾謹按：「寬」字無義，疑「寡」字之誤。

「故隱之則爲道，布之則爲文，詩在心爲志，出口爲辭。」樾謹按：「文」衍字。「隱之則爲道，布之則爲詩」兩句相對。「在心爲志，出口爲辭」，卽承詩而言。

資質篇「上爲帝王之御物，下則賜公卿。庶賤不得以備器械」。宋氏翔鳳據羣書治要改「不」字爲「而」字。樾謹按：「不」字是，「而」字非也。此當於「卿」字絶句。上者爲帝王御物，下者猶以賜公卿，則庶賤固不得而用之矣。此正見梗、柟、豫章之爲天下名木也。治要不達此意，改「不」字爲「而」字，殊非其旨。宋氏從之，誤矣。

懷慮篇「各受一性，不得兩兼，兼則心惑。二路者行窮。」樾謹按：「兼則心惑」本作「兩兼則心惑」，與「二路者行窮」相對成文

本行篇「夫子陳蔡之厄，豆飯菜羹，不足以接餒，二三子布弊褞袍，不足以禦寒。」樾謹按：「弊」者，「褯」之叚字。廣雅「褯，袂也」。布褯謂布袂也。古無「褯」字，或以「敝」爲之。禮記緇衣篇「苟有衣，必見其敝」。謂有衣必見其袂也。説本王氏念孫。此又作「弊」，蓋以聲近而通用，本無定字耳。

明誡篇「故安危之要，吉凶之符，一出於身；存亡之道，成敗之事，一起於善行。」樾謹按：此文宋氏翔鳳據治要改補，末句「善」字亦據治要而增。然與上文「一出於身」句法不倫矣。竊疑此句本作「一起於言」。上文説湯周公之事曰：「斯乃口出善言，身行善道之所致也。」此云「安危之要，吉凶之符，一出於身。」與上「身行善道」相應。此云「存亡之道，成敗之事，一起於言」。與上「口出善言」相應。因「言」字誤作「善」，淺人乃更加「行」字以成其義。治要所據本是也。至今本則又删去「善」字，止作「一出於行」，并其錯誤之迹而泯之矣。

説苑四十二條

君道篇「君曰：『命在牧民，死之短長，時也』」。樾謹按：「牧」當作「敹」，即「養」之古文也。左傳正作

「命在養民」。

「必自他聽之，必自他聞之，必自他擇之，必自他取之，必自他聚之，必自他藏之，必自他行之。」樾謹按：七「他」字皆不可解。上文云：「故使人食味，然後食者其得味也多；使人味言，然後聞言者其得言也少。」然則明上之於言，豈必由他乎？「他」乃「也」字之誤。「也」乃語詞，言自聽之，自聞之也。又按：「聽」與「聞」無異義，「取」與「聚」古字通用。既云「聽之」，又云「聞之」；既云「取之」，又云「聚之」，語意重複。賈子新書述此文作「必自也聽之，必自也擇之，必自也聚之，必自也藏之，必自也行之」。「他」字正作「也」，而無「聞之」「取之」兩句，可據以訂正。

「齊景公遊於蔞，聞晏子卒，公乘輿，素服馹而驅之。」樾謹按：「素」「馹」二字乃「繁駔」二字之誤。「服」字當在「輿」字之下。本作「公乘輿，服繁駔而驅之。」晏子外篇作「公乘侈輿服繁駔驅之」。是其證也。韓非子外儲說左篇「景公曰：『趨駕煩且之乘』」，「繁駔」與「煩且」同。「煩且之乘」乃是馬名。此作「素服馹而驅之」，蓋後人不達而臆改。

臣術篇「公曰：『請進服裘。』對曰：『嬰非田澤之臣也，敢辭。』」樾謹按：服裘自有典衣者主之，非田澤之臣所當進。「田澤」二字誤也。晏子襍篇作「嬰非君茵席之臣也，敢辭」。疑此文亦當作「茵席」。「茵」與「田」形似，「席」與「澤」音近，故「茵席」誤爲「田澤」矣。

「公曰：『諾。』酌者奉觴而進之。」樾謹按：「公曰諾」下當有「晏子至」三字。上云「望見晏子」，則是晏子未至也。故必有此三字，於文方備。傳寫奪之耳。晏子襍篇「公曰諾」下有「晏子坐」三字，「坐」乃

「至」字之誤。

「若夫弊車駑馬以朝，主者非臣之罪也。」樾謹按，「朝」字絶句。「主者」當作「意者」。晏子襍篇作「若夫弊車駑馬以朝，意者非臣之罪乎。」是其明證。古書「邪、也」不分，「非臣之罪也」即「非臣之罪邪」。後人不達古語，疑下用「也」字，上不當用「意者」字，故妄改之。

「簡子有臣尹綽赦厥。」樾謹按：呂氏春秋達鬱篇止載簡子之言云「厥也、鐸也」，而不著其姓。高誘注曰：「厥、趙厥，趙簡子家臣也。鐸，尹鐸，亦家臣也。」是「尹綽」當爲「尹鐸」，聲之誤也。至「趙厥」，當從此作「赦厥」。彼注蓋涉下「趙簡子」之文而誤。

「故傳曰：『傷善者，國之殘也；蔽善者，國之讒也；愬無罪者，國之賤也。』」樾謹按：「賤」字無義，乃「賊」字之誤。

建本篇「治政有理矣，而能爲本」。樾謹按：家語作「治政有理矣，而農爲本」。

「康叔封與伯禽見商子，曰：『某某也，日吾二子者朝乎成王，見周公，三見而三笞。』」樾謹按：「吾二子」三字衍文也。「某某也」猶云「封也，伯禽也」。自舉其名也，不當又自稱「吾二子」。

「今夫辟地殖穀以養生送死，鋭金石，雜草藥，以攻疾，各知構屋室以避暑雨，累臺榭以避潤濕。」樾謹按：「今夫」當作「今人」。「各知」二字當在「辟地殖穀」之上。

「河間獻王曰：『湯稱學聖王之道者，譬如日焉；静居獨思，譬如火焉。夫捨學聖王之道，若捨日之光，何乃獨思，若火之明也？可以見小耳，未可用大知。惟學問可以廣明德慧也。』」樾謹按：「夫捨學聖王之作「荆蒯芮曰：『善哉，而言也。』」文有奪誤。當作「夫捨學聖王之道，而静居獨思，譬若捨日之明而就火之光也」。文義方明。賈子新書載此文曰：「學聖王之道者，譬其如日；静思而獨居，譬其若火。夫捨學聖人之道而静思獨居，譬其若去日之明於庭，而就火之光於室也。然可以小見，而不可以大知。」其文較此爲詳，可據訂。

「夫走者之遠也，而過二里止；步者之遲也，而百里不止。」樾謹按：「走者之遠也」當作「走者之速也」，方與下句「遲」字相對。吕氏春秋亦載此事，其文云：「矢之速也，而不過二里止也；步之遲也，而百舍不止也。」雖取喻不同，然正以「速」對「遲」可證。

「豐牆墝下，未必崩也；流行潦至，壞必先矣。」樾謹按：「豐牆墝下」本作「高牆豐上墝下」。韓詩外傳作「高牆豐上激下」是其證。「流行潦至」衍「行」字，外傳正作「流潦至」。

立節篇「其父曰：『使有禄於國，立義於庭，汝樂，吾無憂矣。』」樾謹按：「立義於庭」當作「有立於庭」。「立」，古「位」字。「有立於庭」即「有位於庭」也。後人不知「立」爲「位」之叚字，改作「立義於庭」，失之矣。韓詩外傳作「使汝有禄於國，有位於廷，汝樂而我不憂矣」。是其明證。

「苟節之使不用。」樾謹按：「苟」疑「符」字之誤。

「邢蒯聵曰：『善能言也，然亦晚矣。』」樾謹按：「能」當作「而」，古字通用。「而」猶「爾」也。韓詩外傳作「荆蒯芮曰：『善哉，而言也。』」是其證。

「故臣能明君之過以死，杜伯之無罪。」樾謹按：此當作「故臣以死能明君之過，杜伯之無罪。」「能」

即「而」字。

貴德篇「武王曰：『廣大乎？平天下矣。』」樾謹按：此當作「武王廣乎？若平天下矣」。尚書大傳曰：「武王曠乎？若天下之已定。」是其證。「曠」「廣」古字通。

「今隱公貪利而身自漁，濟上而行八佾」。樾謹按：「貪利而身自漁」即春秋所書「公矢魚于棠」也。「濟上而行八佾」當作「僭上而行六佾」。隱五年，「初獻六羽」。穀梁子曰：「舞夏，天子八佾，諸公六佾，諸侯四佾。初獻六羽，始僭樂矣。」此云「僭上而行六佾」，即穀梁子之說。「僭」誤作「濟」，「六」誤作「八」，失其旨矣。隱公無用八佾之事，故知其誤。

「故其元年始書螟，言災將起，國家將亂。」樾謹按：據上文，是言隱公事。隱元年不書螟，書螟在隱五年，則此「元年」是「五年」之誤。

「不出環堵之內，而聞千里之外。」樾謹按：家語作「不出環堵之室，而知千里之外」。兩文均有奪誤。當云「不出環堵之室，而知衝千里之外」。「知衝」即「折衝」也。晏子襍篇「夫不出於尊俎之閒，而知衝千里之外，其晏子之謂也」。今本誤删「衝」字，而於下文增出「可謂折衝矣」五字，大謬。辨見王氏讀書襍志。家語作「知千里之外」，亦後人誤删「衝」字。此作「聞千里之外」，則誤而又誤。古書所以難讀也。

「今主一謀，而媿人君相。」樾謹按：「謀」，誤字。國語作「今主一宴，而恥人之君相。」

復恩篇「初，趙盾在時，夢見叔帶持龜要而哭。」樾謹按：「龜」衍文也。「要」隸書作「䙅」，見斥彰長田君碑，與「龜」字相似，故「要」誤爲「龜」。校者旁注「要」字，而寫者兩存之，遂作「持龜要而哭」矣。史記趙世家正作「持要而哭」，無「龜」字。

「景公疾，問韓厥。」樾謹按：「疾」衍字，涉上文「晉景公疾」而衍。史記無此「疾」字。

「養及親者，身更其難。」樾謹按：「更」讀爲「伉」，「更」與「伉」聲近，故得通用。説文土部「秦謂阬爲埂」。此「亢」「更」聲近之證。又糸部「綆，汲井索也」。漢書枚乘傳「單極之統斷幹」。「統」即「綆」之異文。然則「抗」之與「更」，亦猶「埂阬、綆統」之比耳。晏子襍篇正作「身伉其難」。

「方必見國之侵也，不若先死。」樾謹按：當作「與見國之必侵也，不若先死」。上文云「今去齊國，齊國必侵矣」。則此亦當以「必侵」連文。傳寫誤跳在上耳。「與」本作「与」，故形似「方」字而致誤。

政理篇「順針鏤者，成帷幕；合升斗者，實倉廩。」樾謹按：「順」字無義，疑「積」字之誤。

「去民之所事，奚獄之所聽。」樾謹按：「去民之所事」，當作「去民之所爭」。「爭」隸書作「争」。韓勑碑「工不爭賈」是也。故形似「事」字而致誤。「奚獄之所聽」，衍「所」字。蓋即涉上句而衍。

「孔子對曰：『政有使民，富且壽』。」樾謹按：「有」當作「在」。

「不幸宮室以費財。」樾謹按：「幸」字無義，乃「辛」字之誤。「辛」者，「新」之叚字。言不新宮室也。文選甘泉賦「列新雉於林薄」。注曰：「新雉，辛夷也。」是「新」與「辛」猶「雉」與「夷」，古字並通。

「仲尼見梁君」，樾謹按：仲尼時無梁君，當從家語作「宋君」爲是。

「千乘之君，萬乘之主，問於丘者多矣，未嘗有如主君問丘之術也。」樾謹按：「術」字無義，當依家語作「悉」。

「魯哀公問政於夫子，夫子曰：『政在於諭臣。』」樾謹按：「諭」字無義，乃「論」字之誤。呂氏春秋當染篇「古之善爲政者，勞於論人。」注曰：「論謂討論選擇之也。」荀子王霸篇「若夫論一相以兼率之」，注曰：「論謂討論選擇之也。」此云「政在論臣」，亦討論選擇之謂。史記孔子世家作「政在選臣」，是其證。

「子貢爲信陽令，辭孔子而行。子曰：『力之順之。』」樾謹按：家語作「勤之慎之」。

「廉平之守，不可攻也。」樾謹按：「攻」，家語作「改」。

尊賢篇「燕昭王得郭隗，而鄒衍樂毅以齊、趙至」。樾謹按：賈子新書作「自齊、魏至」。以燕世家考之，「鄒衍自齊往，樂毅自魏往」，則新書是也。此作「趙」，誤。

「簡主聞之，絶食而歎。」樾謹按：「絶」字無義，當讀爲「綴」。禮記樂記篇「禮者，所以綴淫也。」注曰：「綴，猶止也。」「綴食而歎」者，「止食而歎」也。「綴」與「絶」聲近，是故舞者之位謂之「綴」，見樂記注。而史記叔孫通傳注云：「束茅以表位爲蕝。」「蕝」卽「綴」之異文。此「綴」「絶」聲近之證。

「於是齊王忿然，乃更使盼子將。」樾謹按：此上有奪文，當據上文補云：「齊使田居將，楚發二十萬人，使上將軍將之，分別而相去。」如此方與上下文相應。

正諫篇「便游赭盡而峻城闕」。樾謹按：「盡」字無義，疑「畫」字之誤。「畫」讀爲「奭」，兩字竝從「皕」聲，故得通用也。詩采芑篇「路車有奭」。傳曰：「奭，赤貌。」然則「赭奭」二字皆是赤色。「便游赭奭」謂便游之地，圖畫赫然也。「而峻城闕」當作「不峻城闕」，方與上文「不治城郭」相應。

「以人事諫我，我盡知之；若以鬼道諫我，我則殺之。」樾謹按：「殺」誤字。戰國策載此事云：「孟嘗君曰：『人事我已盡知之矣，吾所未聞者，獨鬼事耳。』」可知以鬼道諫者不殺也。若云「我則殺之」，下文何以云「有客以鬼道聞乎」？「殺」字之誤無疑，但不知爲何字之誤。或本作「我則察之」。「殺」「察」聲近而誤。禮記鄉飲酒義「愁以時察守義者也」。注曰：「察或爲殺。」是其例矣。

「子先土也，持子以爲人。」樾謹按：「持」字無義，乃「埏」字之誤。「埏」誤爲「挻」，又誤爲「持」矣。老子「埏埴以爲器」。河上公注曰：「埏，和也。」以土爲人，必埏之而後成。亦猶埏埴爲器也。戰國策正作「埏土以爲人」。是其證。

漢碑四十一條

開母廟石闕銘「相□我君」。王氏念孫漢隸拾遺曰：「相下一字，葉王以爲『肩』字，翁以爲『宥』字。案『相肩我君』，文不成義。碑文作『㢈』，明是『宥』字，但右邊稍泐耳。『宥』卽『祐』字。漢書禮樂志『神若宥之』。師古曰：『宥，祐也。』相宥我君『相』『宥』皆助也。」樾謹按：王説甚當。但云「右邊稍泐」，則不然。凡从「宀」之字，古或從「广」。説文「宅」篆下，古文作「厇」。「寓」篆下，或體作「庽」，竝其例也。此碑「宥」字作「㢈」，亦如彼碑「灾」字作「庂」矣。正可見古人字體之變，不必疑爲石泐也。敦煌太守裴岑紀功碑「除西域之庂」。翁氏方綱兩漢金石紀曰：「庂卽灾字，變灾作庂，猶寓作庽。」然則此碑「宥」字作「㢈」，亦如彼碑「灾」字作「庂」矣。

「木連理於芉條。」畢氏沅中州金石記曰：「『芉』乃『竿』之俗字。顧炎武以爲『芋』，非也。」樾謹按：作「芋」固非，作「竿」亦未得。「竿」者，説文曰：「竹挺也。」上言木，下言竹挺，於文義不屬矣。愚謂「芉」

即「幹」之本字也。華嚴經音義引字書曰：「幹、枝也，謂麤枝也。」然則「木連理於芊條」者，言木連理於枝條也。後漢書公孫述傳李賢注曰：「竹幹，竹箭也。」是竹竿字亦可作「幹」。然說文無「幹」字，其字从「倝」又从「干」，有聲無形，其爲俗字無疑。六書故引唐本說文有之，恐亦不足據。古蓋止有「竿」「芊」二字，凡言竹者作竿，凡通言艸木者作芊，二字竝从「干」聲，而亦或兼从倝聲。於是「竿」字變爲「簳」。山海經中山經「可以爲簳」是也。「芊」字變爲「䓣」，玉篇艸部曰：「䓣、艸莖也」是也。「簳」「䓣」即「竿」「芊」之異文。一字而从二字得聲者，固亦有之。許君說「竊」字以爲从「穴」从「米」，「禼廿」皆聲，即其例也。是故「簳、䓣」二字，雖說文所無，未可以爲譌體也。後之作書者，苟趨簡易，或省不从「竹」从「艸」，則其字遂爲「幹」矣。「幹」即「簳、䓣」之省，其本字當爲「竿」，爲「芊」。說文有「芊」字，無「芊」字。賴有此碑以存古文，可據以補許書之闕。

「九域𠈌其脩治。」翁氏方綱兩漢金石記曰：「說文『𠈌、少也。讀若輟』。」畢氏沅曰：「廣韵『屑、清也。𠈌蓋屑之叚音』。」王氏念孫曰：「『𠈌』讀爲『九有有截』之『截』，謂九域之內，截然脩治也。」樾謹按：翁說義不可通，畢氏王氏說似稍近，然亦無可證，近於臆說矣。此「𠈌」字即當從說文讀爲「輟」。錢氏大昕潛研堂集有古同音叚借說，曰：「漢人言『讀若』者，皆文字叚借之例。不特寓其音，并可通其字。即以說文言之，『鄦』讀若『許』。詩『不與我戍許』。春秋之許田、許男不必从邑从無也。『鄭』讀若『薊』。禮記『封黃帝之後於薊』。不必从邑从契也。」所徵引凡三十餘事，其說甚確。「𠈌」讀若「輟」，則亦可通作「輟」矣。輟者。止也。禮記曲禮篇「輟朝而顧」。鄭注曰：「輟猶止也。」論語微子篇「耰而不輟」。鄭注曰：「輟、止也。」經傳「輟」字訓止者，不可枚舉。脩治者，猶言修理，非謂九域之内皆平治也。論語曰：「故遠人不服，則修文德以來之。」周語曰：「有不祭，則修意；有不祀，則修言；有不享，則修文；有不貢，則修名；有不王，則修德；序成而有不至，則修刑。」此碑言「脩治」即其意也。上文已云「咸來王而會朝」，則無所用其「脩治」矣。故云「九域輟其脩治」也。作「𡿧」者，音同叚借耳。上句「□□□□靜」，王氏曰：「靜上是『其清』二字，『其』字雖糢糊而可辨，『清』字下半分明。」然則上言「清靜」，下言「輟其脩治」，蓋卽清靜無爲之意。兩句之意亦正相承也。

「神□享而飴格。」王氏念孫曰：「『享』上是『禋』字。」其説是也。惟未説「飴」字。「飴格」連文，義不可通。今按：「飴」讀爲「來」。「飴格」者，「來格」也。古來聲如釐，與台聲相近，故得通用。漢書郊祀志「后稷封于斄」。「斄」卽「郃」也。此碑叚「飴」爲「來」，亦猶「郃」之爲「斄」矣。

封龍山碑首行「元氏封龍山之□」。樾謹按：「之」下一字已漫漶。方氏小東枕經堂題跋釋作「碑」。今諦觀，實是「頌」字，非「碑」字也。漢碑如西狹、郙閣皆題爲「頌」，是其例矣。

「惟封龍山，北岳之□援。」樾謹按：「援」上一字方氏未及，今諦觀，是「英」字。文選射雉賦注曰：「英者，雄果之目。」蓋英雄本雙聲字，義得相通。「英援」謂其山形雄壯，足爲北岳之輔助也。

「□亡新之際，失其典祀。」樾謹按：「亡」上一字方氏釋作「漢」。然「漢亡新之際」，殊近不詞，其字亦漫漶難辨。諦觀之，似是「遭」字也。此碑於乾隆甲午元氏令王君治岐始得之，然隸釋末附無名氏天下碑録有「漢封龍山碑二」。注稱在獲鹿縣南四十五里山上，延熹七年立，其卽此碑乎？明葉文莊盛篆竹堂碑目有「封龍山碑」。注云：「元氏光和四年立。」是明人尚有傳本。但云「光和四年」則小疏矣。殆因三公無極，兩碑皆是年所立而致誤也。

祀三公山碑「□惟三公御語山，三條別神」。樾謹按：「惟」上一字諸家皆闕。今諦觀之，則是「深」字也。

「醮祠希罕，□奠不行。」樾謹按：「奠」上一字，諦觀是「徹」字。「徹奠」連文，本周官小祝職曰：「贊徹贊奠。」

「小擇吉□。」樾謹按：「吉」下一字是「土」字。禮記云：「因吉土以享帝於郊。」此「吉土」連文之證。

司隸校尉楊孟文頌「未秋截霜，稼苗夭殘」。王氏念孫曰：「『截』與『夭札』之『札』聲近而義同，故釋名曰：『札，截也，氣傷人如有斷截也。』管子五行篇『旱札，苗死民厲』。尹注曰：『札，夭死也。』是苗夭死亦謂之『札』，『札』猶『截』也。故曰：『未秋截霜，稼苗夭殘』矣。」樾謹按：王說非也。周禮大司徒職曰：「大荒大札。」鄭注曰：「大札，大疫病也。」然則管子「旱札」之「札」，蓋謂疫病，故曰「苗死民厲」。「苗死」承旱言，「民厲」承札言也。豈謂「苗夭死爲札」乎？即如王說，「截」字當在「稼苗」之下，於義方合。乃云「未秋截霜」，文不成義矣。今按：「截」當讀爲「卽」，「截」與「卽」亦聲近而義同。釋名釋天曰：「札，截也。」釋書契曰：「札，櫛也。」釋名一書，皆取同聲字相訓。「截、櫛」聲近，故「札」訓「截」，亦訓「節」。然則「截」之可讀爲「卽」明矣。「未秋截霜」者，「未秋卽霜」也。未秋卽霜，故稼苗爲之夭殘也。王氏但引釋名札截之訓，而不能旁通於札櫛之訓，故說此字未得耳。廣雅釋蟲「馬蚿，蠽蛆也。」按，「蠽蛆」卽爾雅之「蝍蛆」。「蝍」從「卽」聲，「蠽」從「截」聲，此亦「截、卽」聲近之證。

孔廟置百石卒史碑「春秋饗禮，財出王家錢，給犬酒直」。翁氏方綱曰：「洪氏所釋『給犬酒直』，以愚見度之，似是『犮』字，蓋卽『發』字也。既省『發』爲『犮』，又省『犮』爲『犬』耳。」樾謹按：「犮」非「發」之省，而「犮」字亦不得省作「犬」。翁說非也。上云「春秋饗禮」，說文曰：「饗，鄉人飲酒也。」古鄉飲酒之禮，烹狗於東方，其牲正用犬。然則此云「給犬酒直」者，言春秋行鄉飲酒之禮，則出王家錢給犬酒之直也。漢時魯人卽畔宮行鄉飲酒禮，魯相史晨祀孔子奏銘曰：「行秋饗，飲酒畔宮。畢，復禮孔子宅，拜謁神坐。」卽其事也。行鄉飲酒禮需用犬酒，故乙瑛請以王家錢給其直耳。漢書每以牛酒連文，「犬酒」猶「牛酒」也，本無可疑，故前人未經論及，而翁氏輒生異義，反失之矣。

孔君墓碣「孔子十九世孫」。樾謹按：「孫」下有「也」字。其字雖泐，痕迹猶存。

「君□□好學。」樾謹按：「君」下是「敏」字，其左旁之「每」，隱約可見。「敏」下一字必是「而」字，用論語文也。

「□□履方。」樾謹按：「履」上似是「執矩」二字。「執」字雖泐，而痕迹猶存。「矩」字左旁之「矢」，約略可見。

「所在□行。」樾謹按：「行」上一字泐。王氏萃編作「彳」旁而闕其右。今諦視，似是「祇」字。「所在祇行」，於文義亦合也。

「□吉安□。」樾謹按：「安」下一字不可辨。王氏萃編作「者」旁而闕其左。今諦視，乃是「錯」字。

「錯」者「措」之叚借也。孝經曰:「卜其宅兆而安措之。」此「安措」連文之證。然則「吉」上一字當是「卜」字。乃窮目力視之而不可得,未敢臆斷矣。

韓勑造孔廟禮器碑「復顔氏并官氏邑中繇發,以尊孔心」。樾謹按:「尊」當讀爲「遵」。後漢書光武紀「擊更始王尹遵」,李賢注曰:「遵或作尊。」是「尊」「遵」古通用也。説文辵部「遵,循也」。彳部「循,順行也」。古「遵」「循」二字亦通用。孟子梁惠王篇「遵海而南」,續漢書郡國志注引作「循海而南」。荀子性惡篇「上不循於亂世之君」,楊倞注曰:「循,順從也。」然則「以尊孔心」者,以順從孔子之心也。或謂「尊」即「奠」字,非是。

蒼頡廟碑「順環無端」。樾謹按:「順」當讀爲「巡」。「順」「巡」竝从川聲,故得通用。荀子禮論篇「本末相順」,即本末相巡,猶禮記祭義篇言「終始相巡」也。此碑言「順環無端」,即「巡環無端」矣。

翁氏方綱曰:「碑以『未』爲『末』。凡二處。碑正面『未造』是『末造』。碑左側『未生』是『末生』。」樾謹按:世以上畫短者爲午未字,上畫長者爲本末字,此俗説也。漢人尚無此分别。若以六書之義而言,午未字象木重枝葉形,篆文作𣎳,則隸書上兩畫當長短如一,方肖重木之象。至本末字,从木,一在其上。則上畫長短可從人便。觀此碑「末」字上畫反短,可知俗説之無據矣。

衛尉卿衡方碑「安貧樂道,履該顔原,兼脩季由『聞斯行諸』」?都氏穆金薤琳瑯曰:「洪丞相謂:『履該顔原』即顔淵、原憲。予觀其下繼之曰『兼修季由』,蓋仲由字季路,季由即季路也。」顧氏炎武金石文字記曰:「都太僕以季由爲仲由字季路,即是一人,與『兼脩』之義不協。按,史記仲尼弟子傳『公晳哀字季次」。孔子曰：『天下無道，多爲家臣，仕於都，惟季次未嘗仕。』游俠傳『季次、原憲終身空室蓬戶，褐衣疏食，不厭』。然則季乃季次。四人皆安貧守道之士，故竝舉言之。其一字一名，亦古文之所有也。」樾謹按：顧氏之説非是。「聞斯行諸」用論語子路事，與季次無涉。此碑蓋言安貧樂道似顏子、原憲，而又兼脩子路「聞斯行諸」之義也。「兼脩」也者，承上文而言，非以季由爲二人而言兼也。名字互稱，古人固有此例。然如仲由、季次，當云「由次」方明。若但稱「季」，安知其爲季次乎？恐古人亦無此文法矣。

「詔選賢良，招先逸民。君務在□，失順其文，舉已從政者，退就□巾。」盧氏文弨抱經堂集曰：「洪氏本『在』下缺一字，余諦視，則缺者頗似『寮』字。其『失』字實乃『英』字也。時詔書令選賢良，務先逸民，而衡君欲舉其寮之賢者，又欲順詔書之文，故下云『已從政者，退就勑巾』。蓋令其棄官而就舉也。」樾謹按：盧説非也。如盧説，則當以「君務在寮英」爲句，「順其文舉」爲句。無論文義不安，且兩句亦不貫矣。其解「已從政者」兩句，尤非人情。彼就舉者，不過欲得官。安有棄官而就舉者。若謂前時官位本卑，棄而就舉，轉得尊顯。是則扶同爲奸，欺罔君父，有失臣子之道。豈有門生故吏，刊石傳後，而反訐發其陰私以爲美談乎？今按：「在」下實是「寛」字，乃「寬」字也。下文「寛猛不主」，「寬」字亦作「寛」，可證矣。其「失」字實不誤。此當以「君務在寬」爲句，「失順其文」爲句。書曰：「敬敷五教在寬。」此「在寬」之義也。蓋是時詔選賢良，意在舉逸民，而衡君所舉爲已從政者，不稱詔旨。故曰「君務在寬，失順其文，舉已從政者」。言衡君用意務在寬大，失於從順詔書之文，而誤舉已仕之人也。衡君蓋卽坐是免官，故曰「退就□巾」，卽返初服之義。「巾」上一字，左旁稍泐，盧氏以爲「㓨」字，恐未必然也。衡君先時已官衛尉，而其後乃拜步兵校尉，官秩反卑。洪氏以爲左遷，不知中閒蓋嘗免官，故其下曰：「建寧初政，朝用舊臣，留拜步兵校尉。」其因新政而起廢明矣。

博陵太守孔彪碑「皭焉汜而不俗」。王氏念孫曰：「汜音『汜濫』之『汜』。方言曰：『汜，洿也。』『洿』與『污』同。廣雅曰：『汜，污也。』」樾謹按：王說「汜」字是矣，而未說俗字之義。今按：俗當讀爲「濁」。古「清濁」之「濁」或叚俗字爲之。衡方碑「脩清滌俗」卽其證也。此云「皭然汜而不濁」，與史記屈原傳「皭然泥而不滓」文義正同。

「固執謙需。」樾謹按：謙、需皆卦名。襍卦傳「需，不進也」。是與謙退同義，故連言之。

「□□哀□，念不欲生。」樾謹按：「哀」下一字舊釋作「遠」。今不甚分明，僅存「辵」旁。以文義言之，「哀遠」無義，疑「逝」字也。故下云「夫逝往不可追兮」，卽承此而言。

「永永無沂。」樾謹按：「沂」乃「圻」之叚字。「圻」卽「垠」也，言「永永無垠」也。隸釋云：「以沂爲涯」，非是。

李翕析里橋郙閣頌「路當二州，經用衸沮」。樾謹按：「用」者，由也。詩君子陽陽篇「右招我由房」。小弁篇「無易由言」。傳箋竝曰：「由，用也。」經傳訓「由」爲「用」者不可枚舉。「用」可謂之「由」，則「由」亦可謂之「用」。禮記禮運篇曰：「故謀用是作，而兵由是起。」上句言「用」，下句言「由」，文異而義同。此碑「經用」卽「經由」也。言經由衸沮之地也。

「郿閣尤甚。」王氏念孫曰：「案，廣雅『陏，衺也』。碑文作『郿』者，移𠂤於右耳，非从邑也。」樾謹按：王說是也。敦煌長史武班碑「領校秘鄭」。「鄭」卽「隩」字。譙敏碑「深明箕隩」是也。蓋叚「隩」爲「奥」，作「鄭」者移𠂤於右耳，正與此「郿」字一例。漢隸變體往往有此。

「處隱定柱。」王氏曰：「隱，安也。於安處立柱也。」樾謹按：「安處」謂之「處隱」，不詞甚矣。「處」當爲「據」。隸書「據」字作「㨿」，此作「豦」者，又省手旁耳。「隱」者，依也。大戴禮文王官人篇「征利而依隱於物」。「依隱」連文，「隱」亦「依」也。釋名釋衣服曰：「衣，依也。」白虎通衣裳篇曰：「衣，隱也。」「衣」訓「依」，亦訓「隱」，則「依」與「隱」聲近義通。可知「據隱立柱」者，據依以立柱也。上句曰：「緣崖鑿石」，蓋言鏨鑿厓石，使有齟齬，乃據依之以立柱耳。

司隸校尉楊淮表記「兄弟功德牟盛」。王氏念孫曰：「兄卽兄字。此碑自『故司隸校尉楊君厥，諱淮』至『河南尹』，皆敘楊淮歷官之事。自『伯邳從弟諱弼，字顯伯』至『下邳相』，皆敘楊弼歷官之事。此云『兄弟功德牟盛，當究三事，不幸早隕』乃總承上文而言。故下文云：『二君清□，約身自守，俱大司隸孟文之玄孫也。』今本隸續『兄弟』作『元弟』，乃傳刻之譌，而葉氏九苞金石錄補乃云：『獨悼穎伯未登三公之位而卒，故稱元弟以美之』，謬矣。」樾謹按：王說是也。惜其未及「牟」字之義。「牟」者，「侔」之叚字。說文「侔，齊等也。」考工記輪人「權之以眡其輕重之侔也。」注曰：「侔，等也。」弓人疏「數必侔」。注曰：「侔猶均也。」「均」與「等」誼同，漢人或以「牟」字爲之。曹全碑「威牟諸賁」。唐公房碑「道牟羣仙」。「牟」卽「侔」也。此云「兄弟功德牟盛」者，言其兄弟功德等盛也。若以「兄弟」爲「元弟」，則專屬楊弼一人，不得言年矣。

繁陽令楊君碑「精橫侍者，常百餘人，咸訓典誨」。樾謹按：「精」者，精舍也。「橫」者，橫舍也。此言「精舍橫舍之士，咸來受教也」。「精舍」見後漢書劉淑、包咸、檀敷等傳。又謂之「精廬」。見姜肱傳。「橫舍」卽「黌舍」。古無「黌」字，每以「橫」爲之。鮑昱傳「迺修起橫舍」。注曰：「橫字又作黌。」

「常登茂御，復紹祖烈，旻穹不惠，年五十一，熹平二年三月己丑卒。」樾謹按：「常」字應讀爲「當」。此言楊君當登三公之位，復紹其祖太尉震之遺烈。乃天不假年，而遽卒也。武榮碑「當遂股肱，□之元輔。天何不弔，降此□咎」。魯峻碑「當□緄職，爲國之権，匪究南山，遐邇忉悼。」尹宙碑「當漸鴻羽，爲漢輔臣，位不輔德，壽不隨仁。」其意竝與此同。「常」「當」聲近，故得通用。老子曰：「取天下常以無事」，言取天下當以無事也。孟子萬章篇「是時孔子當阨」，說苑至公篇作「是孔子嘗阨」。「嘗」「常」同聲，「當」可爲「嘗」，故亦可爲「常」。下文銘辭有曰：「三公竝招，當爲國暉，壽不□□，早棄隕林。」益可證碑文「常」字之卽爲「當」字矣。

豫州從事尹宙碑「分趙地爲鉅鏕」。錢氏大昕潛研堂金石文跋尾曰：「金石文字記謂，鉅鹿之『鹿』不當從金作『鏕』。然廣韵明言鉅鏕郡名。後魏弔比干碑陰有『鉅鏕伯魏祐』。北史有『鉅鏕郡守元道龍』顧氏特未詳考耳。」樾謹按：錢說亦有未盡。漢書地理志「鉅鹿」集注引應劭曰：「鹿，林之大者也。」臣瓚曰：「山足曰鹿。」是鉅鹿之「鹿」本當作「麓」。諸書作「鹿」者，叚字也。此碑作「鏕」者，亦叚字也。「鏕」乃「錄」之或體。「鹿」「录」同聲。說文目部「睩，从目录聲，讀若鹿。」故从「录」之字，亦得从「鹿」。以說文徵之，「麓」之古文作「禁」，「簏」之或體作「箓」，「漉」之或體作「渌」，皆是也。然則「録」从金录聲，而或作「鏕」，从金鹿聲，正合六書之旨。許君偶未收耳。尚書大傳「致天下于大麓之野」，注曰：「麓者，録也。」鉅鹿字本當作「麓」，而此以「録」之或體作「鏕」者爲之，亦古人同聲叚借之常例。顧氏不知古有「鏕」字，固爲失之。如錢氏之説，一若鉅鹿字必當作「鏕」者，殆亦未識「鏕」字也。

尉氏令鄭季宣碑有「放鵃」二字。洪氏隸釋謂：「鶻鵃是鳩名，恐是用趙簡子放鳩事。」顧氏藹吉隸辨謂：「書古文訓『放驩兜于崇山』作鵃吺。今碑文『放鵃』上有『虞』字，其爲『驩』字無疑。」翁氏方綱糾其誤曰：「廣韻『鵃，鳥名。鴅，四凶名』。此二字無論是二是一，要之从『丹』非从『舟』也。」樾謹按：顧説固非。惟碑文明有「虞」字，而洪氏以爲用趙簡子事，則亦未合。今按：「放」讀爲「方」。荀子子道篇「不放舟」，楊倞注曰：「放讀爲方。」是其例也。「鵃」即「鳩」之叚字。爾雅釋鳥曰：「鶌鳩，鶻鵃。」舍人注曰「鶌鳩，一名鶻鵃」。蓋「鶌」之與「鶻」，「鳩」之與「鵃」，均文異而聲同。故昭十七年左傳作「鶻鳩」，是「鵃」與「鳩」通。此碑叚「鵃」爲「鳩」，亦古文叚借之常例也。然則「放鵃」即「方鳩」。蓋用虞書「方鳩僝功」之文。故上文有「虞」字耳。

郃陽令曹全碑「芟夷殘迸，絶其本根」。樾謹按：「殘」當讀爲「翦」。書序「遂踐奄」鄭注曰：「踐讀爲『翦』，翦，滅也。」史記周本紀作「殘」。叚「殘」爲「翦」，正與此碑同。亦或以「戔」爲之。校官碑「禽姦戔猾」。「戔」亦「翦」也。「迸」者，除也。説文女部「姘，除也。」經典每以「屏」爲之。論語堯曰篇「屏四惡」。孔注曰：「屏，除也。」穀梁宣元年傳「放猶屏也」。范注曰：「屏，除也。」又或以「并」爲之。莊子天運篇「至貴國爵并焉」。郭注曰：「并者，除棄之謂也。」又或以「屏」爲之。廣雅釋詁「屏，除也」。竝即說文「姘」字之義。此碑作「迸」，與禮記大學篇「迸諸四夷」同。葢即「屏」之變體，其義亦當爲「除」。「殘迸」猶言翦除也。芟夷而翦除之，斯能絶其本根矣。

蕩陰令張遷碑「三代以來，雖遠猶近。詩云舊國，其命維新」。樾謹按：上文既云「於是刊石豎表，銘勒萬載」，便可徑接銘詞。乃又綴此四句，殊爲不倫。竊疑此四句當在「前哲遺芳」之下。其文本云：「奚斯讚魯，考父頌殷。前哲遺芳，三代以來，雖遠猶近。詩云舊國，其命維新。有功不書，後無述焉。於是刊石豎表，銘勒萬載。」葢引奚斯、考父二事而繼以此四語，以見魯殷二國有二子爲之讚頌，故功烈常存，雖遠如近。國雖舊而命則新也。若有功不書，則後無述矣。此碑錯謬不一，顧氏金石文字記因「爰暨於君」誤作「爰既且於君」。疑好事者得古本而重刻之。翁氏兩漢金石記則云：「下文『藝於從政』，『政』誤作『畋』。想東漢時能書胥史固不乏人，竟似艸藁，審視未明，而茫然下筆者。」今按：此四句之前後錯置，其謬更甚。前人未經論及，故表出之。疑作書者遺奪于前，而補綴于後。吳氏穎芳作散氏銅盤銘釋文曰：「古人質樸，文中有遺佚，或補于尾。孫晧天璽碑猶踵爲之。」此言也，即可以說此碑矣。

武梁祠堂畫象題字「伏戲蒼精，初造王業」。樾謹按：「王」字洪氏隸釋、史氏學齋佔畢皆作「工」。然諦覩拓本，實是三畫連中之王。翁氏方綱謂是「王」字，未敢信也。孔子贊易首云「古者包犧氏之王天下也」。然則此云「伏戲初造王業」，正本周易之文。如謂王業之語非可施之太古，則孔子所言先不古矣。仍以作「王業」爲是。

「後世凱式，□□綱。」隸釋曰：「碑以凱式爲楷式。」樾謹按：「楷」之與「凱」，古不通用，洪說非也。「凱」當讀爲「愷」。方言「愷，美也。」郭注曰：「愷愷，美德也。」然則「後世愷式」者，言可爲後世美式也。「凱」「愷」並從「豈」聲，故得通用矣。「綱」上一字，洪氏作「無」字。黃小松言：「『無』字稍偏，當是『橅』字。」今按：拓本實是「幠」字，左旁是「巾」，非「木」也。爾雅「幠，大也」。「幠綱」，猶言大綱。

「顏淑獨處，飄風暴雨，婦人乞宿。升堂入户，燃蒸自燭。懼見意疑，未明蒸盡，摍笮續之。」樾謹按：顏叔子事見毛詩巷伯傳。彼云「縮屋而繼之」，此云「摍笮」。笮者，屋下簿也。說文云「在瓦之下棼上」。釋名曰：「編竹相連迫迮也。」毛傳「縮屋」之義，得此而明。詩正義云：「抽取屋草以繼之。」夫草以覆屋，自在屋上，豈室中之人所能摍取乎？金石文字足以證明經義如此，故可寶矣。

巴郡太守樊府君碑「飲□茹汸」。樾謹按：「飲」下一字，洪氏隸釋作「汝」。然汝水不在梁州之域，殆非也。今諦審，是「汶」字。「汶」非魯之汶水。列子釋文云：「案，史記『汶』與『崏』同，謂汶江也。」王氏伯厚以說考工記之「貉踰汶則死」，見困學紀聞卷四。此云「飲汶」即謂飲崏江之水矣。

「□元垂□，岳瀆□□兮。」樾謹按，「元」上一字，隸釋作「演」字，然於文義未合。諦觀亦不甚似，疑是「渾」字。漢書敍傳「渾元運物」。注曰：「渾元，天地之氣也。」此「渾元」二字之證。「垂」下一字洪缺。今按：是「像」字。「像」與「象」通，「垂像」即「垂象」也。「岳瀆」下隸釋云缺一字。今按：拓本實缺二字。然上下文皆四字句，此句不應獨五字，疑未能明矣。

達齋叢説

達齋叢說

文王受命稱王改元說

文王受命改元，爲古今一大疑，其實無足疑也。唐虞五臣，契稷並列。商周皆古建國，周之先君，非商王裂土而封之也。夏后氏德衰，成湯放桀南巢，天下歸之，遂有天下。其後中衰，諸侯不朝，卽已不有天下矣。孟子曰：「武丁朝諸侯，有天下，猶運諸掌也。」此武丁以前，嘗失天下之明證。及紂之身，天下大亂，三分有二皆歸文王，則天下豈復商有乎？夫衆所歸往謂之王，虞芮質成之後，六州咸附，則已有王之實矣。有其實，豈得辭其名，此文王所以稱王也。紂雖存，止是殷商之國耳。其存其亡，與周之王不王無與也。紂惡未稔，文王不必亟亟焉亡之。紂惡既盈，武王不得不伐之。伐紂以救民也，非争天下也，天下之歸周久矣。是故既誅紂而仍立武庚，殷商固無恙也。武庚又亂，則又伐之，而封微子於宋。亡於殷，猶存於宋也。何也？殷商之存，無損於周之王也。非如後世之争天下者，必滅其國而後可代之興也。說者謂：「武王誅紂之後，始謂之有天下。」則昧於古今之異，而聖人伐暴救民之盛舉，轉若爲争天下之私心矣。及周之衰，則已與古微異。春秋時，大國若晉、楚、齊、秦，皆周之建國，故周雖衰，而不得不奉之爲共主。齊桓晉文皆以尊王爲名，莫敢自王。然當時紀載之辭，如「王貳于虢」「畢襄公如晉拜成」之類，固已視周如列國矣。此夏商以來相習之見，非左氏紀載之失也。孟子曰：「三代之得天下也以仁，其失天下也以不仁。」由今觀之，孟子之世，豈非周王之天下，而孟子已與夏商亡國並言之。然則文王受命稱王，復何疑之有？執後世之義而以繩三代以上，其不可通者多矣。

王制說

禮記王制篇，盧植謂：「漢文帝令博士諸生作。」然據史記索隱「文帝所造書有本制、兵制、服制篇」。則非今王制也。鄭康成答臨碩云：「孟子當赧王之際，王制之作復在其後。」此亦以意言之，無所據。愚謂：王制者，孔氏之遺書，七十子後學者所記也。王者孰謂？謂素王也。孔子生衰周，不得位，乃託魯史成春秋，立素王之法，垂示後世。春秋微言大義，惟公羊得其傳。公羊之傳，惟何劭公爲能發明其義。乃今以公羊師說求之王制，往往符合。按：公羊傳桓十一年九月：「鄭忽出奔衞，忽何以名？春秋伯、子、男一也，辭無所貶。」何休云：「春秋改周之文，從殷之質，合伯、子、男爲一。」而王制云：「公、侯田方百里，伯七十里，子、男五十里。」鄭注云：「此地殷所因夏爵三等之制也。春秋變周之文，從殷之質，合伯、子、男以爲一，則殷爵三等者，公、侯、伯也。」正義曰：「何休之意，合伯、子、男爲一，皆從稱子。鄭意合伯、子、男爲一，皆稱伯也。」夫鄭、何所說雖異，然春秋三等，王制亦三等，則其合者一。又公羊傳桓四年春：「公狩于郎，狩者何？田狩也。春曰苗，秋曰蒐，冬曰狩。」穀梁傳則云：「春曰田，夏曰苗，秋曰蒐，冬曰狩。」何休云：「運斗樞曰：『夏不田。』穀梁有夏田，於義爲短。」鄭康成釋之云：「孔子雖有聖德，不敢顯然改先王之法，陰書於緯，藏之以傳後王。穀梁四時田者，近孔子故也。公羊正當六國之亡，讖緯見，讀而傳爲三時田。」據此，則三時田乃孔子所立素王之法。而王制曰：「天下諸侯無事則歲三田。」其合者又一。以是推之，其言建國之制曰：「凡四海之內九州，州方千里。」又曰：「二百一十國以爲州，州有伯。」其論立學之制曰：「小學在公宮南之左，大學在郊。」其論取民之制曰：「古者公田藉而不稅。」凡若此類，鄭康成皆以爲殷制，豈非所謂變周之文，從殷之質者乎？吾意孔子將作春秋，先脩王法，斟酌損益，具有規條。門弟子與聞緒論，私相纂輯而成此篇。後儒見其與周制不合而疑之，不知此固素王之法也。宋儒於戴記中表章學、庸二書，愚謂王制一篇，體大物博，或猶在中庸之上乎？

大學說二

致知在格物

格物之說，何其紛紛也。夫格物，乃大學教人之始，非可索之玄妙，亦不必求之過高。要使學者有可以入手之處，乃爲得之。是故格者，正也。格之訓正，經傳屢見。論語爲政篇「有恥且格」。孟子離婁篇「惟大人爲能格君心之非」。注並曰：「格，正也。」欲致其知，在正其物，其物不正，知不可得而致也。內則曰：「六年教之數與方名。」此卽格物之始事也。數者，一至十也；方名者，東西南北也。一則曰一，二則曰二，必先正其物，然後從而推致之。則知一者，惟初大始，道立於一。二者，地之數也。東則曰東，西則曰西，必先正其物，然後從而推致之。則知東者，動也，萬物始動生也。西者，遷也，萬物遷落也。蓋卽數與方名中，其理有不可勝究者矣。使不先正其物，則認一爲二，指東作西，顛倒眩惑之不暇，又何知之有乎？是以黃帝治天下，必先正名百物。孔子論爲政，「必也正名」。而大學之教，始於格物，其義一也。周公作爾雅，自天地以至草木禽獸，一一訓釋之，蓋亦格物之事。推而言之，則君君、臣臣、父父、子子、夫夫、婦婦，皆格物也。物不格，則君不君，臣不臣，父不父，子不子，夫不夫，婦不婦，尚足與言君臣、父子、夫婦之道乎？是故格物一言，所包者廣。自童子六歲始受數與方名，以至欲爲君盡君道，欲爲臣盡臣道，盡人物之性，贊天地之化育，舉不外乎格物以致知。非獨古人爲然，雖今人亦然。今有孺子，始知咳笑，必先告之：「父則曰父，母則曰母，兄則曰兄，姊則曰姊。」及其少有識知，則又告之：「衣則曰衣，冠則曰冠，粱肉則曰粱肉。」何者？物固不可不正也。物之不正，則無以啓發其知也。是故致知格物之說，自漢以來，儒者莫得其解，而其事則自古至今，實未之有易也。

欲治其國者先齊其家

「齊」有二義。詩小宛篇毛傳曰：「齊、正也。」禮記少儀篇鄭注曰：「齊、和也。」「齊家」之「齊」含此二義，於義方備。下文引詩曰：「宜其家人」，又曰：「宜兄宜弟」，凡兩言「宜」，此「和」之義也。又引詩「其儀不忒，正是四國」。而釋之曰：「其爲父子兄弟足法，而後民法之也。」此「正」之義也。先祖南莊府君四書評本曰：「宜者，情誼浹洽，無少攜貳。法者，截然整齊，無少參錯。」可知「齊家」之「齊」必當兼此二義也。董子曰：「粲然有文以相接，驩然有恩以相愛，此人之所以貴也。」夫粲然有文，卽齊正之謂。驩然有恩，卽齊和之謂。宋儒大學衍義陳齊家之要：曰重妃匹，曰嚴內治，曰定國本，曰教戚屬。其意偏主於「齊正」。殆於義有未盡乎？孔子曰：「兄弟怡怡」，孟子曰：「父子之閒不責善，責善則離，離則不祥莫大焉。」齊家之君子，其有味乎斯言。

中庸說

中庸一書本是脈絡貫聯，漢人輒於其中妄加「子曰」字，遂致截斷文理，多生枝節。嘗取而讀之。「子曰：『中庸其至矣乎，民鮮能久矣。道之不行也，我知之矣。知者過之，愚者不及也。道之不明也，我知之矣。賢者過之，不肖者不及也。人莫不飲食也，鮮能知味也。道其不行矣夫。』」此數句本一氣貫注，「民鮮能」句卽包下「不行」「不明」兩意。而「不行」由於「不明」，故用「鮮能知味」一喻，而以「不行矣夫」爲唱歎之語以結之。漢人於此加兩「子曰」字，遂使一章變成三節，而語轉不了矣。「子曰：『舜其大知也與，舜好問而好察邇言，隱惡而揚善，執其兩端，用其中於民，其斯以爲舜乎？人皆曰予知，驅而納諸罟擭陷阱之中，而莫之知辟也。人皆曰予知，擇乎中庸，而不能期月守也。回之爲人也，擇乎中庸，得一善，則拳拳服膺，而弗失之矣。天下國家可均也，爵祿可辭也，白刃可蹈也，中庸不可能也。』」此段文字亦一氣貫注，因上章「不行」「不明」兩意側重「不明」，故舉舜之大知以示人，見必如舜之大知，方可以明道。人皆曰予知，而實非知也，故擇乎中庸而不能守。因舉回之爲人以示能守者之難得，而以中庸不可能爲唱歎之語，并上章而結之。漢人於此加三「子曰」字，遂使一章變成四節，而語轉不了矣。禮記如坊記、表記、緇衣等篇，其中「子曰」「子云」字均是漢人增益，多可刪除者。姑舉中庸兩段以示例，餘可推焉。亦有「子曰」字本非衍而誤以爲衍者。如哀公問政一章，非皆孔子之言也，子思子之言也。孔子之言至「夫政也者，蒲盧也」。其辭畢矣。故「爲政在人」以下則皆子思之言。蓋子思欲明「爲政在人，取人以身」，而特引夫子之語以發端也。下文「好學近乎知」三句，又著「子曰」字，則其上非孔子之言明矣。學者不察，謂上下皆孔子語，乃以此「子曰」爲衍文。嗟乎！如前兩章則衍「子曰」字而不知，如此章則應有「子曰」字而反以爲衍，古書之不易讀如此。夫王肅作家語，并因「子曰」字而僞造哀公問語於其間，誣妄更甚。

大夫强而君殺之義也，由三桓始也説

鄭康成注曰：「慶父與牙通于夫人以脅君，季友以君命鴆牙，後慶父弑二君又死。」正義曰：「三桓以前，齊無知，衛州吁，宋長萬皆以强盛被殺，而云由三桓始者，熊氏云『據魯而言』。」按：此説殊不可通。然則「庭燎之百，由齊桓公始也」，豈據齊而言乎？「大夫之奏肆夏，由趙文子始也」，豈據晉而言乎？且季友卽三桓之一，而云「由三桓始」，似季友亦在所殺矣。愚謂記文「殺」字非生殺之殺，乃隆殺之殺。「大夫强而君殺之義也」九字作一句。連上文讀之，其文曰：「大夫而饗君，非禮也。大夫强而君殺之義也，由三桓始也。」蓋言大夫與君分不相敵，不得饗君。故既明之曰「非禮」，又申説其義曰「大夫强而君殺之義也」。謂大夫强盛而君微殺，致有大夫饗君之事，其事則由三桓始也。因一「殺」字誤讀，遂使記意不明，或議删「由三桓始也」五字，失之甚矣。

五德説

五德更王，古有二説。漢書律歷志載三統歷曰：「唐火德，虞土德，夏金德，商水德，周木德。」此一説也。文選齊安陸昭王碑注引鄒子曰：「五德從所不勝，虞土、夏木、殷金、周火。」又一説也。沈約宋書歷志曰：「五德更王，有二家之説。鄒衍以相勝立體，劉向以相生爲義。」蓋二説之不同如此。秦自謂以水德王，此相勝之説。周火，故秦水也。漢自謂以火德王，此相生之説。周木，故漢火也。然則二説當以何者爲是？曰：「唐、虞禪代，則宜從相生之説。殷商放伐，則宜從相勝之説。各成一理，豈相悖乎？」

周書月采説

召誥正義引周書月令云：「三日粤朏。」按：漢律歷志引古文月采篇曰：「三日曰朏。」然則月令乃月采之誤。淺人多見月令，少見月采，故臆改之耳。朱文公反疑漢志「采」字爲誤。王厚齋亦云：「皆非信而好古之義也，采者，事也，與皋陶謨『載采采』同。『月采』，言每月所行之事也。」顔師古謂：「説月之光采」，義殊淺近。若近時方樸山以魯語少采夕月説之，則尤非是。魯語韋注云：「或云少采，黼衣也。」昭謂朝日以五采，則夕月三采與？是采以衣言，月采之文夫豈可通。

春秋築郿說

春秋書築郿，左氏云：「有先君之廟曰都，無曰邑，邑曰築，都曰城。」此說非是。春秋書「城」者多矣，豈必皆有先君之廟。愚謂「築」與「城」不同，「築」非「城」也。尚書「説築傅巖之野」。傳曰：「傅氏之巖，在虞虢之界，通道所經，有澗水壞道，常使刑人築護此道。說賢而隱，代胥靡築之，以供食。」疑春秋書「築」亦此類。

於是閏三月非禮也說

文元年左傳「於是閏三月，非禮也。」正義有二說，其引漢書律歷志云：「文公元年，距僖五年辛亥二十九歲，是歲閏餘十三，閏當在十一月後，而在三月，故曰『非禮』。」是嫌置閏太近前也。又云：「杜以爲僖三十年閏九月，文二年閏正月，故言於厤法閏當在僖公末年，誤於今年置閏。」是嫌置閏太近後也。余謂此二說也，於傳者之意皆似未得。桓十七年傳「冬十月朔，日有食之。不書日，官失之也。」襄二十七年「十一月乙亥朔，日有食之。辰在申，司厤過也。」使此年置閏，或應在前，或應在後，而不應在三月，則亦是司厤之過，則亦是官失之也，不得云「非禮」。今云「非禮」，明非官失之也。其「非禮」之故，傳固言之矣。曰：「先王之正時也，履端於始，舉正於中，歸餘於終。」杜解「歸餘於終」曰：「有餘日則歸之於終。」此未得「終」字之義。終者，歲終也。古人置閏必於歲終，秦漢之際猶然。葢古厤麤疏，立法未密，知是歲之當閏，而不知置閏之當於何月，故置之歲終，使寒暑節序無大差忒而已，不求其密合也。相沿既久，人人以爲當然。至是歲，魯之司厤者乃始參驗中氣，推算餘分，而於是年三月置閏，蓋始變古法也。一時朝野上下翕然信從，無不服其推步之精，而知禮之君子，則以古法從此而變壞，新法從此而更張。卽此一事發其端，而作聰明以亂舊章者，將月異而日新，是今非古，何所底止，是亦世道之憂也。然其意精法密，則固無以折之，故不曰「官失之」，而曰「非禮」。其曰「於是閏三月」，明置閏不於歲終而於三月，前此無有也。烏乎，古之聖人，非不能爲其精且密者也。益精益密，而於天行終不能無失，則不如存其大綱而已。後人無事不求勝於前，而厤法尤甚。非徒推考古今，求其得失。甚者采用異法，创造新規，由古君子觀之，其非禮更何如哉？

論語說三

君子坦蕩蕩

述而篇「君子坦蕩蕩」。釋文云：「坦，吐但反。蕩蕩，徒黨反。魯讀坦蕩爲坦湯，今從古。」盧氏考證云：「段玉裁欲改「坦湯」爲「但湯」。愚以魯論亦不必二字皆異文，故仍之。」樾竊以盧、段二說皆非也。考阮校勘記，並無作「但」之本。段氏一人私見，固不可從。若謂魯讀止「蕩、湯」之異，則止云「魯讀蕩爲湯」足矣，何必連「坦」字言之乎？疑古論作「君子坦蕩蕩」。魯論作「君子坦湯」。其「湯」下無重文。釋文本云魯讀「坦蕩蕩」爲「坦湯」，以明魯論、古論不特「蕩、湯」文異，并有重言單言之别，故連「坦」字言之，其文方明。傳寫因「湯」下無重文，并删上一「蕩」字。而陸氏之意不明矣。此句當從魯讀，「蕩、湯」文異義同。毛傳曰：「湯，蕩也。」「坦湯」卽「坦蕩」，乃雙聲字。漢書陳勝傳注曰：「但者，急言之則音如弟矣。」然則「坦蕩」雙聲，亦猶「鏞銻」雙聲也。於君子曰「坦蕩」，於小人曰「戚戚」，上句雙聲，下句疊字，見聖經文法之變。如踧踖如，與與如，亦上雙聲，下疊字也。後漢明帝紀永平二年詔書引此經曰：「君子坦蕩蕩，小人長戚戚。」師古注曰：「坦蕩，明達之貌。戚戚，常憂懼也。」疑師古所見漢書正作「君子坦蕩」，故其注如此。今本漢書淺人妄增。論衡命禄篇「知者歸之於天，故坦蕩恬忽」。「坦蕩」之文正本魯論語，亦一明證。或曰：「上句少一字，如讀之不諧何？」余曰：「使吾儕童而習之，卽曰『君子坦蕩』，則轉以多一字爲不諧矣。『巍巍乎其有成功也』，『煥乎其有文章』，下句少一字，而讀之甚諧，童而習之故也。此不足疑也。」

齊必變食居必遷坐

此兩句各爲一事。「齊必變食」，謹神人之交。「居必遷坐」，嚴公私之辨。「居」乃「燕居、閒居」之「居」。禮記正義引鄭目録云：「退朝而處曰燕居，退燕避人曰閒居。」卽所謂「居必遷坐」也。此本言飲食之事。「居必遷坐」，因「齊必變食」而類及之。亦猶下文「寢不言」因「食不語」而類及之也。正義標「齊必至如也」五字而總釋之曰：「此一節論齊祭、飲食、居處之事也。」則自「齊必變食」以下所包甚廣，居與寢不嫌不倫。後人合上「明衣」爲義，則以爲皆謹齊之事，而此「居」字爲贅設矣。

使乎使乎

論衡問孔篇：「蘧伯玉使人於孔子。孔子曰：『夫子何爲乎？』對曰：『夫子欲寡其過而未能也。』使者出，孔子曰：『使乎，使乎。』非之也。說論語者曰：『非之者，非其代人謙也。』」翟氏灝作四書考異載此文云：「既以非之者二句爲說論語之辭，則上『非之也』三字似爲其所據正文所有。」愚謂翟氏說非也。論語體例從無於聖言之後復加斷語者。「非之也」三字自是王仲任語。下引說論語者云云，則又申說所以非之之故耳。下文云：「不明其過，而徒云『使乎，使乎』。」又云：「『孔子之言『使乎』，何其約也。』又云：『使孔子爲伯玉諱，宜默而已。揚言曰『使乎，使乎』，時人皆知孔子之非也。出言如此，何益於諱。』」然則仲任所據自同今本，止言「使乎，使乎」。無「非之也」三字。翟氏不考下文，率爲此語。恐後學疑惑，故具說之。

楚謂之跐衛謂之輒說

昭公二十年穀梁傳：「兩足不能相過，齊謂之綦，楚謂之跐，衛謂之輒。」愚按：「跐、輒」二文雖有從「足」從「車」之别，其從「耴」聲則一也。何以爲楚衛之别乎？疑「衛謂之輒」，「輒」字或從「足」作「跐」。蓋以其義屬足，故變從「足」。文隨義變，古人作書，自有此例。學者見「輒、跐」二文之不同，遂妄增「楚謂之跐」句。其實「跐」即「輒」之變體，而楚則因齊而類及也。說文無「跐」字，是許君所見穀梁傳無此一句之證。

詩良人説

詩綢繆篇：「見此良人。」傳云：「良人，美室也。」正義曰：「小戎云『厭厭良人』，妻謂夫爲良人。知此美室者，以下云『見此粲者』，粲是三女，故知良人爲美室。」然則「良人」之稱通乎夫婦。小戎篇之「良人」，婦謂其夫。綢繆篇之「良人」，夫謂其婦。朱文公泥於孟子之文，改易古訓，殆非也。咸豐初，蘇州王墓山土人墾地得唐故潁川陳夫人墓誌，其夫王頊所譔。有云：「以予天年未盡，不得與良人偕死。」又曰：「於戲！良人道光母儀。」稱其妻爲「良人」，自本毛傳。而世多疑之，蓋古訓之晦久矣。

字説九

㡯

説文有從斗㡯聲之斛篆，而無㡯篆。愚謂㡯卽笓字也。爾雅釋宫「屋上薄謂之笓」。許書無「笓」字，蓋許君所見爾雅作「㡯」也。「屋上薄」故从「广」，而後人以其編竹爲之，故變从「竹」，實一字也。説文奪此篆而偏旁有之，則宜據爾雅補。

𡸣

爾雅釋山「小而衆𡸣」。説文無「𡸣」字。或曰「𡸣」卽「巍」字，然「巍」乃高大之皃，𡸣然之𡸣，義或可通。山小而衆之𡸣，非其義也。愚按：釋文引字林云：「𡸣、邱追反。」疑此「𡸣」字卽「自」之或體。説文

「𠂤、小阜也。象形」。小阜之義與小山合，象形作「𠂤」則有衆意矣。「歸」字本从「𠂤」得聲。「𠂤」變作「歸」，又从「歸」得聲。古人作字自有此轉展相從之例。如「去」本从「凵」，而「凵」變作「笅」，又从「去」也。

苬

爾雅釋艸「苬芝」，自來不知「苬」爲何字。愚謂此卽說文「茵」字也。「茵」篆說解云：「以艸補缺，从艸西聲，讀若陸。」「以艸補缺」雖非芝義，然讀若「陸」，則知爾雅蓋借「茵」爲「尖」也。說文「尖、菌尖，地蕈叢生田中，从屮六聲。」「坴」字卽从「尖」得聲。「陸」字又从「坴」得聲。「陸、坴、尖」三字聲同，可以叚借。「茵」讀若「陸」，則亦聲同而可以叚借矣。「地蕈」之義正與「芝」合。

免

說文無「免」字，余謂「娩」卽「免」也。說文子部「娩、生子免身也」。字亦省作「免」。越語「將免者以告」。韋注曰：「免、乳也。」此卽「娩」之省也。內則「免薨」。鄭注曰：「免、新生者。」亦卽「娩」之省也。人初生謂之娩，物初生亦謂娩，人物不嫌同辭也。「生子免身」，其本義。「君免乎？芮司徒免乎？」其引申義。

劉

說文無「劉」字，傳寫佚也。其字在刀部、在金部則不可知。要當以顧命「一人冕執劉」之「劉」爲「劉」字本義，蓋兵器也。周有公劉，猶唐虞有殳斨，皆以器爲名。「劉」篆佚，而後人輒以「鐂」篆當之，非許君意。

檕

周官草人「彊檕用蕡」。鄭注「彊檕，彊堅者」。說文無「檕」者，余謂「檕」即「檻」字之變，亦猶「鑒」即「鑑」字之變也。管子地員篇「壈焉如壏」，以其言土，故變从木爲从土，此乃俗字矣。

袘

儀禮士昏禮「纁裳緇袘」。鄭注「袘謂緣，袘之言施以緇緣裳，象陽氣下施。」說文無「袘」字，疑當作「袉」。說文「袉、裾也」。訓「緣」即其引申義也。字本从「它」，變而从「施」。司馬相如傳「抴獨繭之褕袘」，又省而爲「袘」，遂不成字。然俗字如此者甚多。「訑」即「詑」也，「沲」即「沱」也。

駷

公羊定公八年傳「臨南駷馬，而由乎孟氏」。何休解爲搖馬銜走。說文無「駷」字。余謂即「敕」字也。說文「敕、擊馬也」。於義正合。其字本从攴束聲，變而爲从馬束聲，又誤束聲爲束聲，而陸氏遂音素動反矣。陸云「本又作捒」，其右旁與敕絶近，可證古本之爲「敕」也。

熸

左氏襄公二十六年傳「王夷師熸」說文無「熸」字。余疑其爲「憯」字之誤。「王夷師憯」者，夷、傷也，憯、痛也。痛、傷義相近，字誤爲「熸」。杜因曰：「吳楚之閒謂火滅爲熸。」未免望文生訓矣。